『삼국지 기행』주요 지명

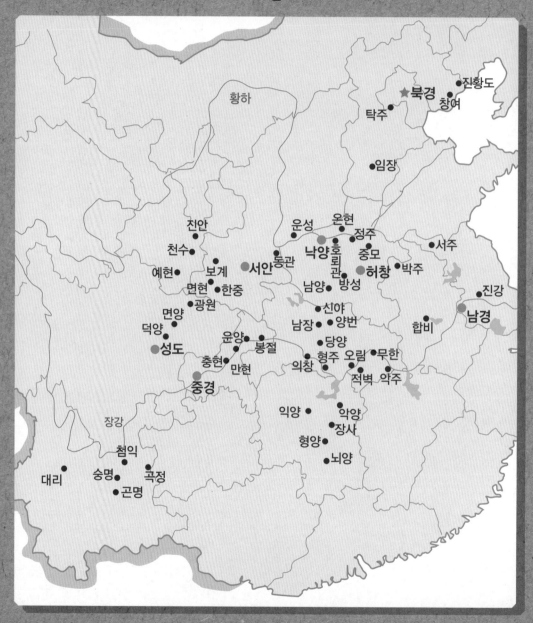

황하

진황도

★북경

창여

탁주

임장

진안

운성 온현

정주

천수

동관

낙양 호
뢰
관

중모

서주

예현

보계

서안

남양

방성

허창

박주

면현 한중

진강

광원

신야

남경

면양

남장 양번

덕양

합비

성도

윤양

당양

무한

성도

봉절

형주 오림

충현

의창

적벽 악주

만현

중경

익양

악양

장강

장사

첨익

익양

형양

대리 숭명

곡정

뇌양

곤명

《삼국 정립도》

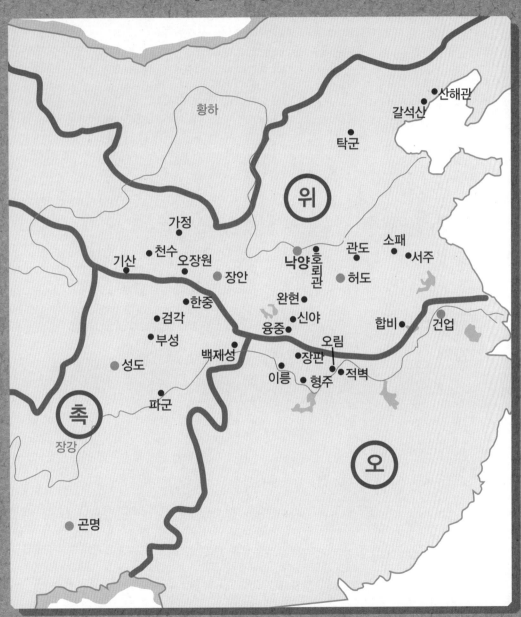

삼국지 기행

①

길 위에서 읽는 삼국지

삼국지 기행

①

허우범 지음

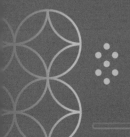

BM 책문

독자들과 약속한 삼국지 현장 보고

『삼국지 기행』이 출간된 지 어언 10년이 지났다. 당시 출판사의 제의가 왔을 때 바쁜 일상으로 용기가 나지 않았다. 네 번이나 찾아온 주간이 삼고 초려를 빗대어 권유할 때는 나의 마음도 움직였다. 삼국지를 좋아하는 독자라면 누구나 느끼고 있을 현장에의 갈증을 조금이나마 달래줄 수 있을 것이라 여겼다. 그렇게 해서 『삼국지 기행』이 독자들과 만났다.

책은 나오자마자 독자들로부터 열렬한 사랑을 받았다. 실로 삼국지의 독서층이 탄탄함을 실감하였다. 나는 독자들의 사랑 덕분에 바쁜 나날을 보냈다. 그 과정에서 남녀노소의 독자들과 만날 기회도 생겼다. 독자들과의 대화는 책에서 다루지 않은 여러 에피소드와 독자들의 궁금증을 푸는 시간이었다. 아울러 독자들의 좋은 의견도 듣게 되었는데 중국의 삼국지 현장에 대한 관심과 여행에 집중되었다. 이와 함께 삼국지와 관련된 많은 도서들이 발간되었음에도 불구하고 소설 삼국지의 핵심을 제대로 음미하면서 읽고 싶다는 의견도 많았다. 이러한 의견은 대부분의 서적이 경영학, 처세술, 인물론 등 비즈니스와 자기개발에 집중되어 있기 때문이다.

『삼국지 기행』을 내며 미진하지만 나름대로 그 역할이 끝났다고 생각하였다. 그런데 독자들과의 대화가 반복될수록 나에게는 생각지 못했던 일종의 책무감이 느껴졌다. 그것은 나의 책을 사랑하고 응원해 주는 독자들이 목말라하는 부분을 채워 주고픈 것이었다. 그리하여 3년의 과정을 거쳐 먼저 『술술 삼국지』가 완성되었다. 『삼국지 기행』은 비용과 시간이 걸리는 문제다. 이에 10년 동안 같은 주제의 책이 발간되지 않는다면 증보판을 내겠다고 약속하였다. 삼국지 마니아가 많은 까닭에 누군가가 준비하고 있을 것이라는 판단에서다. 초판이 나온 지 8년이 지날 때, 저자는 독자와의 약속이 떠올랐고, 출판사도 증보판의 필요성을 느꼈다.

책을 낸 이후에 답사한 내용들을 정리하고, 추가로 현장 확인이 필요한 부분들을 점검하여 다시 중국을 찾았다. 삼국지의 무대가 된 현장은 10년 안팎 사이에 그야말로 천지개벽을 맞고 있었다. 악인의 대명사로 미움 받은 조조가 그와 관련된 유적지마다 영웅으로 부활하였고, 세계 2위의 경제대국으로 부상한 국력을 바탕으로 폐허나 다름없던 주요 유적지들이 대대적으로 복원된 것이다. 조조의 고향에서조차 유비와 제갈량만을 이야기하며 조조는 아예 말도 꺼내지 않던 때가 엊그제 같은데, 이제는 '영웅 조조'를 자랑스럽게 여기며 관광객을 맞이한다. 관우 숭배사상의 산물인, 하늘을 찌를 듯 거대한 동상은 불법과 부패로 철거되는 수모를 겪었으며, 장강의 삼협댐이 완성됨에 따라 장비묘는 옮겨지고 백제성은 섬이 되어 버렸다. 이처럼 지난 10년간 중국 전역에 산재한 삼국지 관련 유적은 동시다발적으로 새롭게 복원되었는데, 대부분이 역사적인 사실에 근접하기보다는 관광객 유치를 위한 방편에만 치중된 것이다. 문화재에 대한 중국인들의 인식이 상당한 수준으로 변모하였음에도 유적의 복원 수준은 그에 미치지 못함을 알 수 있었다.

증보판 원고를 마무리하며 한두 곳 현장답사를 계획하였을 때 코로나바이러스19 사태가 발발하였다. 팬데믹으로 인한 기다림이 어느덧 3년에 이르자, 더 이상 독자와의 약속을 미룰 수 없었다. 이에 본디 계획에는 미치지 못하지만 그간의 자료들을 정리한 증보판을 내놓는다. 삼국지 기행을 시작한지 20년만이자, 초판이 나온 지 13년만이다.

초판에서 다루지 못한 부분과 현장에 대한 이야기들을 추가한 이번 증보판에서 무엇보다 중점을 둔 부분은 지난 20년간 삼국지 유적지의 변천사이다. 이를 위해 현재의 변화된 유적지 사진을 초판 사진들과 함께 보여줌으로써, 독자들이 변천 과정을 오롯이 살펴볼 수 있도록 도왔다. 아울러 '길 위에서 읽는 삼국지'에 맞게 관련 이미지들을 보기 좋게 편집하여 사진을 보는 것만으로도 어느 정도 내용을 이해할 수 있도록 독서의 시각화를 꾀하였다.

이번 증보판이 나오기까지 많은 분의 도움이 있었다. 10여 년을 함께 여행하며 언제나 길벗이 되어 주는 남창섭 후배, 중국 현장 답사 때마다 만사를 제쳐두고 달려와 삼국지 이야기로 밤을 밝히는 손문걸 사장, 허름한 유적지를 찾아온 저자를 의아하고 반갑게 맞이하며 성심껏 안내해 준 사람들. 이들이 함께했기에 가능한 일이었다. 독자들의 지속적인 관심과 응원 역시 무엇보다 큰 힘이 되었다. 이 자리를 빌려 모두에게 감사의 인사를 전하고 싶다.

끝으로 졸고의 출간을 위해 물심양면으로 지원을 아끼지 않은 최옥현 전무이사, 성근 원고를 언제나 알차게 메워 주는 오영미 부장, 사진과 지도가 많아 까다로운 작업임에도 멋지게 편집해 준 강희연 디자이너에게도 감사의 마음을 전한다.

계묘년 입춘
곡굉재(曲肱齋)에서, 저자

길 위에서 읽는 삼국지

어린 시절, 영웅호걸들의 장쾌함에 마음을 빼앗긴 나는 밤을 지새우며 『삼국지연의』를 읽었다. 대학에 진학해 문학에 뜻을 두면서 그 책을 다시 한 번 더 숙독했다. 그러면서 찾아온 열망 하나. 그것은 천하쟁패를 꿈꾸던 영웅호걸들의 일대기를 그린 『삼국지연의』의 현장을 두루 살펴보는 것이었다. 그러던 2002년 여름, 장강 탐사를 시작으로 20년 전의 소망을 이루는 여행을 마침내 시작하게 되었다.

1,800년간이나 이어져 온 역사가 말해 주듯이 『삼국지』와 『삼국지연의』는 불멸의 고전이자 위대한 문화유산이다. 그 속에는 인간사의 흥망성쇠가 웅대한 서사시로 펼쳐져 있고, 오늘날까지 각 분야에서 위력을 발휘하기 때문이다.

『삼국지』를 세 번 읽지 않은 사람과는 이야기하지 말라."라는 말이 있을 정도로 우리나라에서도 『삼국지』의 인기는 무척이나 높다. 이때 『삼국지』란 일반적으로 진수의 『삼국지』가 아니라 나관중의 『삼국지연의』를 말한다. 『삼국지연의』는 우리에게 그만큼 친숙하다. 하지만 그 친숙함은 자칫 우리의 정신과 삶의 자세를 편향과 오류에 빠뜨릴 수도 있다. 왜 그럴까?

『삼국지』는 역사적 사실을 기록한 사서지만, 『삼국지연의』는 소설이라는 이름으로 역사적 사실과 무관한 이야기를 섞어 내었다. 실제 사실의 순서를 바꾸는 것은 아주 쉽다. 전혀 상관없는 인물과 사건을 일치시킨다거나 사건의 일부를 다른 사건으로 꾸미는 것도 수준급이다. 동시대에 일어나지 않은 일들을 끼워 맞추거나 필요하면 사실이 아닌 이야기도 아주 감동적인 사실처럼 만들어낸다. 그러니 있었던 사실을 과장, 확대 또는 재창조하는 것은 지극히 쉬운 작업이었다. 여기에는 위정자들도 한몫했다. 그들은 시대마다 자신들에게 필요한 이데올로기를 창출하기 위해 날조도 서슴지 않았기 때문이다. 그리고 시간이 지남에 따라 민중들은 그런 내용을 역사적 사실인 것처럼 인식하게 되었다.

『삼국지연의』가 이처럼 역사적 사실보다 주관적 사실을 중시하는 이유는 무엇일까? 여기서 주관적 사실이란 '중화주의에 이로운 창조 작업'을 의미한다. 『삼국지연의』는 인간 군상의 백화난만(百花爛漫)한 삶을 그려내어 후세가 본받을 만한 삶의 경전이 되었다고 하지만, 이것은 겉모습일 뿐이다. 그 내면에는 중화주의로 표방되는 이민족 역사에 대한 자의적 예단과 폄훼, 그리고 중화민족의 우월성을 드러내는 데 필요한 '중화공정'이 깊숙이 스며들어 있다.

우리가 소설일 뿐이라고 대수롭지 않게 여기면서 삶의 지침으로 편하게 대하고 있는 순간에도 『삼국지연의』의 내면은 쉬지 않고 우리의 마음을 움직이며 파고들고 있는 것이다. 즉 중국인들의 입장에서 『삼국지연의』는 21세기에 '중화제국'을 구현함으로써 과거의 영화를 되찾는 데 꼭 필요한 문화 콘텐츠다. 그러므로 "아는 만큼 보인다."는 평범한 진리를 되새기며 『삼국지연의』도 제대로 읽고 제대로 살펴볼 때가 된 것이다.

나는 이런 점을 염두에 두고 정사 『삼국지』와 팩션(faction) 『삼국지연의』를 꼼꼼히 비교하면서, 영웅들이 누볐던 현장이 오늘날 우리에게 어떤 의미로 다가오는지 반추해 보았다. 이 작업은 상당히 오래 걸렸지만 그것이 밑거름이 되어 고전을 통해 오늘을 조명하는 글쓰기를 부족하나마 이루어 낼 수 있었다. 이런 노력은 지역의 대표 언론지인 《인천일보》에 2007년 벽두부터 13개월간 연재되어 많은 호응을 받았다. 이에 힘입어 당시 연재하였던 내용을 전면 개고하여 조심스레 책으로 내놓는다. 『삼국지연의』의 현장을 둘러본 지 실로 만 7년만이다. 한중일 3국 가운데 가장 『삼국지연의』를 좋아하는 우리나라에서 그동안 온전한 답사기가 없는 것이 늘 안타까웠다. 이제 나의 졸고가 그 첫걸음이 되어서 앞으로 더욱 완벽한 답사기가 나오기를 기대해 본다.

이 책이 나오기까지 많은 분들의 도움이 있었다. 함께 여행도 하며 학문적인 자문을 해준 윤용구 박사, 사업으로 바쁜 와중에도 답사를 위해 모국인 중국을 찾은 나를 물심양면으로 지원해 준 방경호, 책의 제목을 멋지게 써

준 창송(蒼松) 윤인구 등은 모두 잊지 못할 지기(知己)다. 멋진 초상을 그려준 윤필중 선생님, 나보다 더 『삼국지』 여행을 좋아하며 열성적으로 안내해 준 최명성 군, 이 밖에도 찾아가는 도시마다 성심껏 안내해 준 수많은 사람들을 잊을 수 없다. 또한 이 책을 추천해 주신 두 분 선생님께는 감사한 마음뿐이다. 게으른 제자를 항상 넉넉한 웃음으로 지켜봐 주시는 최원식 선생님과, 바쁘신 가운데에도 짧지 않은 원고를 보시고 추천해 주신 정재서 선생님께 머리 숙여 인사드린다. 그리고 어렵고 힘든 여행을 잘 참아 내며 함께했던 아내와 두 아이들에게도 이 자리를 빌려 고맙다는 말을 전하고 싶다.

끝으로 나의 원고를 책으로 출간하는 데 처음부터 끝까지 헌신적인 노력을 기울인 이호준 주간과, 사진과 지도 등 까다로운 작업을 멋지게 마무리해 준 디자이너께도 감사의 마음을 전한다.

2009. 10.
만월헌에서, 허우범

목차

지금, 왜, 다시 삼국지를 읽어야 하는가

전국시대의 진(秦)나라는 6국을 멸망시켜 중원 천하를 통일하고 대제국을 건설하였다. 대대손손 무궁하리라던 진시황 영정(嬴政)의 꿈은 자식인 호해(胡亥)대에서 여지없이 무너지고 천하는 다시 난세가 되었다. 이는 서초패왕 항우와 한중왕 유방의 초한전쟁으로 이어져 유방이 해하(垓下)에서 항우를 무찌르며 천하는 다시 한(漢)나라로 통일되었다. 기원전 206년이었다.

한나라는 왕망이 잠시 신(新)나라를 건국하기도 하였지만 광무제 유수가 곧바로 한나라를 복원시켜 400여 년 동안 지속되었다. 우리는 유방이 건국한 한나라를 전한(前漢) 또는 서한(西漢), 유수가 복원한 한나라를 후한(後漢) 또는 동한(東漢)이라고 부른다. 후한은 220년, 마지막 황제인 헌제가 조비의 위(魏)나라에 제위를 물려줌으로써 역사에서 사라졌다. 위나라도 45년 후인 조환 때에 사마의의 손자 사마염의 진(晉)나라에 제위를 물려주고 멸망하였다. 사마염은 동오의 손호를 항복시킴으로써 다시 삼분되었던 천하를 통일하였다. 천하대세는 합쳐진 지 오래면 반드시 갈라지고, 갈라진 지 오래면 반드시 합쳐진다

▌정사 『삼국지』의 저자 진수

는 말대로 반복되고 있다.

　　진나라 시대의 관료였던 진수(陳壽)는 후한 말기 황건적의 난으로 시작
된 분열과 위·촉·오의 삼국정립시기까지의 역사를 정리하여 『삼국지』를 편찬하
였다. 진수는 원래 촉(蜀) 출신이다. 후주 유선 때 환관 황호의 권력은 절대적이
어서 강유조차도 어쩔 도리가 없었다. 모두가 황호에게 허리를 굽혔다. 하지만
진수는 홀로 자신의 뜻을 굽히지 않았다. 부친의 상중(喪中)에 병이 걸리자 하녀
를 시켜 약을 지어오게 한 일까지 비판받으며 거듭 징계를 받고 강등되었다.

　　진수는 촉이 멸망하자 수년간 홀로 은거하며 지냈다. 그러자 진의 장화

(張華)가 진수의 재주를 아껴 효렴에 천거하여 다시 관직에 올랐다. 진수는 서사(書史)에 밝아『삼국지』를 지었다. 당시 하후담이『위서(魏書)』를 썼는데, 진수의 책을 읽고는 자신이 지은 책을 찢어버리고 더 이상 위서를 쓰지 않았다고 한다. 진수에 대한 평가가 매우 높았음을 알 수 있다. 진수의『삼국지』는 조조의 위나라를 정통으로 보는 조위정통론을 취하였다.『삼국지』는『사기』·『한서』·『후한서』와 함께 중국 역사의 초기를 다룬 '전사사(前四史)'로 불린다.

진수의 역사책과는 별개로 민간에서는 유비를 중심으로 촉한 정통론을 내세우는 삼국지 이야기가 등장하였다. 수당(隋唐)시대에는 삼국 시대 영웅들을 신비화한 지괴소설(志怪小說)이 인기를 누렸다. 송원(宋元)시대에는 상업과 도시의 발전으로 문화생활을 향유하는 계급이 늘어나자 전문적인 이야기꾼들이 생겨났다. 이들은 강담(講談)이나 잡극(雜劇)으로 대중들을 모았는데, 그중에서도 삼국지 이야기인 '설삼분(說三分)'이 단연 인기가 높았다.

명대(明代)에 이르자 당대 최고의 이야기꾼인 나관중(羅貫中)이 그때까지 회자되던 다양한 삼국지 이야기들을 수집·정리하여『삼국지통속연의』를 발

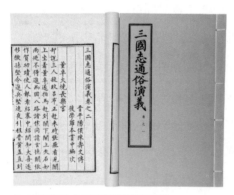

소설『삼국지』의 모본(母本)인『삼국지평화』

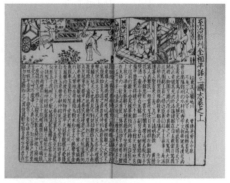

나관중이 정리한『삼국지통속연의』

간하였다. 나관중의 『삼국지연의』는 이전까지의 허무맹랑한 이야기들을 대거 삭제하고 문학적인 상상과 재미를 넣어 독자들에게 엄청난 인기가 있었다. 청대(淸代)에는 모종강 부자가 나관중의 이야기를 좀 더 새롭게 정리하고 매 편마다 이야기에 대한 평(回評)을 넣어 '모종강본'을 내놓았다. 오늘날 우리가 읽는 소설 『삼국지』는 대부분 모종강본을 번역한 것이다.

전한의 무제는 동중서의 의견을 받아들여 유교를 국교로 삼았다. 이후 유교는 오경(五經)의 경전을 통해 통치체제를 굳건히 하는 이념으로 발전하였다. 효(孝)와 대의명분(大義名分)을 중시하는 경학(經學)은 세월이 지나면서 부작용도 양산하였는데, 후한 말기에는 위선자(僞善者)가 판을 치는 사회로 변하였다. 즉, 입신양명의 등용문과도 같은 효렴(孝廉)제도는 권력을 장악한 자들의 나눠 먹기식 천거로 변질되었고, 이를 위해 '인'과 '효'를 가장한 미담(美談)을 만들어내는 위선(僞善)이 팽배하였다. 이러한 위선적 행위는 급기야 가면으로 포장된 허구적 인간성을 탄생시켰고, 이러한 가면을 쓴 인간들의 사회가 곧 진실한 사회상(社會相)이라고 믿게까지 되었다. 소설 『삼국지』는 바로 이러한 사회상이 난세와 맞물려 전개되는 분열의 시대를 다루고 있다.

우리가 일반적으로 말하는 '삼국지'는 소설 즉, 『삼국지연의』를 의미한다. 연의는 1,800여 년을 이어오며 많은 부분이 역사적 상황과 다르게 각색되었다. 이를 일러 '칠실삼허(七實三虛)'라고 한다. 하지만 역사적 맥락까지 자세히 살펴보면 '삼실칠허(三實七虛)'에도 미치지 못한다. 그럼에도 불구하고 오랜 세월 동안 민중에게 사랑받고 국가적으로도 장려한 까닭은 무엇인가.

먼저 이분법적 대립을 통한 단순하고 명확한 세계관을 들 수 있다. 이는 유비와 조조로 대표되는 선과 악, 한 황실 부흥이라는 대의명분을 따르는 순리(順理)와 이를 따르지 않는 역리(逆理)다. 이러한 설정은 유교의 이념이 팽배한 사회에서 답도 이미 정해져 있는 것이다. 따라서 역사적 사실과는 별개로 유비를 중심으로 한 촉한 정통론의 탄생은 당연한 것이다.

두 번째로는 '충의(忠義)'를 들 수 있다. 각자 성이 다른 세 주인공의 신의(信義)로 맺어진 의형제(義兄弟), 유비에 대한 관우와 제갈량의 변함없는 충성된 행동 등은 연의의 핵심 줄거리이자 민중을 통합하는 가장 좋은 소재다. 이야기꾼들은 바로 이러한 충의의 장면들을 드라마틱하게 연출함으로써 전문가로서의 입지를 굳혔다. 또한, 봉건왕조들도 통치 이데올로기의 확립을 위하여 매번 충의를 중시하였다. 이는 요(遼)·금(金)·원(元)·청(淸) 등 이민족 왕조에서 더욱 강조하였는데, 다수의 한족을 다스리기 위해서는 필수적인 장치이기도 하였다. 특히 관우에 대한 한족의 믿음이 신앙으로까지 번지자, 이를 정치적으로 활용하기 위하여 왕조마다 경쟁적으로 관우의 지위를 높여서 공자와 대등한 '무신(武神)'에까지 오르게 된다.

세 번째로는 패배의 역사에 대한 소설적 복수심의 발로를 들 수 있다. 중국에는 "은혜와 원한은 대를 물려서라도 꼭 갚아라."라는 속담이 있다. 특히 중국인의 복수는 하늘 아래 같이 살 수 없는, 반드시 이루어내야만 하는 과업이다. 개인적인 복수심이 이러할진대 역사에 기록된 국가적 치욕과 패배는 어떻게 감당해야만 하는가. 연의는 중국인의 역사적 치욕을 설욕함으로써 소설을 통한 복수와 대리만족을 극대화시켰다.

한고조 유방이 흉노의 선우인 모돈(冒頓)에게 목숨을 구걸하고 무제 때까지 조공을 바친 치욕은 조조가 오환을 공격할 때 참수시켰고, 몽골의 칭기즈칸에 멸망한 패배는 몽골 출신의 최고 무장인 여포를 배신자와 패륜아로 낙인찍어 복수하였다. 또한 한족우월주의에 입각한 소수민족 통치의 정당성을 구축하기 위하여 제갈량의 칠종칠금 고사를 만들었다. 이처럼 소설에서의 복수와 포용을 통해 '땅에는 사방의 경계가 없고 백성에게는 다른 나라가 없다(地無四方民無異國)'는 중화중심주의 천하관을 설파하고 있는 것이다.

『삼국지연의』는 역사책이 아닌 소설이다. 따라서 '소설은 소설로 읽어야 한다'는 주장도 만만찮다. 이는 문학의 순수성에 중점을 둔 것이다. 그러나 앞서 살펴보았듯이 『삼국지연의』는 소설이되, 소설 이상의 의미를 담고 있다. 천 수백 년이 넘는 동안 사상과 이념을 공고히 하며 중국인의 정신적인 지주 역할을 하고 있는 것이다. 바로 이 점이 소설책이되, 소설로만 읽을 수 없는 이유인 것이다.

'아는 만큼 보인다'는 말이 있다. 중국은 지정학적으로 가까운 이웃이자 우리와는 역사적으로도 수천 년 동안 관계를 이어왔다. 앞으로도 그럴 것이다. 『삼국지연의』는 우리와 떼려야 뗄 수 없는 중국과 중국인을 제대로 이해하는 데 무엇보다 값진 교과서다. 소설로서의 재미를 통해 난세를 살아가는 지혜를 읽히는 것도 필요하지만, 소설의 이면에 숨겨

▌ 소설 『삼국지』의 저자 나관중

진 역사적 사실과 중국인들의 사고방식을 살펴보는 것도 중요한 공부다. 이제 『삼국지연의』를 흥미진진한 소설로서가 아닌 '중국과 중국인을 이해하는 지침서'로서 다시 새롭게 읽어야만 할 때다.

소설의 주인공인 유비, 관우, 장비의 도원결의

제1부

중원이 곧 천하다

1. 즈믄 하루 즈믄 해, 풍운의 천하

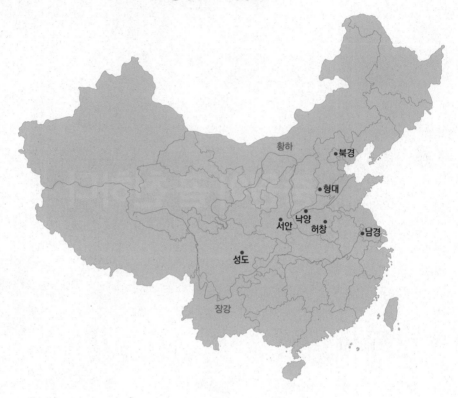

황하

북경

형대

서안 낙양 허창

남경

성도

장강

기원전 221년. 진시황이 천하를 통일한지 15년 만에 진(秦)나라는 무너지고, 항우와 유방이 패권을 다투다가 유방의 한(漢)나라로 다시 통일이 된다. 천하(天下)의 이치는 나뉜 지 오래면 반드시 합쳐지고, 합쳐진 지 오래면 반드시 나눠지는 것이 법칙이니, 200여 년간 지속된 한나라도 왕망의 신(新)나라에 의해 무너진다. 하지만 신나라도 광무제 유수(劉秀)에 의해 다시 15년 만에 무너진다. 광무제가 한조(漢朝)를 부흥시킨 서기 25년을 기점으로 그 이전을 전한(前漢) 또는(西漢)이라 하고, 그 이후를 후한(後漢) 또는 동한(東漢)이라 부른다.

수재라 하더니만 기역자도 모르고	擧秀才 不知書
효자라 천거했더니 부모를 내쫓네	擧孝廉 父別居
떳떳한 청백리인 척하나 진흙탕과 같고	寒素淸白 濁如泥
뛰어난 장군인 척하나 맹꽁이 같은 겁쟁이구나	高第良將 怯如黽

후한은 3대에 걸쳐 치세가 계속되지만, 4대 화제(和帝)부터 마지막인 14대 헌제(獻帝)까지 9명의 황제가 어린 나이에 즉위하였다. 이로 인해 왕권은 극도로 쇠약해지고 외척이 득세하여 조정은 편할 날이 없었다. 성년이 된 황제는 측근인 환관을 가까이하였고, 두 세력 간의 정치적 대결은 점점 거세져 급기야 국가마저 위태롭게 하였다. 게다가 400년간 만연된 유교 사회의 위선은 효자가 아닌 자가 효렴(孝廉)으로 천거되고, 뇌물에 익숙한 자들이 인의를 내세우며, 무공이 없는 자가 장군이 되는 세상이 되었다. 유교의 폐풍(弊風)이 만든 가면 사회는 기득권자들끼리의 권력을 나누는 가림막이 된 것이다.

낙양성의 상서문(上西門) 바깥에 사는 여자가 아이를 낳았다. 가슴은 하나고 머리와 어깨는 둘이었다. 해괴한 일로 여겨서 아이를 버렸다. 이후로 사람들은 나라의 정치가 권력자들의 손아귀에 놀아나자, "위아래 구별이 없는 머리가 둘 달린 그 꼴"이라고 하였다. -『후한서』-

자연재해 또한 말기적 증세를 나타냈다. 홍수와 지진, 해일과 산사태는 대기근과 질병으로 이어졌다. 삶의 터전을 잃은 백성들은 유랑민 신세로 전락하였고, 수구초심(首丘初心)은 그들의 희망이 되었다. 이상한 이야기도 떠돌았다. 황제가 앉는 옥좌에 푸른색 뱀이 휘감았다더라, 암탉이 수탉으로 바뀌었다더라, 시꺼먼 공기가 궁전에 넘쳐난다더라 등등, 불길한 징조가 꼬리에 꼬리를 물고 일어나 민심은 흉흉해지고 사회는 혼란에 빠졌다.

뻐꾹뻐꾹 우는 것은 밭 갈라는 소리요	布穀布穀解勤耕
찌르륵 찌르륵 우는 것은 길쌈 독촉 소리라	蟋蟀蟋蟀能促織
관청은 때도 없이 세금 독촉만 하는데	州符縣貼無已時
농사짓고 길쌈한들 그 이익이나 있는가	勤耕促織知何益

　　정권의 부패는 매관(賣官)을 낳고, 매관은 탐관오리의 온상이 된다. 궁중(宮中)과 부중(府中)이 부패의 온상이 되니 권력쟁탈전은 더욱 치열해질 수밖에 없다. 온상에서 시작된 부패권력은 후한사회 전체로 퍼지고 방방곡곡 부패관리들로 득실거렸다. 백성들의 조세는 과다했고, 토지는 호족들이 빼앗았다. 탐관오리의 수탈과 폭압에 백성은 고혈을 짜내야만 하였다. 죽으려 해도 죽지 못하는 삶. 급기야 백성은 자신의 마지막 남은 고혈을 던져 부패한 정권을 타도하는 횃불이 될 것을 맹세한다.

　　삶에 대한 희망이 요원하기만 한 때, 우길(于吉)이 세상을 다스리는 『태평청령서(太平淸領書)』를 전한다. 이는 백성들의 호응으로 급속히 확대된다. 장각(張角)은 치병(治病)과 오행사상에 의거한 태평세(太平世)의 도래를 주창하여 태평교를 창시하고, 이를 정치적인 조직으로 발전시킴으로써, 부패할 대로 부패한 후한 왕조의 타도를 외친다. 더 이상 잃을 것 없는 만백성은 설령 내일 죽는다 할지라도 기꺼이 장각의 외침에 화답하였다.

"창천(蒼天)은 이미 죽고 황천(黃天)이 선다. 갑자(甲子)년에 천하경사가 난다."

"한 왕조는 이제 운명을 다했다. 큰 성인이 나타나셨으니 너희들은 마땅히 하늘의 뜻에 순종하여 태평세월의 도래를 위해 힘써야 할 것이다."

서기 184년, 갑자년. 폭정에 시달리던 민심이 폭발하였다. 장각과 장보, 장량 삼형제의 기치 아래 그들을 따르는 50만여의 농민이 노도처럼 일어났다. 머리에 황색 두건을 쓰고 손에는 죽창을 들었다. 삶의 극한을 넘어선 그들에게는 오로지 새로운 세상의 도래만이 유일한 희망이기 때문이다.

푸른 하늘은 이미 죽고	蒼天已死
누런 하늘이 서리니	黃天當立
때는 바로 갑자년이요	歲在甲子
천하가 크게 좋으리라	天下大吉

역사는 언제나 백성의 뜻이라고 하지만, 정작 백성의 뜻대로 움직이지 만은 않는다. 질풍노도와 같이 일어난 농민들의 항거는 장각의 죽음으로 구심력을 잃고 정부군의 반격에 치명타를 입어 주력군이 1년 만에 괴멸한다. 그러나 흩어진 잔당은 그 후로도 10여 년간을 각지에서 정부군에 맞서 싸웠다. 그 힘의 원천은 바로 농민의 지원이었다. 농민에 대한 수탈과 압제가 그치지 않는 세상에서 그들은 죽음도 두려워하지 않았다. 삶이 곧 죽음과도 같았기에 백성들은 죽음도 넘어설 수 있었다. 그리하여 부모와 형이 죽으면 그 자식과 동생이 무리를 이끌고 폭압에 항거하였다.

백성의 삶은 언제나 한 사람의 위정자에 달려 있다. 위정자의 정책이 백성을 위하는 것이면 국태민안(國泰民安)이요, 자신을 위하는 것이면 가렴주구(苛斂誅求)다. 역사는 언제나 알려준다. 전자의 통치술은 태평성대로 이어지고, 후자의 통치술은 자중지란(自中之亂)을 거쳐 필망(必亡)으로 이어진다는 것을. 그럼에도 똑똑한 인류가 수 천 년 동안 이를 반복하는 것은 무슨 연유인가. 진실로 백성을 사랑하지 않기 때문이다. 어리석은 백성이 바라는 것은 고복격양(鼓腹擊壤)하나다. 그런데 똑똑하다는 위정자들은 마치 자신이 절대자인 듯한 착각에 빠져 영원히 권력을 휘두르려 한다. '권불십년(權不十年)이요, 화무십일홍(花無十日紅)'임을 정녕 모르는 것인가.

맹자(孟子)는 '민심(民心)이 곧 천심(天心)'이라고 하였다. 민심을 잃으면 군주의 자격이 없기에 혁명으로 교체해야 한다고도 하였다. 순자(荀子)는 '군주는 배요, 백성은 물이다. 물은 배를 띄워 주기도 하지만, 엎어버리기도 한다.'라고 하였다. 군주가 여민동락(與民同樂)하면 백성도 그를 존경하고 따르지만, 그렇지 못하면 백성은 군주를 언제든지 바꿀 수 있다는 것이다. '백성이 가장 귀하고, 사직은 그 다음이며, 군주가 가장 가볍다.'라는 맹자의 말씀은 어록으로만 진실하다. 동서고금을 막론하고 현실에서는 정반대의 상황으로 나타나기 때문이다. 인간은 진실로 인간을 사랑하지 못하는 존재인가.

휴게소에서 간단하게 점심 요기를 하고 하북성 형태(邢台)시로 향한다. 형태시는 하북성과 산서성을 남북으로 나누는 태행산맥이 하북과 하남의 평원으로 나아가는 지점에 자리해 있다. 이곳은 평원에서 서북쪽의 태원과 대동 등지로 나가는 길목이자, 산악지역에서 평원으로 들어오는 입구이다. 이곳을 차지하면 평원으로 진격할 수 있고, 물러나면 천혜의 요새인 태행산으로 숨을 수 있는 전략적 요충지인 것이다. 이런 까닭에 후한 말 전국적으로 일어난 황건적들도 이곳의 지리적 이점을 한껏 이용하였다. 당시의 황건군채(黃巾軍寨)가 있었던 영소산(凌霄山)을 찾아간다. 고속도로 요금소를 빠져나오자 대부분의 도시가 그렇듯 거대한 아파트 건설단지가 눈앞에 펼쳐진다. 하지만 크레인의 움직임이 활발하지 않다. 부동산 개발붐 이후 밀려오는 거품이 중원의 대지를 스멀스멀 덮어오고 있는 듯하다.

눈앞에 영소산이 푸르른 하늘을 이고 우뚝하다. 산길을 따라 들어가니 평야가 펼쳐진다. 산속에 이렇게 넓은 평야가 있다니. 상상도 못 할 일이다. 산들이 평야지대를 병풍처럼 에워싸고 계곡의 물줄기는 평야를 적시며 흘러간다. 이곳이야말로 황건군이 영채를 세우기에 안성맞춤인 곳이다. 한참을 달려가니

▎ 황건군의 초소가 있었던 황차촌 입구

▎ 짧은 겨울햇살을 즐기는 황차촌 주민들

초소에서 바라본 전망. 마을로 들어오는 길과 주변을 주시할 수 있다.

계곡을 끼고 고색창연한 마을이 나타난다. 마을 이름도 황차촌(黃岔村)이다. 한번에 보아도 마을의 역사가 상당히 오래되었음을 느낄 수 있었는데, 마을 입구의 안내 팻말을 보니 한나라 때부터 이어온 마을로 하북성을 대표하는 10대 고진(古鎭)의 하나라는 설명이 있다.

한겨울 오후의 짧은 햇살을 따라 옹기종기 모여 있던 마을 어른들이 불쑥 찾아온 이방인을 낯선 눈빛으로 주시한다. 아이들은 처음 보는 자동차가 신기한 듯 호기심 어린 눈빛으로 다가온다. 찾아온 이유를 설명하자, 마을 원로의 눈빛이 따스하게 변한다. 먼 곳까지 찾아와 준 이방인이 반갑고 고마운 것이다. 앞장서서 마을을 소개해 준다.

"이곳 마을이 있는 중암산(中岩山)은 황건군채의 초소가 있었던 곳이랍니다. 중앙군채는 이 산의 뒤편에 있어요. 저기 높은 곳에 보이는 초소가 그때 만들어진 것인데, 대대로 수리해서 지금까지 이어져 오고 있지요."

이 마을은 영소산의 황건군 중앙군채를 겹겹이 에워싼 산속으로 통하는 길목에 자리하였기에 황건군이 이곳에 초소를 세웠던 것이다. 마을 이름인 황차촌에서도 그 내력을 짐작할 수 있다. 한나라 때부터 그 자리에 있었다는 초소에 오르니 계곡과 산등성이 길들이 시야에 들어온다. 이곳에서 황실을 위한다는 핑계로 토벌군의 선봉이 되어 달려오던 군웅들의 야심이 계곡 사이로 보이는 듯하다.

ㅣ 당시의 위치에 복원한 황건군의 초소

산골마을 겨울 해가 서산에 걸린다. 갈 길이 멀어 분주이 차에 오르노라니 찾아올 때와는 다른 따사한 눈망울들이 손을 흔든다. 겨울햇살 가득한 순박함이 훈훈하게 다가온다. 황건적은 애당초 도적이 아니었다. 바로 저들처럼 순박한 농투성이였다. 하늘을 우러르고 땅에는 성실한 땀을 쏟던 저들이 도적이 된 것은 누구 때문인가. 폭정을 일삼은 권력자의 압제가 저들로 하여금 쟁기를 하늘로 높이 들게 만든 것이 아닌가.

영소산 인근에는 편작묘가 있다. 편작은 전국시대의 명의로 환자의 얼굴빛과 목소리만 듣고 병을 진단할 정도였다고 한다. 조조에게 두통 치료법을 제안한 화타와 함께 중국을 대표하는 신의(神醫)로 알려져 있다. 편작묘가 있는 산은 현재 작산(鵲山)이라고 하는데, 삼국 시대에는 흑산(黑山)이었다. 흑산은 황건적의 난이 발생했을 때 흑산단의 본거지였는데, 후에 흑산단을 이끈 두령인 장연의 묘가 이곳에 있다.

원래 흑산단의 두령인 장우각이 화살을 맞고 전사하자, 부두령이었던 저연이 장연(張燕)으로 이름을 바꿔 흑산단을 이끌었다. 장연은 황건적이 평정되자 반동탁 연합군에 참전하였고, 공손찬을 도와 원소에 대항하였지만 여포에게 대패하여 대부분의 병사를 잃었다. 이후 조조가 원소를 물리치고 기주를 차지하자 투항하여 평북장군(平北將軍)이 되고 안국정후(安國亭侯)에 봉해진 인물이다.

숙소로 돌아가는 길에 장연묘를 찾아보기로 하였다. 갈림길마다 물어가며 마을 어귀에 이르렀는데 배수로공사로 길이 막혔다. 왕복 2차선 도로를 우회하는 길도 만들어 놓지 않고 공사 중이니 참으로 어이없는 노릇이다. 하지만 다시 차를 돌릴 수밖에 다른 방법이 없다. 20여 km를 돌아서 장연묘에 도착하니 벌판 끄트머리에 공사차량이 보인다. 중국은 이래서 중국이로고. 헛웃음이 절로 나온다.

마을 사람들이 알려준 장연묘는 대부분이 무너지고 길과 밭 사이에 봉곳한 흙덩이만 남았다. 무너진 흙더미 사이로 빈 제비집이 보인다. 장연의 별명은 비연(飛燕)이다. 비연은 그의 출중한 무공을 일컫는 별명일 터, 장연의 혼이 매년 자신의 육신이 묻힌 이곳에 와서 뜨거운 여름을 지내고 가는가. 묘지석도 없이 벌판길 옆에 쓸쓸한 흙무더기가 스러지는 석양빛에 더욱 추워 보인다.

다음 날, 일찍 호텔을 나서 다시 영소산으로 향하였다. 오늘은 황건군의 산채(山寨)를 꼭 찾아보기 위해서다. 영소산에 다다르니 여기저기 바위산들이 보인다. 어제와는 산세가 확연히 다르다. 중앙 군채로 들어가는 입구에는 용문(龍門)마을이 있다. 이 마을은 황건군의 훈련 장소이자 전쟁에 필요한 말을

▌ 오랜 세월 파헤쳐진 채 버려진 장연의 묘

키운 곳이라고 한다. 드넓은 밭이 있어서 황건군의 군량을 보급하기에도 충분하였으리라. 마을 이름에서 당시 황건군의 열망을 느낄 수 있다. 산채를 찾으

▌ 황건군채로 오르는 입구에 있는 용문마을

러 왔건만 난감해진다. 이토록 넓고 험한 산 속에서 어떻게 산채를 찾는단 말인가. 걱정이 태산일 무렵, 다행히 산길 입구에 사는 전직 선생님이 흔쾌히 나서신다. 산채를 아는 사람이 별로 없다는 말에 더욱 고맙기만 하다.

황건군의 산채는 바위산이 천혜의 성벽을 이루고 드문드문 산비탈에는
성벽을 쌓은 해발 8백m의 산중에 있었다. 군영 본부였던 영소산채에는 청나라
때 지은 절이 폐허인 채로 버려졌다. 병사들이 기거하던 병영터는 절에서 개보
수해서 사용한 듯하다. 모두가 황량한 폐허 주변을 돌아보자니 군사들을 지휘
하던 점장대와 우물은 아직도 그대로다. 식수는 계곡물로도 충분했을 텐데 우
물이 있는 것이 궁금하였다. 그러자 안내해준 선생님이 감옥으로 사용한 것이
라고 알려준다. 일명 수감옥(水獄)인 셈인데, 악질 탐관오리들을 잡아다가 가두
어두었다고 한다. 뚜껑까지 덮었다고 하니 탐관오리들은 폐소공포증을 이기지
못하고 우물 속에서 죽었으리라. 가파른 돌계단 위에는 망루가 있었는데, 지금
은 팔각정이 세워지고 산불을 감시하기 위한 초소로 사용하고 있으니 예나 지
금이나 그 쓰임새는 일맥상통하는 것이다.

▎황건군의 군량 조달지가 되었던 용문마을 평야

▌황건군채로 가는 산길

이곳 영소산 일대에는 15만 명의 황건군이 웅거했다고 한다. 그야말로 중앙 산채를 중심으로 영소산 일대가 황건국처럼 느껴졌을 것이니 초기 황건군의 득의양양함이 용문마을까지 넘쳐나는 듯하다.

황건적의 난은 장각의 외침으로 시작되었다. 장각의 외침은 번개처럼 후한 13주(州) 중 8개 주로 퍼졌다. 장각 삼형제가 황건군을 이끌었다. 하지만 장각은 거병한 지 얼마 못 가 병사하고, 나머지 두 형제도 추풍낙엽처럼 패하였다. 황건 토벌군은 장각의 무덤을 파헤쳐 부관참시(剖棺斬屍)한 후 장각의 목을 낙양으로 보냈다고 한다.

장각은 하북성 거록(鉅鹿) 출신이다. 그의 묘는 거록에서 동쪽으로 30여km 떨어진 위현(威縣)의 칠급진(七級鎭)에 있다. 장각묘를 찾아가는 길은 어렸을 적 소풍가서 보물찾기하는 것과 다름없다. 마을 어귀의 들판을 눈을 크게 뜨고 찾아봐도 보이질 않는다. 중국정부가 지정한 국가중점문물보호단위임에도 이토록 찾기가 어려운 것은 드문 일이다. 마을의 촌로를 만나서야 대략적 위치를 알 수 있었는데 마을의 끄트머리에 있다는 것이다. 예전에는 작은 마을이었으나, 점점 확장하여 이제는 장각묘가 있는 곳까지 이르게 된 것이다. 마을의 역사를 모르는 사람들이 벌판에 있다고만 한 것이니, 역시 시골지역을 답사할 때는 마을 원로들에게 확인하는 것이 필수적이다.

▌산등성이를 따라 축조된 성벽 ▌황건군의 본부가 있는 산을 가리키고 있는 안내인

　　태평교를 창시하고 황건적을 이끌었던 장각. 국가급 문물인 그의 묘는 어느 정도의 크기일까. 이러한 궁금증은 현장을 보는 순간 망연자실해졌다. 마을 어귀에 있는 쓰레기장에 지나지 않았기 때문이다. 파헤쳐진 둔덕, 표지석도 없이 잡초만 무성하고 쓰레기까지 뒹구는 곳이 장각의 묘라니 좀체 믿어지지가 않는다. 하지만 이곳에 살고 있는 사람들은 장각의 묘가 맞다고 하였다. 장각묘 옆에 살고 있는 노인에게서 이처럼 쓰레기장으로 변한 이유를 알 수 있었다.

　　원래 이 묘는 장각과 그 형제들이 도륙당하자 농민들이 삼형제의 시체를 몰래 훔쳐와 이곳에 함께 묻고 칠칠일에 사십구재를 지냈다고 한다. 마을이름도 칠제촌(七祭村)으로 불렀으나 관원들이 알고 없앨 것을 염려해서 제(祭)와 발음이 같은 칠급촌(七級村)으로 바꿨다. 장각묘는 중일전쟁 이전까지만 해도 2천여 평이 넘는 크기였고, 일본군이 이곳에 포대를 설치하였다고 한다. 묘가 파헤쳐진 것은 문화대혁명시기로, 그때에도 후손들이 막아서 그나마 3m 높이의 묘가 보존되었다고 한다. 지금처럼 처참하게 된 것은 2012년 봄, 이곳에 사는

황건군의 본영이 있었던 영소산채 전경

▌군사들의 사기를 진작시키던 점장대

▌폐허가 된 황건군채에 들어선 옥황전

▌황건군들이 기거하였던 곳

▌탐관오리들을 잡아다 가두어두었던 우물

농부가 블도저로 밀어버렸기 때문이라고 한다. 아마도 개발과 보존이라는 문제를 두고 벌어진 다툼의 결과인 듯하다. 대부분의 마을 사람들이 분노하여 지금까지 남아있지만, 이처럼 방치된 채 또 몇 년이 흐른다면 장각 삼형제의 묘는 흔적 없이 사라지리라.

소설 삼국지는 가장 존귀해야만 하는 백성이 '황건적'이 되어 폭동을 일으키는 장면부터 시작한다. 그리고 황건적의 난을 빌미로 정치적 야욕에 눈먼 군벌들의 출세가도를 열어주는 피비린내 나는 살육의 현장이 펼쳐진다. 삼국지 최고의 영웅인 조조는 누구보다 백성을 무참히 도륙했다. 농민군인 황건적을 수없이 살육하고, 항복한 자들은 자신의 친위대로 삼았다. 태평사회를 꿈꾸는 농민군은 그들을 죽음으로 내몰며 세력을 키워가는 군벌의 꼭두군사가 되어 오히려 형제를 죽여야 하는 비참한 삶의 연속이었다. 유비 또한 마찬가지다. 황실의 후손이라는 그럴듯한 빌미로 건달과 유협들을 모아, 유주목 유언(劉焉)을 도와 황건족을 토벌하며 화려하게 삼국지 무대에 등장한다. 손견(孫堅) 역시 황건적 소탕에 눈부신 활약을 하였는데, 완성(宛城)전투에서 성벽을 오르며 황건적을 죽이는 칼솜씨가 악귀와도 같았다 하니 백성을 죽여서 얼마나 많은 전공을 세우려고 하였는지 짐작이 간다. 이처럼 삼국지의 영웅들은 모두 도적으로 몰린 백성의 고혈(膏血)을 빨고 도륙하며 위(魏)·촉(蜀)·오(吳)라는 정치적 야심을 창출한 것이다.

"지극히 얻기 어려운 것이 민심인데 지금 그 민심이 나를 따르고 있다. 이런 기세를 타고 천하를 얻지 못한다면 진정 애석한 일이 아니겠느냐?"

장각은 남화노선(南華老仙)이라는 노인에게서 『태평요술(太平要術)』을 받을 때 '딴 뜻을 품으면 반드시 화를 면치 못한다'는 신신당부의 말을 잊었다. 태평교의 무리가 날로 늘어가자 참요(讖謠)를 퍼뜨리고 정치적 야심을 드러냈다. 하지만 이 또한 그가 빚어낸 한계였다.

황건적의 난을 이끌었던 장각의 묘. 마을의 쓰레기창으로 버려져 있다.

창천은 가고 황천이 온다

　　제후들 간의 천하통일전쟁이 그칠 날 없었던 춘추 전국 시대는 이제까지의 예법이 무너지고 새로운 예법은 수립되지 않은 혼란기였다. 이 시기 황제(黃帝)의 전설이 노자의 사상과 결합한다. 그리하여 분열의 시대를 마감하고 통일의 시대를 염원하는 사상인 '황로학(黃老學)'이 탄생한다. 황로학은 통일 후의 천하 경영에 대한 관심사이었기에 한초(漢初)에 활발했다. 통일의 시대에 다양성의 조화를 꾀했던 황로학은 제자백가의 학설을 융합했다. 유가, 법가, 묵가, 음양가의 이론을 도가사상의 바탕 위에 흡수, 포용, 종합한 것으로 노장만을 중시했던 원시 도가와는 확연히 달랐다. 이러한 황로학의 사상적 기조에는 법가적 통치술로 천하를 통일한 진나라가 이후 국가경영에 실패한 선례가 작용했다. 이 시기의 황로학은 무위(無爲)통치술을 주장한다.

　　"옛날 왕들은 행하는 바가 적고 객관적인 형세를 따랐다. 이것이 군주의 통치술이요, 행하는 것은 신하의 몫이다. 스스로 행하면 혼란하고 따르면 평온하다. 겨울을 따라 추위를 행하고 여름을 따라 더위를 행하면 왕은 무엇을 하겠는가? 곧 군주의 길은 무지(無知) 무위(無爲)해도 신하의 유지(有知) 유위(有爲)보다 훌륭하다고 하는 것이다."

　　황로학은 독존유술(獨尊儒術) 정책을 시행한 한무제 이후 양생론(養生論)으로 발전한다. 이는 혼란기를 살아온 자들이 소망했던 휴양생식(休養生殖)의 절절한 실천이다. 이와 함께 후기의 황로학은 치국(治國)의 무위가 아닌 치신(治身)의 무위로 변화한다.

"성인은 일반사람이 터득할 수 없는 것을 터득한다. 일반인들은 지식과 속이는 것을 배우지만, 성인은 '스스로 그러한 이치(自然)'를 깨닫는다. 일반인들은 세상 다스리는 것을 배우지만, 성인은 몸을 다스리는 것을 깨달아 진정한 도를 터득한다."

후한 말기의 정권은 부패했고, 천재지변은 민심을 더욱 흉흉하게 하였다. 정권의 부패는 매관(賣官)을 낳고, 매관은 탐관오리의 온실이 된다. 온실을 나온 탐관오리는 수탈과 폭압으로 백성의 고혈을 짜고, 급기야 백성의 고혈은 부패한 정권을 타도하는 횃불이 된다. 궁궐에서의 권력쟁탈은 물론, 궁궐 밖에서도 백성들에 대한 부패관리들의 수탈은 극도에 달하였다. 조세는 과다했고, 토지는 호족들이 겸병하였다. 죽으려 해도 죽지 못하는 삶이었다. 삶에 대한 희망이 요원한 때, 우길(于吉)이 세상을 다스리는 『태평청령서(太平清領書)』를 전한다. 이는 백성들의 호응으로 급속히 확대된다. 장각은 치병(治病)과 오행사상에 의거한 태평세(太平世)의 도래를 주창하여 태평교를 창시하고 정치적 조직으로 발전시켜, 부패할 대로 부패한 후한 왕조의 타도를 외친다.

"창천이사(蒼天已死) 황천당입(黃天當立)
세재갑자(歲在甲子) 천하대길(天下大吉)"

외척과 환관의 피비린내 나는 권력다툼과는 별개로 이들에게 대항했던 일군의 지식인들이 있었다. 이들은 청류파(淸流派)라 했는데, 서로가 공통된 학문과 사상을 기반으로 정치적 동지의식을 가졌다. 이들은 전한(前漢) 이래 구축되어온 황로학(黃老學)의 새로운 계승자들이었다. 하지만 청류파는 두 차례의 당고(黨錮) 사건을 계기로 전국 각지로 쫓겨나 구금되었고, 정치적인 영향력은 붕괴되었다. 이들의 구금을 해제한 것은 농민들이었다. 황건(黃巾)을 두른 농민들의 난으로 전국이 혼란해지자 중앙정부가 청류파와 농민의 연합전선 구축을 방지하기 위하여 신속하게 구금을 해제하였기 때문이다.

신분 상승을 노리는 청류파의 정치 참여를 냉소와 냉담으로 일갈하였던 지식인들도 있었다. 이들은 일민적(逸民的) 인사(人士)라고 불렸는데, 후한의 멸망을 예견하고 정치에 나서지 않은 자들이다.

"용은 비늘을 숨길 수 없고, 봉황은 깃을 감출 수 없는 법이다. 그물이 높이 걸려있으매, 어디에 갔다고 해서 무사할 수 있겠는가."

이들의 정치적인 태도는 청류파와 달랐지만 사상적으로는 비슷하였다. 오경(五經)과 역술(易術), 도참(圖讖)에 능통하였는데, 재야에서 제자를 양성하며 자신들의 사상을 전수하였다. 이러한 과정을 통해서 이들은 일반 백성들과 교류하였고, 이는 새로운 시대의 도래를 열망하는 백성들에게 지침이 되었을 것이다. 전국적으로 봉기한 황건적들은 일민이 있는 마을만은 침입하지 않았으며 약탈품마저 되돌려주었다. 이는 일민과 황건 농민들과의 일종의 암묵적 연대감의 표시이기도 한데, 이러한 우호적인 태도는 당연한 것이다. 황건의 난은 한 황실을 구한다는 미명 아래 자행된 청류파 지식인들의 가혹한 탄압으로 실패하였다. 청류파들은 황건적의 난을 발판으로 자신들의 야심인 정권 창출을 이룰 수 있었다.

백성을 위하고 세상을 평안하게 하겠다는 정치는 위정자들의 정권유지를 위한 책략에 불과하다. 그것이 잘 지켜지면 정권유지는 태평성대(太平聖代)요, 잘 지켜지지 못하면 정권유지 또한 불안하다. 정권의 혼란은 그들로 인해 시작되며, 압제는 이러한 혼란으로부터 나온다. 그리고 압제의 대상은 백성이다. 혼란과 압제가 극에 달할 때 백성이 일어선다. 노도와도 같은 백성의 힘을 누가 이용하는가? 야심의 발톱을 숨긴 권력에의 충신들이다. 그들의 교활한 정치적 술수에 백성은 휘둘리고 굴복당한다. 그렇다면 무엇이 변하였는가? 위정자가 바뀌었을 뿐, 역도(逆徒)의 무리는 또다시 새로운 시대를 여는 백성이 된다. 정권은 항상 공고하다. 그 공고함을 안팎으로 받쳐주는 것이 바로 백성이다. 백성을 위하는 '진정한' 정치가 필요한 이유가 바로 여기에 있다.

2. 충의(忠義)의 화신, 관우가 등장하다

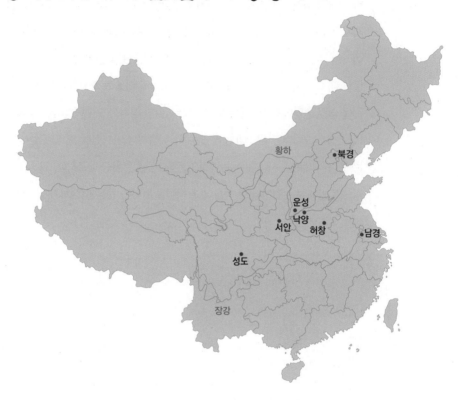

"성은 관(關)씨고 이름은 우(羽)라고 합니다. 자는 수장이라 했다가 운장(雲長)으로 바꾸었지요. 하동의 해량이 고향인데 그곳 토호(土豪) 놈이 하도 세도를 부리며 사람을 능멸하기에 그놈을 쳐 죽이고 강호를 떠돈 지 벌써 오륙 년이 되었습니다. 지금 여기에서 도적을 토벌하는 의병을 모집한다고 하기에 맘먹고 지원하러 왔습니다."

후한 말, 황건적의 난으로 전국이 혼란에 빠졌을 때 관우도 고향인 해현(解縣)을 떠나 하북성의 탁주(涿州)를 떠돌고 있었다. 충의의 대명사요 소설 삼국지 최고의 주인공인 관우의 등장은 이렇게 시작된다. 관우는 누구를 죽이고 고향을 떠나게 된 것일까. 나관중의 『삼국지연의』 전 단계인 『삼국지평화(三國志平話)』에는 관우가 죽인 자의 신분이 '현관(縣官)'으로 나타난다. 현을 다스리는 현령이나 현감인 것이다. 현관이 정사를 공평하게 처리하지 않고 백성들만 학대하자, 정의감 넘치는 관우가 더 이상 참지 못하고 살해한 것이다.

나관중은 자신이 삼국지를 엮으며 관원을 토호로 고쳤다. 장각과 황건군들은 탐관오리를 처단하였는데 나관중은 탐관오리를 왜 토착호족으로 바꾸었을까. 난세에 행정력이 미치지 않는 시골은 토호들이 발호하기 십상이다. 악독한 토호들은 어지러운 시기를 이용해 토지를 겸병하고 백성들을 마음대로 부렸다. 토지를 벗어나서 살 수 없는 농민들은 목숨을 부지하기 위해서도 그들의 억압을 견뎌야만 하였다. 나관중이 심혈을 기울이고 만든 관우의 인물 형상은 '충의의 화신'이다. 이러한 관우가 처음부터 관리를 죽이고 등장한다면 마치 흰쌀밥에 모래를 뿌리는 격으로 모양새가 맞지 않는 것이다. 관우가 토호를 처단하고 탁주로 도망가는 내용을 살펴보자.

관우가 태어난 해현은 오늘날 산서성 운성(運城)의 상평촌(常平村)이다. 관우가 고향을 떠나기 전에 이곳도 자연재해가 극심해서 식수조차 구하기 어려운 상황이었다. 동네의 우물은 모두 말라버렸다. 오직 부유한 소금상인인 여웅(呂熊)의 집 안 우물에만 물이 있었다. 그런데 여웅은 아주 평판이 나쁜 자였다. 그는 당시 힘 있는 권력자와 결탁해 엄청난 부정축재를 하였다고 한다. 또한

┃ 운성 시내에 있는 관우상

여색을 매우 밝혔는데, 우물의 덮개에 큰 돌을 올려놓아 함부로 물을 퍼갈 수 없도록 했다. 그리고는 젊은 여성에게는 물을 주겠다고 유혹하여 이를 믿고 찾아온 여성들을 강제로 추행하였다. 목숨처럼 귀한 물인지라 누구도 감히 말을 하지 못했다. 그러던 차에 한 여인이 여웅의 뜻을 거역하였다가 자결하였다. 의혈 청년 관우는 밤에 칼을 품고 여웅의 집 담을 뛰어넘어 그를 살해하였다. 관우의 의로운 행동을 칭찬한 부모는 살인자로 누명 찍힌 관우를 편안하게 도망시키기 위해 우물에 몸을 던졌다. 관우는 집 벽을 무너뜨려 우물을 덮고 고향을 떠났다. 그리고 다시는 돌아오지 않았다.

운성은 중국 제일의 염호(鹽湖)가 있어 소금생산지로 유명한 곳이다. 운성이라는 지명도 '소금을 운반해 나가는 성'에서 유래하였다고 한다. 이때의 '성(城)'은 성곽도시를 의미한다. 성곽도시에서 성곽은 신분을 구분하는 또 하나의 경계다. 그러므로 성 안쪽은 관청의 도움 아래 소금 정제공장과 도매상이 즐비하고, 소금을 사러 전국 각지에서 온 상인들로 활기가 넘치는 거리였을 것이다. 여웅은 이 거리에서 커다란 상점을 운영했을 것이다. 반면 관우는 성 밖의 한적한 농촌에 살았다. 대장장이, 목수, 두부장수 등 잡일을 하며 어쩌다 성 안으로 들어가 성 밖과 다른 세계를 보았을 것이다.

천한 계급인 관우가 귀족 계급과도 같은 여웅을 살해한 것은 커다란 사건이다. 그것은 생각에 따라 황건적의 반란과도 같은 수준의 것이었다. 그러하기에 관우를 잡기 위한 관헌의 추적은 집요하였다. 하지만 관우는 용케 잘 피했다. 도피 중에 대추처럼 붉은 얼굴이 되고 없던 수염도 생겨났다. 수배자이기에 이름도 수시로 바꾸었다. 관(管), 풍(馮), 상(常), 타(柂), 봉(封) 등 여러 개의 성(姓)을 사용하였다. 도망자로서는 당연한 것이다. 이렇듯 여러 개의 성 중에 그가 오래도록 사용한 이름이 '관우(關羽)'다. 관우라는 이름을 갖게 된 동기도 관문을 지나다가 기러기를 보고 생각해낸 것이라고 하는데, 이는 후세의 이야기꾼들이 재미있게 하기 위해서 지어낸 것일 가능성이 높다.

'9척 키에 수염도 두 자가 넘게 길었는데, 얼굴은 대춧빛이었으며 입술은 연지처럼 붉었다. 봉황 눈에 누에눈썹을 했는데, 모습 또한 당당하고 풍채 역시 늠름하였다.'

관우의 됨됨이를 표현한 것인데, 관우에 대해서 알 수 있는 것은 수염뿐이다. 그것은 형주를 지키던 관우가 마초에 대해 질의한 편지를 답변해 준 제갈량의 대답 속에 '미염공(美髥公)'이라는 말이 있기 때문이다. 관우의 얼굴빛은 붉은색이었다고 하지만 이를 알 수는 없다. 나관중 이전의 이야기꾼이 지어낸 것이기 때문이다. 많은 색 중에 왜 하필이면 붉은색일까. 중국은 옛날부터 색으로 사람의 성격을 구별하는 관습이 있다. 붉은색은 용감함, 흰색은 기만, 흑색은 솔직, 청색은 요사함, 금색은 신성함을 상징하였다. 붉은색은 적심(赤心)이라 하여 사욕됨이 없는 충성스런 인품을 표현하는 것으로, 충의(忠義)의 화신인 관우에게 어울리는 색이다. 송원대(宋元代)부터 내려오는 경극을 보면 관우는 항상 얼굴이 붉은색인 반면, 조조의 얼굴은 사악함의 상징인 흰색이다. 이는 색을 통해 민족성을 살펴볼 수 있는 것이기도 한데, 우리가 흰색을 순수와 순결의 상징으로, 붉은색을 악마 또는 사악함의 상징으로 사용하는 것과는 정반대이다.

관우의 고향인 운성을 찾았다. 『삼국지연의』 최고의 주인공이자 중국인들이 무신(武神)으로 추앙하는 관우: 중국인에게 그토록 중요한 관우이기에 그의 고향을 찾는 것은 매우 흥미 있고 가슴 설레는 일이다. 운성에 다다르자 창밖 들판엔 노란 색의 해바라기 밭이 끊임없이 이어진다. 운성에 해바라기가 많은 이유

| 해주 관제묘 입구 | 해주 관제묘의 패방

를 물었다. 안내인은 오직 한 분의 주군인 유비만을 따르는 관우의 성품을 표현한 것이라고 설명하지만, 해바라기의 본래 의미는 그런 것이 아니잖은가. 운성에 오니 해바라기의 의미도 새로운 것이, 과연 신이 되었다는 관우의 고향에 온 것이 실감난다.

먼저 찾은 곳은 해주 관제묘(解州關帝廟)다. 해주 관제묘는 운성에서 남쪽으로 20km 정도 떨어진 곳에 있는데, 중조산(中條山)을 등지고 염호(鹽湖)를 바라보고 있다. 이 관제묘는 중국에서 가장 오래되고 규모도 가장 큰 곳이다. 수나라 때인 589년에 처음 지어졌고, 송나라 때 중건하였다고 한다. 건축면적만도 18만 평방m가 넘는다고 한다. 중국인들은 이곳을 '무묘지조(武廟之祖)'라고 부른다. 건물의 배치도 공자를 모신 산동성(山東省) 곡부(曲府)의 공묘

(孔廟)와 흡사하다. 문무의 신으로 모시는 두 사람이니 그 또한 같을 수밖에 없으리라.

　　이곳 관제묘는 전원(前院)과 후궁(後宮)으로 구분되는데, 전원이 관우를 모신 사당이다. 몇 개의 문과 패방을 지나니 26마리의 용이 돌기둥에 돋을새김으로 조각된 숭녕전(崇寧殿)이 나타난다. 돌기둥을 휘감고 있는 용들은 마치 금방이라도 날아오를 것 같은 모습인데, 가히 걸작이라 이를 만하다. 전당 안에는 위엄 있는 제왕인 양 부리부리한 눈을 한 커다란 관우상이 앉았다. 그리고 천장에는 강희제가 썼다는 '의로움이 하늘과 땅에 빛나도다(義炳乾坤)'라는 뜻의 편액이 웅건하다.

| 관제묘의 편액들　　　　　　　　　　| 해주 관제묘는 수나라 때 세워진 최초의 관제묘이다.

후궁의 핵심은 춘추루(春秋樓)이다. 춘추루는 관우가 『춘추좌씨전』을 애독하였기에 불리는 이름이다. 이곳의 춘추루는 33m 높이의 3층 건물인데, 3층 처마의 두공(斗拱, 창살 따위를 네모꼴로 짜는 형식)에서 내려뜨린 26개의 기둥에 의지하여 공중에 떠있도록 만들어져 있다. 건축 기법 또한 가히 독특하기 이를 데 없으니, 하나의 건축물에서도 중국인의 관우에 대한 절대적인 믿음과 의지를 보고도 남음이 있다.

관제묘에서 동쪽으로 10km 정도 떨어진 상평촌을 향하였다. 상평촌은 관우가 자란 고향이다. 오동나무와 포플러가 병풍처럼 에워싸고 있는 상평촌은 아주 작고 아담한 마을이었다. 관우의 가문을 모신 가묘(家廟)는 마을의 서쪽 끝에 자리해 있었다.

사당 앞에 이르니 용이 새겨진 돌 패방에 '관왕고리(關王古里)'라는 글씨가 선명하다. 양쪽 기둥 앞에는 철로 만든 인물상이 사자를 끌고 사당을 지키고 섰

| 황제만이 가능한 용을 새겨놓은 숭녕전의 돌기둥

| 『춘추좌씨전』을 애독한 관우를 기리는 춘추루

가문을 모신 상평촌의 가묘

관우 부모가 투신한 우물 위에 세워진 정탑

다. 이곳 역시 수나라 때 만들어져 명나라 때 중건하였는데, 해주 관제묘에 비해서 규모는 훨씬 작지만 관우의 행적을 살펴보기에는 더욱 의미가 있는 곳이다.

입구를 들어서니 우거진 측백나무들 사이로 7층 팔각 벽돌탑이 눈에 띈다. 정탑(井塔)이라고 부르는 이 탑은 후세 사람들이 관우 부모의 장렬한 자식사랑을 기리기 위해 그들이 함께 투신한 우물 위에 쌓은 것이다.

관우상이 모셔진 정전 뒤에는 관우의 부인인 호(胡)씨를 모신 낭랑전(朗朗殿)이 있다. 관우 부인의 동상은 청나라 때 만들어진 것으로 중국 전체를 통틀어 오직 이곳뿐이다. 예복을 입고 봉황의 관을 쓴 채 단정히 앉아서 무언가 생각에 잠긴 듯한 모습이다. 낭랑전 앞에는 뽕나무 고목이 있는데, 특이하게도 일 년

상평 관제묘의 숭녕전

에 다섯 번이나 열매를 맺는다고 한다. 대자연의 신비이겠지만 왜 이곳 낭랑전
앞의 뽕나무만 그럴까. 어쩌면 평생을 혼자 숨어서 살아야만 했던 호씨 부인의
애달픈 연정을 나타낸 것은 아닐까.

관우의 아버지는 비천하였지만 중년이 되어 얻은 관우를 매우 귀여워하
였다. 관우 또한 어려서부터 무엇이든 잘하고 특히 학문을 좋아하였다고 한다.
그래서 부친은 관우를 그 지역에서 존경받는 호(胡)선생의 문하에서 가르침을

▌상평 관제묘의 관우상 　　　　　　　 ▌관우의 부인을 모신 낭랑전

받게 하였다. 스승은 관우의 인품을 사랑해서 자신의 딸과 혼인시켰다. 그러나 둘의 사랑도 잠깐, 여옹을 살해한 관우는 쫓기는 몸이 되었고 부인 호씨 또한 아이를 데리고 친정으로 피난을 가야만 하였다. 친족 또한 이름을 바꾸어 타지에서 숨어 살아야만 했으니, 상평촌에서 관우의 자손을 찾는 것은 어려운 일이다.

　이곳 상평촌의 사당은 1,400년 전 수나라 때 세워졌지만, 관우 신앙은 수나라보다 400년 더 빠른 관우의 사후부터 시작되었다. 사당 안에는 이러한 사실을 알 수 있는 것이 있었는데, 바로 1,800년 된 측백나무였다. 호백(虎柏)과 용백(龍柏)이라 불리는 이 나무는 둘레만 해도 5m는 넘을 성싶었는데, 수령이 맞다면 관우가 사망한 무렵에 심어진 것이다. 그런데 호백의 줄기 한 곳이 껍질이 벗겨진 채 빨갛다.

■ 관우의 주무기인 청룡언월도

"저건 관우의 피를 의미합니다. 비가 오나 눈이 오나 옛날부터 지금까지 조금도 변하지 않은 채 그대로 있기 때문입니다."

관우의 고향이기 때문일까. 낭랑전의 뽕나무와 함께 여기저기서 관우의 영험함이 넘쳐나고 있다. 오늘날의 상평촌 역시 문화대혁명 시기를 어렵게 넘겼다고 한다. 홍위병(紅衛兵)들의 손길이 닿는 곳이면 사원이든 유적

■ 상평 관제묘의 전경

이든 남아나지 않던 시절을 어떻게 이겨내었을까. 그것은 관우를 사랑하는 이곳 주민들의 일치단결된 마음이 있었기에 가능했다고 한다.

▌ 상평 관제묘의 편백나무

"밤낮을 가리지 않고 천 명이 넘는 사람들이 사당에 모였습니다. 홍위병과 싸움은 일어나지 않았지만 일촉즉발의 위기까지 있었어요. 결국 우리의 설득에 그들이 수긍을 했지요."

안내인은 이곳에서 있었던 격동의 시대를 이야기한다. 절대적인 권력이었던 홍위병에 맞서 관우의 사당을 지켜낸 이곳 주민들이 새삼 다시 보였다. 그리고 그것은 관우에 대한 신앙심이 어느 지역의 누구보다도 강하였기 때문에 가능했을 터, 과연 문묘지조의 사람들다워 보였다.

산서성 운성은 남으로 흐르던 황하가 동으로 방향을 바꾸는 동북쪽에 있는데, 동쪽을 제외한 삼면이 산과 계곡으로 둘러싸인 분지이다. 주변 산에서 흘러내리는 물줄기가 저지대에 모여 '해지(解池)'라는 염호(鹽湖)를 만들었다. 예부터 이 염호에서는 엄청난 양의 소금이 생산되었는데 수천 년을 생산하였음에도 불구하고 현재도 중국 전체 소금생산량의 74%를 차지한다고 하니 그야말로 소금천지가 아닐 수 없다.

해지를 찾아가는 길은 새로 만든 지 얼마 되지 않은 듯 깨끗한 길이 곧게 뻗어 있다. 마치 바다에 제방을 쌓아 만든 것 같은 도로를 따라 들어가니 저 멀리 은빛 물결이 반짝이는 해지가 보인다. 순간 강력한 소금기가 코를 찌른다. 남북 5km, 동서 30km의 해지는 '물 반, 소금 반이다' 싶을 정도로 하얀 염분이 그득하다. 해지를 소금호수라고 부르는 이유를 알 것 같다. 이스라엘의 사해만큼이나 염분의 농도가 강할 것 같아 안내인에게 물었더니, 호수가 깊지 않아 수영하는 데 커다란 어려움은 없다고 한다. 하지만 문제는 고약한 냄새였다. 넓은 호수를 가득 메운 염분이 썩은 갯벌과 함께 발산하는 냄새는 잠시 있었음에도

▌ 상평촌의 염호. 운성은 소금 생산지로 유명하다.

불구하고 속이 메스껍고 머리가 아플 정도다.

　　일반적으로 소금은 바닷물을 햇볕에 증발시켜 만든다. 그러나 이곳은
비 오는 날 소금 생산량이 증가한다. 그것은 비가 와서 수량이 늘어나면 호수
밑바닥에 있던 소금덩어리가 떨어져 물위로 솟아오르기 때문이란다. 갈퀴로 둥
둥 떠다니는 소금을 긁어 담기만 하면 될까. 참으로 신기한 소금 생산법이다.
소금은 고대부터 중요하고 귀중한 물품이었다. 소금은 화폐로도 사용되었는데,
이는 고대 로마의 관리나 군인에게 급료로 지급한 데에서 연유한다. 월급을 뜻
하는 '샐러리(salary)'의 어원도 소금이다. 동서양을 막론하고 필요한 소금을 얻기

위한 전쟁이 또한 부지기수였으리라.

　　잠깐 차에서 내렸다. 해지를 카메라에 담기 위해서다. 그러나 도저히 있을 수가 없다. 냄새로 인해 속이 뒤집히는 것은 물론이고, 눈이 따가워 제대로 뜰 수조차 없었기 때문이다. 사진을 몇 장 찍고 곧장 자동차에 올랐다. 이러한 곳에서 소금을 캐는 사람들이 참으로 대단하다는 생각이 들었다. 하지만 다시 생각하면 돈을 캐서 자루에 담고 있으니 따가움조차도 기쁜 일인 것이리라.

　　관우는 여웅을 죽이고 이 호수를 지나 동쪽으로 도망갔다. 그것은 상평촌의 지형이 만든 어쩔 수 없는 선택이었다. 그러나 이로 인해 관우는 하북의 탁주에서 평생의 동지이자 형제인 유비와 장비를 만나게 된다. 실로 상평촌의 지형이 관우에게 베풀어준 은혜인 것이니,『삼국지평화』에서는 이 장면을 다음과 같이 노래하였다.

숨어 지내며 떠도는 신세가 아니었다면　　　　　　不因躲難身漂迫
어찌 황금처럼 중한 의리를 만날 줄 알았으리　　怎遇分金重義知

삼국지 최고의 주인공, 관우의 탄생 설화

　관우는 삼국지 최고의 주인공이다. 하지만 나관중이 소설을 완성하기 이전의 작품인 『전상삼국지평화(全相三國志平話)』에서는 장비에도 못 미치는 조연이었다. 이 책은 설화적인 내용으로 이뤄진 군담소설인데, 당시에 저자거리에서 일하는 일반 백성들에게 인기가 높았다. 나관중은 어느 정도 교양을 갖춘 독서층을 대상으로 군담과 괴기스런 내용보다는 문학적 상상력과 재미를 추구하였다. 이 과정에서 좌충우돌하는 문제아인 장비를 내리고, 『춘추좌씨전』을 즐겨 읽는 과묵한 관우를 부각시켰다. 나관중이 자신의 삼국지에서 관우를 주연으로 발탁한 것이다.

　관우의 고향인 산서성의 운성에는 관우의 탄생에 관한 영웅적 설화가 전해 온다.
　옛날부터 운성은 온화한 기후에 인심도 좋아서 대대로 살기 좋은 곳이었다. 어느 날 용 한 마리가 이곳 연못에 와서 살았는데, 마을 사람들 모두가 순박한 성격이어서 용도 안심하고 살았다. 그렇게 지내던 어느 해, 가뭄이 극심해져 땅이 갈라지고 농작물이 타죽는 천재지변이 발생하였다. 살기 좋은 운성에 천재지변이 닥친 이유는 옥황상제가 내린 명령 때문이었다. 다른 지역에서 겪는 고통을 운성도 같이 나누어야 한다는 것이었다. 순박한 농민들이 고통을 당하자, 농민들의 보호 아래 안심하고 살던 용이 마을을 구하기 위해 나섰다. 용은 하늘로 솟구쳐 올랐다가 연못으로 내려오며 온 몸을 흔들어대었다. 그러자 연못의 물이 넘쳐서 가뭄이 해소되고 푸르른 대지로 변하였다. 마을사람들은 환호성을 질렀지만 옥황상제는 진노하였다. 하늘의 뜻을 거역한 용을 그대로 살려둘 수 없었다. 용을 잡아들여 머리를 잘랐다. 그 순간, 상평촌의 하늘은 천둥번개가 치고 붉은 비가 내렸다. 놀란 사람들이 어찌된 일인가를 알아보려고 나설 때, 우렁찬 울음소리를 내며 갓난아기가 태어났다. 이 갓난아이가 바로 관우이고, 관우는 용이 죽으며 다시 새롭게 변신한 것이라고 한다.

용은 중국을 대표하는 상징이다. 용은 상상적인 동물로 중국인들에게는 수천 년 동안 길상(吉祥)을 의미하는 전통문화로 각인되어 왔다. 용을 숭배하는 중국인들에게 용의 후예는 숭배의 대상이 될 수밖에 없다. 관우는 중국인들이 전폭적으로 믿는 충의의 화신이다. 관우에 대한 열렬한 숭배는 중국 전역에 퍼져 있는 관제묘(關帝廟)만 보더라도 충분히 알 수 있다. 관우는 진짜로 용의 화신일까. 관우의 고향인 운성에 남아 있는 관우 탄생 설화는 용을 신성시하는 중국인들의 문화와 관우 숭배 사상이 결합하여 후대에 생겨난 전설로 보아야 할 것이다.

3. 난세가 맺어 준 영웅들,
천하제일의 뜻을 맺다

백사가 죽어 망탕산에 피 흐르니	血流芒碭白蛇亡
붉은 깃발이 온 천하에 가득했도다	赤幟縱橫遊四方
진나라 몰아내어 사직을 세우고	秦鹿逐翻興社稷
초패왕도 넘어뜨려 국토를 정했었네	楚騅推倒立封疆
천자는 쇠약하고 간신배만 넘쳐나니	天子懦弱奸邪起
국운은 시들고 도적 떼만 날뛰는구나	氣色凋零盜賊狂

낙양과 장안의 재난을 목격한다면   看到兩京遭難處

눈물 없는 철인도 넋을 잃고 말 것이네   鐵人無漏也淒惶

    400여 년을 이어온 한나라의 국운이 쇠락의 길로 접어들고 있었다. 몰락의 필연적 요소인 간신의 득세, 외척과 환관의 횡포, 관료들의 부정부패가 만연하였다. 『후한서』의 「영제기」를 보면, '말이 사람을 낳았다'고 하였으니 어찌 세상이 정상적으로 돌아간다고 할 수 있겠는가. 장각의 외침이 없더라도 백성들이 삽과 괭이를 들고 권력에 대항하는 것은 필연적인 상황인 것이다. 합구필분(合口必分)이라고 하였으니, 한 왕조 400년의 통치도 내우외환으로 망국의 그림자가 이미 턱밑까지 짙게 드리웠다.

    전한(前漢) 경제(景帝)의 아들 중산정왕(中山靖王) 유승(劉勝)의 후예임을 자랑하는 유비(劉備)는 가계가 어려워 짚신과 돗자리를 팔면서도 황실 후손으로서의 긍지와 자부심을 잃지 않았다. 황건의 난이 전국을 휩쓸며 탁주(涿州)까지 밀어닥치자, 구국을 위한 일념에 골몰하던 중 평생 뜻을 함께할 동지를 얻는다.

    탁주성 외곽의 도장(桃莊)이라는 곳에서 대대로 술과 돼지고기를 팔며 살아온 의협심 많은 장비(張飛)와 산서성 운성이 고향으로 악덕업자를 살해하고 도피 중이던 관우(關羽)가 바로 그들이다. 천하장사임을 자랑하던 장비는 집 앞 우물에 돼지고기를 넣고 천 근이나 나가는 돌로 덮어놓았다. 그리고 기개 넘치는 필체로 다음과 같이 적어놓았다.

    '누구든지 이 덮개를 여는 사람은 안에 있는 고기를 가져가도 좋다. 돈은 받지 않는다.'

뛰는 자 위에는 나는 자가 있는 법. 관우가 그 덮개를 열고 고기를 꺼냈다. 둘은 곧 힘자랑을 하게 되고 이를 지켜보던 유비가 나라를 위한 일에 힘을 쓰자는 제안에 의기투합한다. 그리하여 황건적을 무찌르고 한 왕실을 부흥시키자는 황손 유비의 대의명분에 감화되어 화창한 봄날, 복숭아꽃이 흐드러진 도원에서 형제의 결의를 맺는다.

"유비·관우·장비가 성은 비록 달라도 이미 형제가 될 것을 맹세했사오니, 일심협력하여 어렵고 위급한 사람을 도우며, 위로는 국가에 보답하고 아래로는 백성을 편안하게 하겠나이다. 같은 날에 태어나지는 못했지만 같은 날 죽고자 하오니, 하늘과 땅의 모든 신께서는 진실로 살펴주시고, 우리 중 의리를 배반하거나 은혜를 잊는 자가 있다면 하늘과 사람이 나서서 함께 죽여 주시옵소서!"

관우보다 한 살 어리지만 유비가 맏형, 관우가 둘째 그리고 유비보다 네 살 적은 스무 살의 장비가 막내가 되었다. 『삼국지연의』를 읽지 않은 사람이라도 세 주인공의 도원결의 이야기를 모르는 사람은 없다. 하지만 세 사람이 도원결의를 하였다는 사실은 역사서 어디에도 보이지 않는다. 다만 "유비는 관우, 장비와 함께 같은 자리에서 잘 정도로 그 다정함이 친형제와도 같았다. 두 사람도 유비가 많은 사람들과 있어도 온종일 주위를 떠나지 않고 모셨는데 힘들고 위험한 일도 마다하지 않았다."라는 내용이 있을 뿐이다.

이를 원나라 말기 최고의 이야기꾼인 나관중이 송(宋)·원(元)대부터 회자되던 이야기를 근거로 이러한 사실에 문학적 상상력을 가미하여 소설의 첫 부분에 '도원결의' 이야기를 배치하였는데, 이는 당시 사회에서 일반적으로 행해지던 각종 결사체(結社體)의 결의(結義)를 종합해서 하나의 전형으로 만든 것이다.

유비는 그다지 공부에 흥미가 없었다. 오히려 사냥과 음악에 열중하고 옷차림에 신경을 쓰는 한량이었다. 게다가 호협(豪俠)과 사귀길 좋아했다. 호협은 약한 자를 돕고, 의를 위해서는 목숨도 바치는 무리들인 유협(遊俠) 중에서도 특히 세력이 강한 사람을 말한다. 중국의 유협은 난세에 활기를 띠는데, 이들의 존재를 제외하고는 중국의 역사를 말할 수 없을 정도다. 마치 중국영화를 이야기하면 곧 '무협영화'가 연상되는 것과 같다.

유비는 특유의 겸손과 품격으로 무리들을 모았다. 그리고 황손의 후예임을 내세워 그들로부터 형님으로 대접받았다. 유비의 이러한 인품에 매료되어 충성을 맹세한 이들이 유협 기질이 강한 관우와 장비였던 것이다. 유비가 관우, 장비와 도원결의를 하기 이전부터 이미 작은 조직이나마 유협의 무리를 이끌었는지도 모른다. 대상(大商)인 장세평(張世平)과 소쌍(蘇雙)이 황건적의 난으로 길이 막혀 장사를 할 수 없게 되자, 말과 철 그리고 금과 은을 군자금으로 내어주었다고 하나 많은 군자금을 선뜻 내놓기가 어디 쉬운 일인가. 오히려 유비 삼형제가 이들 대상을 호위하는 무사역할을 하였다면, 이들로부터 군자금을 받기가 훨씬 쉽지 않았을까.

삼형제가 도원결의를 한 장소인 하북성 탁주를 향한다. 북경(北京)에서 서남쪽으로 64km 지점에 자리한 탁주는 인구 60만여 명의 소도시이다. 화북평야의 한가운데에 자리한 탁주는 북경에서 2시간 거리에 있는데, 하루가 다르게 변화하는 발전상을 과시라도 하는 듯 길 옆에는 높다랗게 솟은 크레인들이 분주히 움직이고 있다. 탁주는 북경에서 광동성(廣東省) 광주(廣州)까지 중국의 남북을 가로지르는 경광공로와 경광철로가 함께 지나가는데 거리는 비교적 한산하다. 북경 원인이 발견된 '주구점'과 중일전쟁의 시발지인 '노구교'가 탁주로 향하는 도중에 자리하고 있다.

▌ 탁주시 입구에 있는 '천하제일주' 패루　　　▌ 탁주 시내에 있는 유비 삼형제 동상

　　탁주에 들어서자 '천하제일주(天下第一州)'라고 쓴 패루가 제일 먼저 눈에 들어온다. 소설의 주인공인 유비와 장비의 고향이기도 하지만, 관우와 함께 의형제를 맺고 구국의 군사를 일으킨 곳이기에 하늘 아래 제일 자랑스러운 것이리라. 중국을 여행하다 보면 도시마다 '천하'나 '제일'을 넣어서 그 도시만의 특성을 자랑한다. 일종의 대외 이미지 제고를 위한 홍보 활동인데, 모두가 천하와 제일을 사용하니 탁주야말로 최고의 홍보를 하는 셈이다. 건물의 간판들도 '도원병원', '장비반점', '도원공사' 등이어서 『삼국지연의』의 고향에 왔음을 단박에 느낄 수 있다.

　　장비의 고향 충의점(忠義店)에 먼저 들렀다. 마을 어귀 논밭의 한가운데에 있는 장비 사당은 오후임에도 불구하고 고즈넉하다. 사당의 계단 앞에 높게 걸린 노란색의 장비 깃발만이 바람에 나부끼고 있다. 사당 입구엔 청나라 건륭 황제가 직접 썼다는 '만고유방(萬古流芳)'이라고 쓴 편액이 금분 향기 그윽하게 사당 안을 감싼다.

▌ 장비의 고향이자 도원결의의 장소인 충의점

▌ 장비를 모신 사당 입구와 전경

▌ 장비가 죽은 곳의 흙을 가졌다가 만들었다는 장비묘

　　사당 기둥에 걸린 '용감무쌍한 모습은 조조의 간담을 서늘케 하고, 부리
부리한 눈동자는 한나라 강산을 지켰도다!'라는 뜻의 대련이 그 향기를 머금는
다. 사당의 뜰에는 청나라 함풍 6년(1856)에 세운 한장환후고리 비석이 처연하

장비를 모신 사당 입구와 전경

장비 사당. 강희제의 친필 '萬古流芳' 편액이 걸려 있다.

사당 안의 장비상

장비의 고향임을 알리는 비석

게 서 있다. 몇 년 전 장비가 죽은 곳의 흙을 가져다가 만들었다는 장비묘는 겨울임에도 마른 풀이 무성하다.

사당 건너편에는 도원결의를 한 곳이라는 의미의 '도원삼결의고리(桃園三結義古里)'라는 건물이 있다. 입장료를 받기 위해 담장을 둘러쳐 놓았다. 안에는 도원을 나타내는 듯 가느다란 복숭아나무들이 엉성하게 심어져 있고, 삼형제의 도원결의 장면을 약간은 우스꽝스럽게 재현해 놓았다. 맞은편에는 장비가 자신의 힘을 믿고 고기를 보관하였다가 관우와 다툼이 일어났던 '장비고정(張飛古井)'이 있다. 폭이 1m가량인 돌우물의 테두리에는 용의 모습과 비천상이 조각되어 고풍스러움을 더해 주는데, 정작 있어야 할 물은 메말라버렸다.

'이곳이 장비가 고기를 넣어둔 우물이라고?'

아무리 살펴보아도 푸줏간의 우물 같아 보이지는 않는다. 원래 이곳 이름은 도장(桃莊)이었다. 삼국 시대부터 '장비점'으로 불리다가 청나라 강희제 때인 1700년, 이곳 관리 동국익(冬國翼)이 도원결의의 뜻을 기리고 우물의 역사에 감동하여 위령비를 세우면서 '충의점'이라 부른 것이 오늘에 이르렀다.

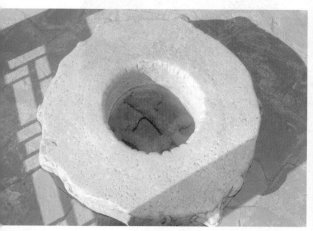

▌장비가 고기를 넣어두었다는 우물. 지금은 물이 말라버렸다.

▍도원결의 터. 유관장의 도원결의 모습을 우스꽝스럽게 재현한 것이 인상적이다.

▍장비 사당 옆에 있는 도원결의관

장비고정

張飛古井

짧은 겨울 해가 지기 전에 유비의 고향인 누상촌(樓桑村)도 보아야 한다. 누상촌은 충의점에서 동남쪽으로 약 4km 떨어진 곳에 있다. 논밭 사이의 골목길로 접어들자 작은 동산을 끼고 옹기종기 수백 호의 집들이 이어진 마을이 나타난다. 이곳이 유비의 후손들만이 살고 있는 유씨 집성촌이다.

옛날 이 마을에는 커다란 뽕나무가 있었는데 그 높이는 다섯 길이 넘었고, 멀리서 보면 마치 고대의 제왕이 타는, 지붕 씌운 수레모양과 같았다고 한다. 관상쟁이가 유비의 집 앞에 있는 이 나무를 보고 반드시 귀인이 나올 것임을 예언했고 그 예언대로 유비는 촉한을 건국하였다. 하지만 어느 때부터인가 이 나무는 잘리고 그루터기만 청나라 말기까지 남아 있었는데, 그루터기에만도 20여 명의 어린이가 올라탈 수 있었다고 한다. 이제는 뽕나무 그루터기의 흔적도, 유비 옛집의 자취도 찾아볼 길이 없다. 대신 도원결의를 기념하여 지은 삼의궁(三義宮)만이 찾아오는 이들을 맞이한다.

▐ 황제의 명으로 유비의 고향에 세워진 칙건삼의궁   ▐ 유비 삼형제의 도원결의를 기리는 삼의궁

삼의궁에 도착하니 늦은 시각이어서인지 방문객이 없다. 입구에는 천자의 조서에 의해서 지어진 대단한 건물이라는 것을 알리려는 듯 '칙건삼의궁(敕建三義宮)'이라고 쓰여 있다. 삼의궁 앞에 앉았던 동네 할아버지들이 반가움과 자긍심 어린 눈빛으로 나를 안내한다. 나는 마을 이름에 사당이 들어가 있는 것이 이상하여 그 이유를 물었다.

"이곳은 원래 유비의 사당인 소열제묘(昭烈帝廟)만 있었는데, 유씨 성을 가진 사람들이 이곳에 집을 짓고 살게 되면서 마을이 생겼고 그때부터 '누상묘촌'이라 불렀다오."

대부분의 마을이 사람들이 살면서 사당이 생기게 마련인데, 이곳은 정반대의 경우이다. 그야말로 조상 유비를 한없이 숭배하는 유씨들이 유비의 사당을 지키기 위해 마을을 만든 것이다.

대문을 들어서니 북방식 민가를 보는 듯 수수한 건물 세 채가 눈에 들어온다. 유비관을 중심으로 왼쪽에는 관우관, 오른쪽에는 장비관이다. 촉한의 문무백관들도 이들을 중심으로 도열해 있다. 그런데 한쪽 구석에 전혀 어울리지 않는 모습의 소상(塑像)이 발길을 멈추게 한다. 우는 아이의 손을 잡고 있는 부인과 지팡이를 짚은 할머니가 아이를 달래려는 듯 머리를 쓰다듬으려는 형상이다. 소상 뒤 벽에는 '밤마다 우는 아이야, 밤마다 우는 아이야, 아래에 구명전(求命錢)을 놓고 근심을 빌어라.'라고 쓰여 있다.

▌삼의궁 사당 안에 세워진 유비 삼형제의 소상 ▌유비 삼형제의 소상 뒤편에 놓인 구명전 소상

　　순간, 피식 하고 웃음이 나왔다. 자식을 걱정하지 않는 부모가 세상에
어디 있으랴. 중국인 모두가 우러르는 삼의궁에서 자식의 건강과 장수를 빌면
그 영험함이 더할 것이라는 믿음을 노리고 만들어 놓은 것일 터! 삼신할미도 놀
랄 중국인다운 기막힌 상술이 아닐 수 없다. 나아가 유비·관우·장비 삼형제에
대한 중국인의 든든한 믿음을 느낄 수 있다.

　　삼의궁 안뜰에는 관우가 조조에게 잡혀 있을 때 유비에게 대나무 그림
으로 글을 써서 보낸 시죽도(詩竹圖)가 조그마한 비석에 새겨져 있다. 도원삼
결의비도 만들어 놓았는데, 비석 앞에서 무릎을 꿇고 결의를 할 수 있도록 해
놓았다. 삼국지 마니아들이 이곳에 온다면 저마다 앞다투어 도원결의를 연출
하리라.

▌ 관우의 '시죽도'와 탁본

　　삼의궁은 당나라 때인 건령(乾寧) 4년(897년)에 지어졌는데, 넓이가 100무(畝),100보(步), 즉 사방 6척(1.8m²)에 달했다니 규모가 꽤 컸음을 알 수 있다. 그 당시에는 측백나무가 하늘을 찔렀고, 비(碑)가 숲의 나무처럼 늘어서 있었다고 한다. 게다가 건축물에는 조각과 그림을 그려놓았고, 사당의 정전에는 커다란 대추나무로 만든 유비, 관우, 장비의 조각상 등 문신과 무신상이 있었다고 하니, 그때 삼의궁을 찾은 이들에게는 마치 촉한의 궁전에 온 것 같은 느낌을 주었으리라. 이러한 멋진 삼의궁에서는 매년 유비의 생일인 3월 23일이 되면 인근 각지에서 사람들이 모여 이들을 제사지내는 모임을 가졌는데, 이를 '누상춘사(樓桑春社)'라고 하여 탁주8경의 첫 번째로 친다.

　　삼의궁은 당나라 때 세워진 이래로 시대마다 발전해왔다. 그리고 많은 문사(文士)와 시인묵객(詩人墨客)들이 이곳을 들렀다. 당나라의 시인인 호증(胡曾)을 필두로 송나라의 주희, 왕안석과 범성대, 명나라 때 동기창, 청나라 때 고종 등 많은 명사들이 시비를 남겼다.

그러나 애석하게도 문화혁명기에 다 부서지고 말았다. 지금의 삼의궁은 1996년에 탁주시에서 다시 만든 것이다. 이제 그들의 시문은 탁주를 소개하는 책자에서나 찾아볼 수밖에 없으니 몹시 안타까울 따름이다.

　　탁주 시내는 소설의 주인공들이 살았던 곳답게 일상회화에서도 이들과 얽힌 이야기가 많다. '유비가 짚신을 판다'는 훗날을 위해 일시적인 생계의 수단으로 활용하는 것을 뜻하고, '장비가 고기를 판다'는 가난한 사람에게는 싸게 팔고, 부자에게는 비싸게 판다는 뜻이다. 또한 '관공 앞에서 큰 칼을 휘두르다'는 제 분수를 모르는 경우에 쓰는 속어이다.

　　유비는 짚신과 삿자리를 만들어 생계를 꾸리면서 자신의 웅지를 펼 때를 기다렸다. 유비가 택한 생계방법은 난세에도 통하는 것이었다. 짚신은 대다수가 신는 신발이거니와 삿자리 또한 의자가 없던 시절, 방석처럼 앉기 위해서는 꼭 필요한 물품이기 때문이다. 재료 또한 지천에 흔한 갈대로 만드는 것이니 꼼꼼한 품만 들이면 되는 것이었다. 어린 시절, 숙부가 간파한 바 있는 유비의 비범함이 난세를 이겨내는 슬기로 나타난 것이다.

　　삼국 시대에는 임금이 앉는 어좌(御座)는 있어도 오늘날처럼 누구나 앉을 수 있는 의자는 없었다. 바닥에 무릎을 꿇고 엉덩이는 발뒤꿈치에 올리는 것이 예절이었다. 이때 삿자리가 필요했다. 보통 4명이 앉는 삿자리는 지위나 계급에 따라 혼자서 앉거나 몇 장씩 겹쳐서 앉기도 했다. '자리를 피한다', '자리를 내주다'는 말의 어원도 이때 생겨났으니 그 유래가 오래된 것이다.

탁주 시내 중심가인 고루대가의 북쪽에 있는 공익가(公益街)는 삼국 시대의 곡물 저잣거리였다고 한다. 문화혁명 전까지만 해도 공익가 골목의 사당에는 관우와 장비가 싸움을 하고 이를 말리는 유비의 조각상이 사실적으로 묘사된 일룡분이호(一龍分二虎)의 석고상이 있었다고 한다. 그러나 이 또한 문화혁명 기간에 사당과 석고상은 흔적도 없이 사라졌다고 한다. 하나의 잘못된 정책이 얼마나 많은 문화유산을 파괴하고 정신을 황폐화시키는지 미루어 짐작할 수 있다.

이제 탁주는 그 옛날 유비가 대업의 웅지를 품었던 기상은 느껴지지 않는다. 선조들의 이야기를 간단하게 포장해서 찾아오는 이들을 대상으로 돈벌이에만 급급한 가난한 시골마을일 뿐이다. 그것은 고향을 지켜주던 뽕나무를 베

삼국 시대 곡물 저잣거리였던 공익가

어내던 때부터 이미 정해진 것인지도 모른다. 정신적인 안정과 든든한 믿음을 주는 상징이야말로 시대에 상관없이 인간에게 중요한 역할을 하기 때문이다. 하물며 천자의 수레를 상징했던 뽕나무를 없애버렸음에야 천하제일의 탁주는 과거의 영광으로만 존재할 뿐이다.

생각을 정리하며 탁주 시내를 벗어나는데, 어느덧 날은 어두워지고 서쪽 하늘엔 노을이 진다. 탁주8경 중 하나인 '누상춘모(樓桑春暮)'의 감흥은 아니더라도 명나라의 장손(張遜)이 지었다는 칠언율시를 읊조리며 8경의 운치를 느껴본다.

풀밭 위 높다란 뽕나무는 망루를 닮고	葆桑高耸似樓形
유비는 이곳서 태어나 들판을 달렸네	先主原从此地生
취색은 우거진 난초 너머 버드나무까지 이어지고	翠色遙連菅外柳
뽕나무 꼭대기의 새와 어우러져 함께 노래한다	好音兼有樹頭鴬
낡은 담장을 포근히 감싸는 저녁 연기가	隔墙嫩叶和烟長
지나가는 빗줄기에 낙화처럼 떨어져 흩어지고	过雨殘花落地輕
적막한 천년 묘당엔 배고픈 짐승들뿐	簫鼓千年犹庙食
대업의 결의는 이제 영원히 들을 수가 없구나	鄴臺歌吹久无聲

유협의 역사가 만든 결사체, 도원결의

천하를 얻고 나라를 세운 자치고 피비린내 나는 살육을 하지 않은 자는 없다. 춘추 전국 시대가 그러했고, 진시황의 진나라도 같았다. 눈을 뜨면 자행되는 살육의 시대에서 하루하루 목숨을 보전하는 것은 삶의 최대 과제였다. 통치자는 무도한 피의 역사를 감추는 장치가 필요했다. 그리하여 유학(儒學)으로 대표되는 '문(文)'을 내세우고, 협객(俠客)으로 대표되는 '무(武)'를 감췄다. 문무쌍전(文武雙全)의 정치술은 이렇게 탄생한 것이다.

하지만 약육강식은 여전하였다. 사람들은 실리를 위해 명예와 신의도 팽개쳤다. 이러한 때, 자신을 믿는 자들을 위해 삶의 고통을 해소시켜 주는 무리들이 나타났다. 바로 유협(遊俠)이다. 예양(豫讓)에서 시작된 유협은 조말(曹沫), 전제(專諸), 섭정(攝政), 형가(荊軻) 등 오늘날까지 전해지는 이들 외에도 역사 속에서 무수히 명멸하였다. 사마천은 유협을 일러 "그 행동이 비록 정의에 들어맞지는 않으나 그 말은 틀림없이 믿을 만하고 그 행동은 틀림없이 약속을 지키며, 한 번 허락한 일은 제 몸을 아끼지 않고 어려움을 무릅쓰면서 남을 도와 죽고 사는 것을 잊는다. 그러면서도 자기 재주를 자랑하지 않고 그 덕을 내세우는 것을 부끄럽게 여긴다."라고 말하였다.

유협은 신의(信義)를 중시한다. 신의야말로 이들의 핵심 신조다. 그러나 시대가 지남에 따라 유협을 흉내 내는 무리들이 생겼다. 힘센 자를 중심으로 무리를 지어

재물을 모으고 가난하고 약한 사람들에게 위세를 떨치며 행패를 부리는 건달패들이 마치 유협인 듯 활보하였다. 그들은 그들 조직만의 '삽혈맹서(歃血盟誓)'라는 특수한 신고식을 가졌다. 죽음도 마다하지 않는 맹세를 통해 형제가 되었다. 그리고 그 맹세를 지키기 위해 목숨을 걸었다. 이들은 조직을 세력화하여 지역 사회에서 정치적 영향력을 행사하는 집단으로 성장하였다. 순자는 '의기를 세우고 위엄과 덕으로 복종케 하며 사사로운 사귐을 맺음으로써 세상에서 세력을 떨치는 자를 일컬어 유협이라 한다.'라고 비판한 바 있다.

유비, 관우, 장비도 난세에 한 황실을 구하고자 복숭아밭에서 형제의 맹세를 한다. 중국 역사에서 빼놓을 수 없는 유협 정신이 당시에도 각종 결사(結社)의 형태로 지속되었던 것을 나관중이 종합하여 만든 것이다. 도원결의에서 맺어진 이들 주인공의 생사를 초월한 우애와 충의는 난세를 살아가는 일반 민중에게 마음의 위안을 주었을 뿐만 아니라 중국인들과 중국 사회에 '죽을 때까지도 변치 않는다'는 신의를 탄생시켰다. 나아가 형제와도 같은 군신 관계는 이상적인 유교 정권의 전범(典範)을 창조하였다. 도원결의가 허구임에도 일반적으로 사실이라고 믿는 것은 바로 이러한 까닭에서다.

서로 다른 사람들이 사욕을 버리고 목적을 향해 합심하는 것을 의미하는 사자성어가 된 도원결의(桃園結義). 역사적 사실이 아닌 이야기가 마치 엄연한 사실처럼 오랜 세월 동안 인구에 회자되는 것은 무엇 때문일까? 피를 나눈 형제들도 이루지 못하는 일들, 현실 사회에서 파생되는 공통적인 소망과 기원 등이 '도원결의'로 발현되기 때문일 터이다. 그러하기에 도원결의는 현재에도, 미래에도 인간 사회의 염원을 담아내는 도구로써 영원할 것이다.

4. 동탁의 폭정, 삼국 시대의 서막이 오르다

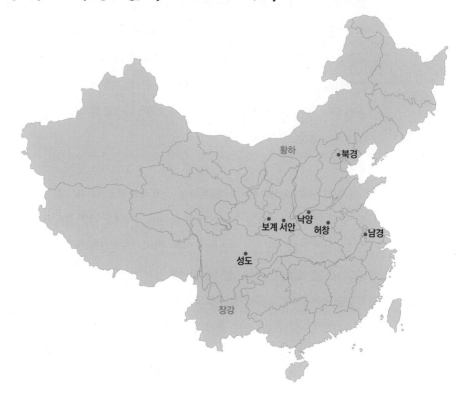

황제는 황제가 아니고	帝非帝
왕도 왕이 아니도다	王非王
수많은 전차와 기병이	千乘萬騎
북망으로 치달리누나	走北邙

시대적 말기에는 참요(讖謠)가 떠돈다. 참요는 시대상의 반영이자 일종의 예언이다. 또한 민중을 묶는 힘이 되기도 한다. 후한 말기는 외척과 환관이 정권을 좌지우지하였다. 그러하기에 황제의 권력은 한낱 종이호랑이에 불과하

여 살아도 산 것이 아닌 것이다. 전한(前漢) 멸망의 원인은 외척의 득세에 있었다. 왕망이 후한(後漢)을 세우고도 외척은 약해지지 않았다. 하지만 외척이 후한 멸망의 전부는 아니었다. 환관의 폐해가 더 컸기 때문이다. 후한 말, 어린 황제들이 줄지어 즉위한다. 이 사이에 외척과 환관의 권력 투쟁은 국력 소모로 이어져 국가의 존속까지 위태롭게 할 지경이었다.

영제(靈帝)는 12세에 황제에 오른다. 그는 자신이 정치적 도구로 이용당하고 있다는 사실도 망각한 채, 오직 황제의 특권으로 주색과 재물을 탐하며 방탕한 생활을 보냈다. 비밀금고를 만들고 매관매직을 일삼았다. 조조의 부친 조숭(曹嵩)이 1억 전을 주고 태위 벼슬을 산 것도 이때였다. 방탕함도 극에 달하였다. 모든 소실과 궁녀들에게 개구멍바지를 입게 하여 언제든 여색을 탐할 수 있게 하였다. 또한 후원에는 나체 수영장을 만들고, "평생 이렇게 살 수 있다면 여기가 인간세상의 신선"이라며 광란의 삶을 즐겼다. 가히 망국의 끝자락이 아닐 수 없다.

서기 189년. 영제가 34세로 사망하자, 궁녀에서 황후로 변신한 하황후의 17세 아들인 유변(劉辯)이 소제(少帝)로 등극한다. 권력은 하황후의 오빠인 대장군 하진(何進)이 잡는다. 그는 지방 군벌을 불러 환관 집단인 십상시(十常侍)를 척결하기로 마음먹는다. 문서의 기록을 담당하던 주부(主簿) 진림(陳琳)과 조조가 반대했지만 묵살한다. 그러자 서량자사 동탁(董卓)이 기회를 포착한다. 황건적 토벌에 매번 실패한 그는

▌ 동한 시대의 와당(瓦當)

십상시에게 뇌물을 바치고 자리를 지키고 있었는데, 하진의 조서를 보고는 황권(皇權)을 잡을 호기라고 여겼다. 동탁은 즉시 군사를 낙양으로 움직였다.

"동탁은 이리와도 같습니다. 궁궐로 불러들이면 반드시 사람을 해칠 것입니다."

"옛날부터 동탁을 자세히 살펴보아 잘 알고 있습니다. 착한 얼굴 같지만 악독한 마음씨를 가졌습니다. 궁궐에 들어오면 필시 재앙을 일으킬 것입니다. 아예 문턱에도 못 오게 하여 미리 화를 막아야만 합니다."

관리들의 부정을 규찰, 탄핵하는 임무를 띤 시어사(侍御史) 정태(鄭泰)와 중랑장(中郞將) 노식(盧植)이 간했으나 하진은 듣지 않는다. 정태와 노식 등 대신들은 벼슬을 버리고 한탄하며 물러난다. 백정 출신의 하진이기에 그의 한계는 어쩔 수 없었다. 대장군의 권력을 믿고 자신만만하던 하진은 결국 십상시의 선제공격에 어처구니없는 죽임을 당한다.

한 황실도 기울어 천수도 끝나가는데	漢室傾危天數終
지략 없는 하진이 삼공이 되었구나	無謀河進作三公
충신의 쓴 소리 결단코 듣지 않더니만	幾番不聽忠臣諫
궁궐에서 칼 맞아 목숨을 잃었네	難免宮中受劍鋒

수도의 치안을 담당했던 원소(袁紹)는 이를 빌미로 십상시와 그 가속을 처단한다. 그러자 군마를 둔치고 형세를 관망하던 동탁이 기다렸다는 듯 사태를 수습하고 권력을 장악한다. 동탁은 소제를 5개월 만에 폐위시키고 9세의 유

협(劉協)을 황제에 세우니, 곧 한나라 마지막 황제인 헌제(獻帝)다.

　　동탁은 왜 유변을 폐위시키고 유협을 황제로 내세웠을까? 어린 황제를 앞세워 장기간 통치하려는 목적도 있었지만, 그보다는 영제의 모친인 동태후가 유협을 더 좋아했기 때문이다. 동탁은 이를 이용해 동태후와 같은 동성동본의 황족임을 사칭하여 외척의 명분을 얻음으로서 독재정치를 강화할 수 있었다. 이에 더하여 동탁은 정원(丁原)의 부하였던 천하제일의 장수 여포(呂布)까지 양아들로 맞이한다. 그야말로 천하는 동탁의 것이었다.

문밖을 나서면 보이는 것 없고	出門無所見
들판은 온통 백골뿐이네	白骨蔽平原
길 위에 있는 굶주린 여인네	路有飢婦人
품 속 아이를 풀숲에 버리네	抱子棄草間
뒤돌아보매 우는 소리 들리니	顧聞號泣聲
눈물 훔치며 발걸음을 못 떼네	揮涕獨不還
이 몸 하나 죽는 곳도 모르건만	未知身死處
어찌 두 목숨을 부지할 수 있으리	何能兩相完

　　동탁의 폭정은 날이 갈수록 심하였다. 소제와 태후마저 독살시켰으니 누가 감히 대항하겠는가. 동탁에의 대항은 곧 죽음을 의미하였다. 그래도 의로운 죽음을 마다하지 않는 자들이 있었다. 기병대장 격인 월기교위 오부(伍孚)가 동탁을 죽이려다가 목숨을 잃었다. 조조 역시 사도 왕윤(王允)의 칠보단도(七寶短刀)로 동탁을 처치하고자 하였으나, 일이 어긋나자 단도를 바치고 줄행랑을 쳤다. 동탁의 폭정에 지친 백성들도 정든 고향을 버리고 정처 없는 길을 떠났다.

┃ 동한 말기의 한위 낙양 고성 터. 지금은 폐허가 된 채 기찻길로 변했다.

　　고향으로 피신한 조조는 의병을 모집하였다. 많은 장수들이 조조에게 모였다. 악진(樂進), 이전(李典), 하후돈(夏候惇), 하후연(夏候淵), 조인(曹仁), 조홍(曹洪) 등, 훗날 조조에게 없어서는 안 될 뛰어난 장수들이 이때 조조에게로 왔다. 힘을 기른 조조는 전국에 격문을 띄웠다.

　　'조조 등은 삼가 대의를 세워 세상에 널리 고하노라. 동탁은 세상을 속이고 황제를 죽였으며, 궁궐을 더럽히고 백성을 학살하는 등 그 죄악이 천지에 넘쳐나고 있다. 이에 황제의 밀조(密詔)를 받아 군사를 일으키매 황실의 정기를 깨끗이 하고 흉악한 동탁을 처단하고자 하니 뜻있는 자들이여! 우리 함께 울분을 풀어 국가를 바로 세우고 백성을 편안하게 하도록 하세나. 이 격문을 보는 즉시 속히 일어서기를 원하노라.'

조조의 격문에 제후들이 모두 분연히 일어섰다. 그리하여 원소를 맹주(盟主)로 18제후의 연합군이 뭉쳤다. 『삼국지연의』에서는 연합군 결성과정에서 조조가 거짓 조서를 보내 18제후들이 군사를 일으킨 것으로 되어 있으나, 사실은 이와 다르다. 동탁 토벌의 거짓 공문을 돌린 사람은 조조가 아니라 동군태수 교모(橋瑁)였다. 그리고 이에 호응한 제후들도 13명이었다.

그렇다면 공문을 돌린 사람이 조조로 변한 것은 무슨 연유일까. 나관중은 조조를 악인의 대명사로 만들었는데, 그 시작 시점을 바로 이때로 설정한 것이다. '난세의 간웅'인 조조의 영민한 성격에 거짓 문서 하나쯤 보내는 것은 일도 아니며, 이후 악인 조조의 이미지 형성에도 적절한 시점으로 판단했기 때문이다.

13인의 제후들 역시 뜻을 같이하였다기보다는 저마다 계산된 생각에 따른 군사적 과시에 지나지 않았다. 동탁토벌은 뒷전인 채 "여러 부대의 병사 십만여 명이 나날이 술판만 벌일 뿐, 동탁의 목을 베는 일은 도모하지도 않았다."라는 역사서의 내용으로도 알 수 있다. 이러한 까닭으로 연합군은 동탁군과의 호뢰관 전투에서 초반에 고전을 면치 못하게 된다.

이는 당시 저마다의 복잡한 정치 상황과 맞물려 있다. 우선 동탁토벌은 동탁이 옹립한 헌제를 부정하는 것이기도 하다. 동탁의 공포정치에 반대하여 '동탁 타도!'의 연합군을 결성하였지만, 동탁이 모시고 있는 헌제의 합법성까지 부정할 수는 없는 까닭이다. 또 한 가지는 동탁이 장안으로 천도하면서 60만 명의 백성이 살고 있는 낙양을 불바다로 만든 것이다. 면면히 이어져 온 한 나라의 수도를 통째로 파괴하는 상상조차 할 수 없는 동탁의 행동에 연합군은 경악할 수밖에 없었고, 더 큰 재난을 당할 수 있다는 두려움에 경거망동을 자제하였다. 조조만이 이에 분개하여 동탁을 추격하였으나 영양(榮陽)에서 패배한다. 한뜻으로 뭉친 제후들이 전진하지 못하고 서로가 미적대는 사연은 무엇이었을까. 조조의 시 「호리행(蒿里行)」에 잘 나타나 있다.

관동의 의로운 용사들 포악한 무리를 치고자 군사를 일으켰네

關東有義士, 興兵討群凶

처음 맹진에서 모일 때 마음은 모두 함양에 있었네

初期會盟津, 乃心在咸陽

군사는 모여도 힘은 모이지 않아 모두들 주저하며 나서지 않고

軍合力不齊, 躊躇而雁行

권세와 이익을 쫓아 다투다가 결국 서로를 죽이기만 하네

勢利使人爭, 嗣還自相戕

회남에선 황제를 칭하고 북쪽에는 옥새를 새기는 자 있으니

淮南弟稱號, 刻璽於北方

갑옷에서는 이가 끓고 만맥성은 죽어만 가는구나

鎧甲生蟣蝨, 萬姓以死亡

들판마다 백골뿐이고 천 리에 닭 울음조차 들리지 않는 세상

白骨露於野, 千里無鷄鳴

살아남은 자는 백에 하나, 생각사록 애간장만 끊어지는구나

生民百遺一, 念之斷之腸

'동도 낙양, 서도 장안'이란 말처럼 낙양은 현재의 서안과 함께 중국의 대표적인 2대 고도(古都)로 유명하다. 낙양은 황하의 지류인 낙하(洛河)유역에 위치하는데, 동쪽으로 화북평원과 서쪽으로 위수(渭水)분지를 잇는 교통의 요충지이기도 하다. 유방은 한을 건국하며 장안(서안)을 국도로 삼았고, 광무제가 왕망을 무찌르고 한 왕조를 이어갈 때에 낙양을 국도로 정하였다. 한 왕조를 전한과 후한으로 구분하기도 하지만 서한과 동한이라고도 부르는데, 이는 국도의 이동에 따른 구분이기도 한 것이다.

동도인 낙양에는 구륙성(九六城)이라고 부르는 남북 4.5km, 동서 3km 규모의 도성이 있었다. 오랜 시간이 지난 낙양은 어떤 모습일까. 낙양의 첫인상은 '평범' 그것이다. 도시는 서안처럼 고색창연한 유적들이 늘어서 있지도 않고, 현대적 건물이 번성한 도시의 모습도 아니다. 2대 고도의 모습을 상상해서 그런가. 그저 중국의 여느 중소도시들의 모습을 보는듯 하다.

한위 낙양 고성 정전 발굴 터

한위 낙양 고성 안의 영령사 터

　　동탁의 천도 이후에도 낙양은 북위(北魏), 수, 당 등 7대 고도의 위상을
자랑하며 발전하였다. 하지만 낙양은 매번 평화롭지 못하였다. 왕조가 바뀔 때
마다 화마가 휩쓸고 가는 전란의 도시였다. 교통과 물류의 요충지였기 때문에
왕조마다 탐내는 국도가 되었지만, '병가필쟁지지(兵家必爭之地)'라는 지정학적
위치로 인해 왕조 말기마다 온전한 성곽을 보존하기 어려웠던 것이다. 북위 시
기인 6세기 낙양의 모습을 기록한 양현지(楊衒之)의 『낙양가람기』에도 폐허로

변한 낙양의 모습을 상세히 기록해 놓았으니 말이다.

　　동탁이 정권을 잡았던 후한 시기의 낙양성은 과연 그 흔적이 얼마나 남아 있을까. 동탁이 장안으로 천도하며 낙양을 불바다로 만들었으니 당시에 이미 흔적이 사라졌을 것이다. 게다가 1,800여 년의 풍파가 휩쓸었으니 기대는 금물이다. 하지만 역사적 장소는 남아있을 터, 그곳을 찾아 나선다.

　　한위 낙양 고성(漢魏洛陽故城)은 북으로는 망산이 두르고 남으로는 낙수가 흐르는 사이의 드넓은 대지에 터를 잡았다. 고성의 중심인 정전(正殿) 터와 사찰인 영령사(永寧寺) 터 등이 발굴되었는데, 그 사이로는 산업 사회를 열어젖힌 원동력인 철길이 지나간다. 한 시대만 지나도 역사의 무상함이 먼지처럼 쌓이건만, 천 년이 넘는 세월에 철길과 도로 하나쯤 지나는 것이 무엇이 대수이런가. 동탁이 불태운 잿더미 속에서도 얼마간의 유물은 남았을 것 같아 박물관으로 향한다. 고성 터를 돌아 나오는데, 쓰레기 가득한 밭고랑 너머로 외성을 둘렀던 성벽의 흔적이 보인다. 무너진 성벽 사이로 흙을 다져 쌓은 판축이 온갖 나무와 잡풀들에 가쁜 숨을 헐떡이며 낙양의 그날을 보여주고 있다.

낙양박물관은 낙양의 역사적 위상을 알려주기에 충분하다. 주(周)대의 청동기부터 명(明)대의 유물까지 그야말로 보물들로 넘쳐나기 때문이다. 화마를 이겨낸 한위낙양고성의 유물들은 기와와 석조물 및 청동기로 만든 궁궐의 생활도구들이다. 궁중의 생활상을 알 수 있는 토용들도 보인다. 그중 눈길을 끄는 것은 커다란 돌을 깎아서 만든 석벽사(石辟邪)다. 요사스런 귀신을 물리치기

▌ 궁궐의 악귀를 쫓기 위해 세웠던 석벽사(石辟邪)

▌ 동한 시대에 사용한 각종 청동거울

위해 만든 석조물인데 그 형상이 상상의 동물들이다. 후한은 이러한 벽사들로 궁궐의 사방을 둘러 악귀를 쫓고 황실의 안녕을 빌었건만, 이리의 탈을 쓴 인간을 막지 못해 멸망의 길로 접어든다.

　반(反)동탁 연합군에 밀려 장안으로 천도한 동탁은 미현(郿縣)에 별도로 자신만을 위한 미오성을 축성한다. 미현은 섬서성 서안에서 보계로 가는 중간에 자리한다. 보계에 도착해 동탁이 지냈던 미오성을 찾아 나선다. 이미 두 번의 답

▌ 돌등불(石灯)

사에서 찾지 못하여 그다지 기대는 하지 않지만 '더도 덜도 말고 세 번'은 해보라는 우리 속담을 믿고 한 번 더 찾아보기로 하였다. 햇살이 서쪽으로 기울 무렵 미현에 도착하여 마을 공터에 있는 촌로들에게 성터가 있는 곳을 물었다. 한 촌로가 몇 년 전에 성터를 발굴을 하고 그곳에 푯말을 세웠다며 대략적인 위치를 알려준다. 순간, 지친 몸은 날아갈 듯 가벼워지고 기쁜 마음은 벌써 푯말을 살펴보고 있는 듯하다.

　넓은 벌판이 펼쳐지는 마을 어귀에 화강석의 표지석이 보인다. 성이 들어설 수 있는 충분한 넓이의 땅이다. '드디어 찾았구나! 역시 세 번은 찾아봐야 해.' 차에서 내려 단걸음에 표지석으로 향한다. 그런데 표지석에는 '유항성지(柳巷城址)'라고 쓰여 있는 것이 아닌가. 갑작스레 현기증이 인다. 분명 이곳이 미현이고 이곳에 동탁이 미오성을 쌓았다고 하였는데, 어째서 표지석은 유항성터라고 했을까. 난감한 고민에 빠져있을 때, 마침 길을 알려준 촌로가 온다. 촌

▮ 동탁의 별궁이었던 미오성터

로에게서 몇 가지 답을 듣고서야 고민이 풀렸다. 성터 이름은 이곳 마을 이름
인 '요유촌(堯柳村)'을 따서 지은 것이고, 성터를 조사한 결과 한나라 시대의 성
터로 확인되었다는 것이다. 촌로의 설명을 듣고 나니 동탁의 미오성이 이곳이
었다는 믿음이 보다 확실하게 든다. 기초조사를 마쳤으니 조만간에 본격적인
발굴이 있을 것이라는 귀띔에, 편안한 마음으로 한 번 더 찾아와야겠다는 생각
이 들었다.

동탁의 공포정치는 삼국의 시작을 의미한다. 제후들로 하여금 한 황실을 지킨다는 빌미를 주었다. 결국 반동탁 연합군의 형성은 군웅할거 시대를 여는 기반이 되었으며, 위, 촉, 오의 세 나라로 정립되었기 때문이다. 동탁이 충신이었으면 삼국의 분할은 없었을까. 그 또한 아닐 것이다. 이미 나라는 나라꼴이 아니고, 백성은 백성이길 거부하는데, 어찌 이리와 승냥이 무리들이 판치지 않으리오. 한 나라의 통치자는 백성이 등돌리는 일이 없도록 해야 한다. 백성이 등을 돌리면 망국으로 접어드는 것이고 이미 국가의 운명은 끝난 것이다. 훌륭한 CEO 한 명이 십만 명을 먹여 살린다면, 훌륭한 통치자 한 명은 십만 명의 CEO를 살릴 것이니 통치자의 올바른 선택은 아무리 강조해도 지나침이 없다.

동탁이 천도한 서안의 장안성. 지금의 성은 명대에 중건된 것이다.

장안성 고루의 야경

'차도살인' 카드인 동탁에
되레 치명타를 입은 문벌

한나라는 전한 시기만 하여도 황족 출신을 각 지역의 왕으로 삼았다. 하지만 오초칠국의 난이 발생한 이후로 황족의 위상은 점점 약해지고 열후에 봉해지던 공신들의 지위도 중앙집권 강화에 따라 점차 타격을 받게 되었다. 그런데 외척 세력은 나날이 권세가 높아졌다. 황실이 세도가들과의 혼인을 통해 자신의 권력을 공고히 하는 과정에서 황제의 외척으로서 정권을 장악하였기 때문이다. 이러한 외척의 발호는 후한 말기에 더욱 심하였다. 이때에 이르러 황제들은 후사가 끊기거나 요절하는 경우가 빈번하여 어린 나이에 즉위하는 경우가 많았다. 따라서 모후가 섭정을 하게 되었고, 그 틈을 타고 외척 세력이 자연스럽게 권력을 휘둘렀다. 어린 황제는 허수아비일 뿐이었다.

황제가 대권을 장악하기 위해서는 황제의 손발이 되어 외척에 대항할 세력이 필요한데, 조정의 신하들은 이미 외척의 손아귀에 들어있어서 불가능하였다. 결국 황제는 시중을 드는 환관들을 활용할 수밖에 없었다. 하지만 시기가 지날수록 환관의 세력도 강성해져 외척을 능가하는 세력을 형성하게 되었고, 급기야는 외척 세력과 마찬가지로 권력을 장악하고 조정을 농단하는 지경에까지 이르렀다. 황제가 외척세력을 척결하기 위하여 만든 친위 세력에게 다시 권력을 빼앗기는 상황이 발생한 것이다. 특히 후한 말은 이 두 세력 간의 권력 쟁탈이 첨예한 시기였다.

외척과 환관이 조정을 좌지우지하자, 이들을 제거하고 조정을 바로세우기를 원하는 사족 지주세력이 결집하였다. 사족(士族)은 사대부 지식인들로 한나라 초기부터 국교로 삼은 유학(儒學)을 공부한 관료조직이다. 이들은 유교 사상을 바탕으로 정권을 장악하고 대대로 권력을 누리고자 하였다. 이들의 권력 장악을 위한 노력은 환관세력의 역공을 받아 두 번에 걸쳐 대대적인 숙청을 당하기도 하였다. 하지만 사족세력은 이러한 당고지화(黨錮之禍)를 겪으면서도 줄기차게 환관세력을 척살하려고 노력하였는데 그 시작은 원소였다.

원소는 '사세삼공(四世三公)'을 지낸 가문으로 사족 집단을 대표하는 인물이다. 그는 양주의 군벌인 동탁을 불러들여 그로 하여금 십상시를 처단하게 하는 '차도살인(借刀殺人)' 계략을 세웠다. 아울러 동탁이 성공하면 사족 중심의 정권을 구성하고자 하였다.

하지만 동탁은 그렇게 만만한 인물이 아니었다. 그 역시 이리의 심보를 가진 자였다. 대장군 하진의 명령을 기회로 기다렸다는 듯이 낙양에 진입하여 조정을 장악하였다. 원소의 야욕은 실패로 끝났고 하진은 목숨마저 잃었다. 동탁은 두 세력이 서로 싸우고 망하는 틈을 노려 어부지리로 권력을 장악한 것이다.

동탁은 서북 지역인 병주(幷州)를 다스리는 군벌이다. 그는 병사 3천 명을 이끌고 낙양을 점령하였다. 동탁은 정예병이 주둔하는 수도를 어떻게 적은 병력으로 장악할 수 있었을까. 그것은 동탁의 속임수가 성공했기 때문이다. 동탁의 병력은 고작 3천 명이 전부였다. 그래서 밤이 되면 병사들을 몰래 성밖으로 내보낸 후, 다음 날 새로운 병사들이 낙양에 입성하는 것처럼 꾸몄다. 이렇게 며칠을 반복하자 성안의 사람들은 모두 동탁이 엄청난 대군을 집합시킨 것으로 알았던 것이다.

동탁은 수도 낙양을 손쉽게 점령하자 간교한 마음이 더욱 높아졌다. 누구도 함부로 할 수 없는 황제를 갈아치웠다. 나아가 폐위된 황제를 살해하기까지 하였다. 황제마저도 마음대로 할 수 있는 무소불위의 권력. 동탁은 스스로 이러한 모습을 보여줌으로써 조정을 장악하고 권력을 전횡할 수 있었던 것이다.

동탁은 무력만 센 군벌이 아니었다. 머리도 약삭빨랐다. 조정을 장악하자 일군의 사족 세력을 끌어들였다. 권력 장악은 무력이 필요하지만 조정의 운영은 문벌인 사족 세력이 필요함을 알았던 것이다. 사족 세력도 뜻대로 이루어지지는 않았지만 일단 둥지를 틀고 기회를 엿볼 필요가 있었다.

그런데 동탁의 전횡은 날로 심해지기만 하였다. 민가를 노략질하고 마음대로 양민을 살육하였다. 야만적인 흉포함이 극에 달하였다. 급기야 장안 천도를 시행하며 낙양의 권문세족들에게 죄를 씌워 재산을 몰수하고 처형하는 공포정치를 시행하자 사족 세력도 치명타를 입지 않을 수 없었다. 동탁의 힘을 빌려 권력을 장악하고자 했던 사족의 자승자박(自繩自縛)인 것이다.

5. 유관장(劉關張), 중원에 이름을 떨치다

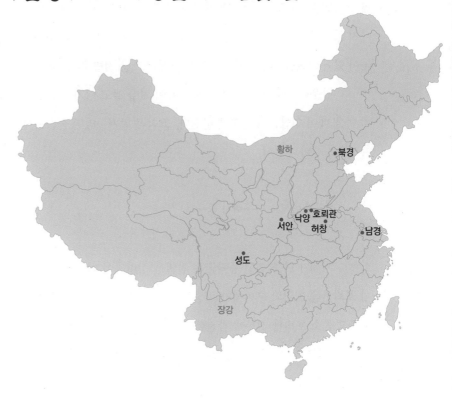

"술잔을 잠시 거기 놓아두소서. 제가 금방 갔다 오겠사옵니다."

천하를 가로챈 동탁의 횡포에 반대하여 원소를 맹주로 18제후의 연합군이 뭉쳤다. 동탁 타도를 위해 낙양으로 진격하자, 동탁은 낙양의 관문 격인 호뢰관(虎牢關)에 화웅(華雄)을 보내 지키게 한다. 연합군은 동탁군의 용장 화웅의 출중한 무예에 네 명의 대장을 잃고 등등하던 기세가 꺾인다. 강동의 맹호라는 손견(孫堅)마저도 패하고, 화웅의 무서운 위세에 눌린 연합군은 진퇴양난에 처한다.

이때, 유비를 엄호하던 관우가 나타나 화웅의 목을 베어 바치겠노라고 한다. 원소와 원술은 기세등등한 관우가 일개 현령인 유비 휘하의 마궁수에 지나지 않음을 알고 관우를 꾸짖으며 출진을 허락하지 않는다. 영웅 조조가 보는 눈이 있어 그들을 진정시키고 출진에 앞서 뜨거운 전별주(餞別酒)를 따라준다.

관우는 술잔을 맡겨두고 손살 같이 말을 몰고 나가 신들린 솜씨로 화웅의 목을 베어 연합군의 진영에 바친다. 그리곤 맡겨두었던 술잔을 받아 단숨에 마시고는 한마디 한다.

"술이 아직도 따뜻해서 좋구려!"

기세가 한풀 꺾인 동탁군은 전열을 정비하여 이각(李傕)과 곽사(郭汜)에게 호뢰관을 지키되 수비에만 치중하게 한다. 동탁은 양아들인 여포와 대군을 이끌고 몸소 호뢰관 전투에 참전한다. 여포로 하여금 전방을 맡게 하고 자신은 후방을 맡았다. 사람 중의 여포요, 말 중의 적토마라.

온후 여포 당할 자 세상천지에 없으니	溫侯呂布世無比
웅혼한 재주는 사해를 뒤덮는구나	雄才四海誇英偉
몸에 두른 은빛 갑옷은 용 비늘을 쌓았는가	護軀銀鎧砌龍鱗
머리에 맨 금관에는 꿩 깃털 꽂았구나	束髮金冠簪雉尾
우둘투둘 허리띠엔 맹수가 포효하고	參差寶帶獸平吞
알록달록 비단 전포엔 봉황이 날아오르네	錯落錦袍飛鳳起
적토마가 한 번 뛰니 된바람 크게 일고	龍駒跳踏起天風
방천화극 번쩍이니 서릿발을 꿰뚫네	畫戟熒煌射秋水

18제후들은 여포의 변화무쌍한 무예를 당해내지 못하고 번번이 패배한다. 유비와 동문수학한 공손찬 역시 여포에 밀려 위기에 처하자, 장비가 눈을 부라리고 맞선다.

"세 성 엎은 쌍놈아, 꼼짝 말고 있어라! 연인(燕人) 장비가 상대해 주마!"

여포와 장비의 싸움이 승패가 나지 않자 관우와 유비가 합세한다. 여포를 가운데 두고 3명이 협공을 하니 아무리 무공이 뛰어난 여포인들 당해낼 수가 있겠는가. 여포가 줄행랑을 치자 연합군의 사기는 하늘을 찔렀다. 장비는 여세를 몰아 동탁을 쳐부수자고 했지만 저마다의 속셈이 있는 제후들은 동탁을 뒤쫓지 않았다. 이를 본 장비는 부아통이 치밀었다. 끓어오르는 피를 대신해서 가래침을 뱉으며 들으라는 듯이 일갈한다.

"풀을 없애려면 뿌리부터 뽑아야지!"

호뢰관을 보기 위해 하남성 정주(鄭州)에서 낙양(洛陽)으로 길을 잡았다. 전략적 중요성과 천험의 요새로 인해 병가필쟁(兵家必爭)의 장소가 된 호뢰관은 정주에서 53km 떨어진 곳에 있다. 일정을 맞추기 위하여 고속도로를 이용했다. 개통한 지 얼마 되지 않은 고속도로를 달리노라니 몸도 마음도 편안하기만 하다.

호뢰관이란 명칭은 어떤 연유로 생겼을까. 기원전 11세기, 주나라 목왕이 이곳에서 사냥을 할 때 호랑이 한 마리가 뛰쳐나왔다. 모두들 놀라 경황이 없을 때, 근위부대 용사인 고분융(高奔戎)이 호랑이를 사로잡아 왕에게 바쳤다. 왕이 기뻐하며 대비산 기슭에 우리를 만들어 기르도록 했는데, 이때부터 '호뢰

(虎牢)'라고 불렸다고 한다. 그 후 춘추 전국 시대와 진나라가 이곳에 관문을 설치하여 호뢰관으로 불렸다. 한나라 때는 성고현(成皐縣), 삼국 시대엔 사수관(汜水關), 당나라 때는 무뢰관(武牢關)이라 불렸다. 그러므로 소설에서 사수관과 호뢰관이 각각 별개의 지역인 것처럼 묘사된 것은 잘못이다.

호뢰관은 중원 땅에서 서쪽으로 가기 위해서는 반드시 거쳐야 하는 관문이다. 황하와 첩첩산들이 길을 막아 다른 선택이 없는 까닭이다. 호뢰관은 '한 명의 병사가 만 명의 병사를 대적할 수 있는' 곳이기에 시대에 상관없이 대업을 꿈꾸는 자들이 전략적으로 선점해야 할 요충지였다. 진(秦)나라 멸망 후 유방과 항우가 이 지역에서 쟁탈전을 벌였고, 당 태종 이세민(李世民)이 삼천 명의 병사로 십만 명의 농민군을 물리친 곳이기도 하다. 또한 조조가 낙양의 동탁을 죽이려다가 실패하자 보검을 바치고 도망칠 때에도 이곳을 거쳐 갔는데, 부친과 의형제를 맺은 여백사(呂伯奢)의 집에서 묵어가려다가 도망자의 조급한 오해로 인해 여백사와 그 가족을 몰살한 곳도 바로 이 부근이다.

호뢰관 마을 입구

■ 호뢰관 유적지 안내석

■ 호뢰관 입구에 세워진 삼의묘

정주에서 한 시간 반 정도를 달려 호뢰관에 도착했다. 우리의 1970년대를 보는 듯한 황톳길과 마을들이 오히려 다정하게 느껴진다. 마을 입구 삼거리에 도착하니 동네 꼬마들이 먼저 반긴다. 이런 시골에 번쩍이는 스타렉스가 들어오니 그럴 만도 하다. 노인 몇 분이 구멍가게의 평상에 앉아 꼬치담배를 피우며 휴식을 취하고 있다. 그런데 담배를 피우는 손이 까맣다. 석탄이 많이 나는 곳이어서 그런가? 그리고 보니 평상 옆에는 석탄가루를 물에 개어서 연탄을 만들던 흔적이 있다. 아이들이 장난삼아 빚어놓은 조개탄 서너 개가 햇살에 앙증맞다.

■ 삼의묘 안에 있는 관우의 소상

벌판이 시작되는 모퉁이에 낡은 건물이 있다. 마당 입구에는 '호뢰관'이라고 쓴 아담한 크기의 해서체 비석이 먼지 속에 덩그렇다. 장엄했을 호뢰관소는 찾아볼 수 없고 비석만이 고고(孤苦)하다. 자세히 살펴보니 청나라 옹정 9년(1731년)에 세워진 것이다. 비석 뒤편에는 삼의묘(三義廟)가 있다. 내가 보잘 것 없는 비석에 이어 다 무너져가는 건물을 보며 연신 사진을 찍어대자 동네 아저씨들이 다가왔다.

"어느 나라에서 오셨습니까?"

"한국에서 왔습니다."

"아, 네. 일본 사람들은 종종 다녀갔는데 한국에서 온 사람은 드뭅니다."

▌동네 아이들의 놀이터로 변신한 삼의묘

한국에서 왔다고 하니 더욱 반가운 눈치다. 이곳의 삼의묘는 유비, 관우, 장비가 의형제를 맺은 도원결의를 기념하고, 호뢰관 싸움에서 역적 동탁을 토벌하는데 혁혁한 전공을 세운 세 사람에 대한 존경과 숭배의 마음을 표시하기 위해 이곳 사람들이 세운 것이라고 한다. 사당 왼편에는 관우를 재물신(財物神)으로 모시며 부자 되기를 기원하는 조그마한 공간이 있다. 몇 개의 비석은 깨져서 뒹굴고 몸통이 잘린 돌부처상은 아이들의 놀이터가 되었다.

▌ 깨어지고 부서진 채 뒹구는 삼의묘석. '삼(三)'은 누가 집어갔다고 한다.

『삼국지연의』는 소설이라는 이름 아래 역사적 사실과 무관한 이야기를 적절히 섞어내었다. 호뢰관 전투에 관한 유관장 삼형제의 이야기도 이러한 맥락을 유지하고 있다. 그리고 이것은 시간이 지남에 따라 민중들로부터 역사적 사실인양 인식되고 있다. 여기에는 위정자의 역할도 무시할 수 없다. 시대마다 자신들에게 필요한 이데올로기의 창출을 위해서는 날조도 서슴지 않기 때문이다. 소설이라는 외피를 쓰고 그들이 '필요한' 역사를 윤색, 가공의 수법을 통해 만들어내기 때문이다. 『삼국지연의』를 읽지 않은 사람과는 이야기도 하지 말라.'라는 말이 있다. 『삼국지연의』가 담고 있는 천변만화(千變萬化)의 인간사를 통해 삶의 지혜를 터득할 수 있다는 뜻이겠지만, 이제는 '무작정' 읽을 것이 아니라 내용의 배경을 파악하며 '제대로' 읽어야 할 때인 것이다.

호뢰관 싸움터를 보고 싶었다. 제일 연장자인 듯한 노인에게 물으니, 그 옆에서 꽁초를 줍던 할아버지가 "내가 안내를 해 주지."하며 일어선다. '드디어 호뢰관 유적을 제대로 살펴볼 수 있게 되었구나.' 하는 안도감에 젖을 때, 할아

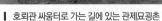
호뢰관 싸움터로 가는 길에 있는 관제묘뢍촌　　호뢰관으로 가는 길

버지가 담배 한 갑을 요구한다. 본인이 자청하고도 담배를 요구하다니 담배가 몹시 그리웠나 보다. 혼자서 모르는 언덕을 둘러보는 것보다는 백배 나을 터인지라 흔쾌히 수락하였다. 할아버지의 발걸음이 갑자기 씩씩해진다.

　　호뢰관 비석을 지나 집들이 절벽을 등지고 옹기종기 모인 마을로 들어섰다. 이곳 마을 이름이 궁금해서 물었다. 아니나 다를까. 관제묘뢍촌(關帝廟泯村)이라고 한다. 마을 입구에 있는 관제묘에 대한 절대적인 믿음이 마을 이름까지 결정을 지은 것이다. 관우신에 대한 중국인들의 믿음은 가히 종교를 능가하고도 남는 것 같다.

　　삼의묘에서 마을을 지나 15분 정도 걸으면 와호산(臥虎山)이라는 산기슭이 나온다. 이곳이 바로 그 옛날 호뢰관 싸움이 벌어졌던 격전장이다.

"여기 콩밭 위쪽의 저 언덕이 여포가 진을 쳤던 여포성이고, 건너편 저쪽 갈대가 있는 등성이가 연합군의 진지가 있었던 곳이라오."

이 지역은 북쪽을 지나는 황하(黃河)가 부리고 간 황토가 쌓여서 형성되어 지반이 매우 약하다. 비가 조금이라도 심하게 쏟아지면 금방 침식 작용을 일으키기 때문이다. 그래서인지 여포가 열병(閱兵)을 했다는 점장대에 올라 보니, 온통 붉은색을 띤 황토 절벽이 까마득하다. 그 옛날 전장의 흔적은 찾아볼 길 없고, 바람만 거세게 황토먼지를 일으킨다. 그래도 할아버지의 설명은 유창하기만 하다. 하긴 요충지 호뢰관에서 전투가 벌어지면 이곳밖에는 달리 싸울 곳이 없을 터이니, 할아버지의 자신에 찬 설명이 어느 정도 이해가 된다. 하지만 싸움터가 어디 산기슭뿐이겠는가. 지금은 옥수수밭, 콩밭인 산비탈과 인적도

▌연합군이 동탁군에 대항하여 진을 쳤던 자리

■ 호뢰관 전투가 벌어졌던 와호산 계곡

없는 계곡 모두가 당시에는 피비린내 나는 싸움터였을 것이다. 수천 년 동안 이
곳 호뢰관에서만 백여 차례가 넘는 커다란 전쟁이 있었다고 하니, 그때마다 전
장에 동원된 병사들의 피는 산하를 가득 메웠으리라. 그래서인가, 병가필쟁의

여포가 진을 쳤다는 곳. 연합군 진지의 반대편에 있다.

땅을 벗어나지 못하고 떠도는 병사들의 원혼이 비를 머금은 구름이 되어 서서
히 하늘을 뒤덮는다.

▌ 장비가 진을 쳤던 곳이라는 장비채

북망산에 올라	步登北邙阪
낙양의 산들을 바라보노니	遙望洛陽山
낙양은 어찌 이토록 적막하단 말인가	洛陽何寂寞
궁궐이란 궁궐은 잿더미뿐이구나	宮室盡燒焚
허물어진 담장에는	垣墻皆頓擗
하늘을 가리는 가시덤불 뿐	荊棘上參天
아는 노인은 볼 수가 없고	不見舊耆老
단지 어린 아이들만 있구나	但睹新少年

사람 다닌 길은 흔적조차 없고	側足無行徑
묵정밭엔 들풀만 무성한 데	荒疇不復田
정처 없이 떠도는 나그네는	遊子久不歸
길인지 두렁인지 분간할 수 없구나	不識陌與阡
들녘은 어찌 이리도 쓸쓸한가	中野何蕭條
길마다 사람 자취 끊겼으매	千里無人烟
애써 평정심을 찾으려 하나	念我平常居
기막힘에 말조차 나오지 않는구나	氣結不能言

호뢰관에서 패배한 동탁은 낙양의 명문가 집안의 금은재보를 약탈하고 낙양성을 불태웠다. 천자와 명문일족을 협박하여 장안으로 천도하였다. 동탁이 장안으로 천도할 때의 명분은 다름 아닌 참요(讖謠)였다. 동탁의 참모이자 사위인 이유는 저잣거리에 떠도는 참요의 내용을 들어 동탁에게 유방이 장안에서 제위에 오른 일을 설명하고 장안으로 천도할 것을 건의한 것이다. 이 말을 들은 동탁은 쾌재를 부르며 장안으로 천도하기로 마음먹었다. 여러 신하가 만류했지만 듣지 않았다. 동탁은 신하들의 진언(眞言)보다 참요를 믿었다. 국가적 위기가 오면 언제든지 고개를 쳐드는 유언비어는 이처럼 엄청난 위력으로 동탁의 마음을 사로잡은 것이다.

동쪽 끝도 한나라, 서쪽 끝도 한나라
東頭一個漢, 西頭一個漢
사슴이 장안으로 들어가야만 이런 난리 없어진다네
鹿走入長安, 方可無斯難

동탁은 장안으로 천도한 후, 북쪽으로 250리 떨어진 미현(郿縣)에 장안
과 똑같은 성을 쌓았다. 그곳에 30년은 끄떡없이 지낼 수 있는 양곡을 쌓아놓고
흡족해하였다. 동탁은 어째서 장안에서 지내지 않고 별도의 오지에 성곽을 쌓
고 지냈을까.

    "일이 성사되면 천하에 웅거하고, 안 되면 미현을 지키며 생을 마쳐도 좋을
것이야."

    동탁에게 있어서 천하는 자신과 가문의 영화를 누리는 데 필요한 것일
뿐, 난세를 평정하고 백성을 편안하게 하려는 경세제민(經世濟民)은 애당초 없
었다. 그렇기 때문에 혼란을 틈타 권력을 장악하였지만 자신을 반대하는 제후

들의 공격을 피하기 위해 별도의 성이 필요하였던 것이다. 또한 서량자사를 지내며 자신이 오랜 세월 동안 터를 닦은 지역이 보다 안전하다고 생각했던 것을 실천으로 옮긴 것이기도 하다.

당나라의 시인 가지(賈至)가 이곳 호뢰관을 둘러보고 쓴 「호뢰명(虎牢銘)」이란 시에서 "천연의 요새인 호뢰관도 미련한 사람이 점령하면 멸망하고 성스러운 사람이 오면 왕이 된다(惟此虎牢 天設巨防 昏時以滅 聖凭而王)"라고 읊었는데, 이는 민심이 곧 천심이니 민심을 얻지 못한 자는 결국 망한다는 역사의 가르침을 다시 한 번 되새긴 것이리라.

동탁군 토벌에 나서지도 못하는 연합군의 제후들이 유비, 관우, 장비를 얕잡아 보며 힐난하지만, 이를 참아내며 무용(武勇)을 드높인 세 형제가 진정한 승리자가 된다. 삼형제의 눈에는 허세만 부리는 제후들이 오히려 가소로웠을 것이다. 결국 기세등등하던 제후들은 모두 몰락하고 초라하게만 보이던 의형제가 덕(德)과 인의(仁義)로 민심을 얻어 국가를 세웠으니, 이것이 곧 시인이 말하는 성스러운 사람들이 아니고 무엇이겠는가. 세월이 아무리 변해도 변하지 않는 것은 '민심이 곧 천심' 바로 이것이다.

반(反)동탁 연합군과 호뢰관 전투의 진실

서기 189년. 동탁의 공포정치에 반대하는 제후들이 '동탁 타도!'라는 기치 아래 반(反)동탁 연합군을 결성한다. 『삼국지연의』에서는 연합군 결성 과정에서 조조가 거짓 조서를 보내 18제후들이 군사를 일으킨 것으로 되어 있으나, 사실은 이와 다르다. 동탁 토벌의 거짓 공문을 돌린 사람은 조조가 아니라 동군태수 교모(橋瑁)였다. 그리고 이에 호응한 제후들도 13명이었다.

그렇다면 공문을 돌린 사람이 조조로 변한 것은 무슨 연유일까. 나관중은 조조를 악인의 대명사로 만들었는데, 그 시작 시점을 바로 이때로 설정한 것이다. '난세의 간웅'인 조조의 영민한 성격에 거짓 문서 하나쯤 보내는 것은 일도 아니며, 이후악인 조조의 이미지 형성에도 적절한 시점으로 판단했기 때문이다.

13인의 제후들 역시 뜻을 같이했다기보다는 저마다 계산된 생각에 따른 군사적 과시에 지나지 않았다. 동탁 토벌은 뒷전인 채 "여러 부대의 병사 십만여 명이 나날이 술판만 벌일 뿐, 동탁의 목을 베는 일은 도모하지도 않았다."라는 역사서의 내용도 이를 뒷받침해 준다. 이러한 까닭으로 연합군은 동탁군과의 호뢰관 전투에서 초반에 고전을 면치 못하게 된다.

호뢰관 전투에서 승기를 잡은 것은 관우가 술이 식기 전 화웅의 목을 베었다는 '온주 참화웅(溫酒斬華雄)'과 유관장 삼형제가 여포를 물리친 '호뢰관 삼전여포(虎牢關三戰呂布)'인데 이는 역사적 사실이 아니다. 화웅의 목을 벤 사람은 오히려 연의에서 화웅에게 대패한 것으로 기술된 손견(孫堅)의 공적이다. 나관중이 고향 선조(先祖)인 관우를 드높이기 위해 손견이 희생양이 된 것이다.

이러한 내용의 변화는 원대에 유행한 연의의 원본 격인 『삼국지평화(三國志平話)』를 보면 알 수 있는데, 당시에 이미 지금의 내용으로 변질되었다. 유비, 관우, 장비도 동탁토벌에 나섰다는 기록만 있을 뿐, 진수의 『삼국지』와 관련 주석서에도 이들의 공적은 기록되어 있지 않다. 미미하나마 동탁토벌에 참가하였다는 기록만으로 나관중은 이들 세 사람을 영웅으로 부각시켜 놓음으로써 당대 최고를 자랑하는 그의 예술적 면모를 유감없이 발휘하였다.

6. 천하는 조조만이 배신할 수 있다

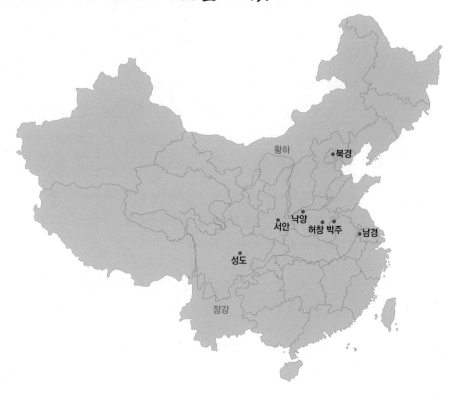

"조카와 사군은 왜 이리 급박하게 가시오?"

"죄 짓고 피해 다니는 몸이라 한곳에만 계속 있을 수 없습니다."

"내가 우리 집 사람들한테 돼지 한 마리를 잡아서 요리를 하라고 했는데,

조카와 사군께서는 이리도 밤을 도와 가신단 말이오?"

조조는 몇 발짝 아니 가서 칼을 빼들고 말을 돌렸다. 그리고 노새를 타

고 가는 여백사를 내리쳤다. 그리고 말했다.

"여백사가 집에 가서 식솔들이 죄다 죽은 것을 보면 어찌 그냥 있겠소? 사람을 모아 뒤쫓아 온다면 반드시 재앙을 당할 것이오. 그럴 바엔 차라리 내가 세상의 모두를 배반할지언정 세상 사람들이 나를 배반하게 하지는 않겠소."

천하 대란에도 도(道)가 존재하는가? 영제의 귀비(貴妃)에서 황자(皇子) 변(辯)을 낳아 일약 황후가 된 하황후는 영제가 총애했던 왕미인(王美人)을 독살한다. 백정 출신의 하진은 여동생이 황후에 오르자 이를 배경으로 권력을 장악한다. 영제가 붕어(崩御)하자 왕미인의 아들 협(協)을 양육하던 동태후와 하황후 사이에 권력 다툼이 벌어지고, 하황후의 동생 하진이 동태후를 독살한다. 기세 등등하던 하진도 십상시에게 죽음을 당하고, 동탁이 정권을 장악하자 하태후를 시해한다. 자신들이 저지른 대로 거두었으니, 비록 시간의 차이가 있을지언정 난세에도 이치는 어긋나지 않는 것이다.

천하가 동탁의 손아귀에서 놀아나자 조조가 사도 왕윤(王允)에게서 칠보단도(七寶短刀)를 받아 동탁을 제거하기 위해 나선다. 그러나 일이 실패하여 단도만 바치고 줄행랑을 친다. 탈출 도중 중모현령인 진궁(陳宮)에게 사로잡히나, 영웅을 갈망해온 진궁은 조조의 인품에 반하여 벼슬마저 버리고 그와 함께 달아난다. 하지만 여백사 가족을 몰살시키는 조조의 행동을 보면서 조조를 떠난다. 드디어 나관중이 조조를 악인의 대명사로 만드는 서막이 오른 것이다.

『삼국지연의』는 유비, 관우, 장비가 주인공인 촉한(蜀漢) 중심의 이야기다. 이들 삼형제의 무공과 처세술에 나머지 인물들은 조연에 불과하다. 하지만 아무리 이들 삼형제가 중심이어도 조조를 빼고는 이야기를 풀어갈 수 없다. 왜 그런가. 중원을 차지한 역사적 사실만으로도 조조의 비중이 훨씬 큰 만큼, 소설 속에서도 그의 비중은 클 수밖에 없다.

　　조조의 할아버지 조등(曹騰)은 환제의 총애를 받은 환관이었다. 그것도 환관의 우두머리 격인 대장추(大長秋)를 역임하였다. 아버지 조숭(曹嵩)은 하후씨에서 데려온 양자(養子)다. 주요 요직을 거쳐 1억 전을 주고 태위(太尉)에 올랐다. 태위는 전국의 군사를 책임지는 최고 장관이다. 조조는 평생을 '환관의 자손'이라는 콤플렉스를 달고 살았는데, 이는 그의 성격 형성에도 커다란 영향을 주었다. 그래서 권력과 재력이 있는 집안의 자식들이 그러하듯 '도덕과 교양은 없고, 성질은 제멋대로인 공자님'이었다. 조조 자신도 어린 시절을 회고하는 「선재행(善哉行)」이란 시에서 이렇게 노래하고 있다.

　　　　내 스스로 박복함을 애석히 여기나니　　　　自惜身薄祜
　　　　어릴 때부터 자괴감에 외롭고 괴로웠네　　　　夙殘罹孤苦

일찍이 맹모 같은 삼천지교도 없었고　　　　旣無三徙教

공자처럼 아비 교육을 받은 바도 없다네　　　不聞過庭語

조조는 부모로부터 자상한 가정교육을 받아본 적이 없음을 스스로 토로하고 있다. 물질적으로는 풍족하였을지라도 결코 행복하지 않은 어린 시절이었음을 알 수 있다. 정서적으로 중요한 어린 시절에 외롭고 의지할 곳이 없다면 성격은 자연히 삐뚤어지게 마련이다. 게다가 고관대작의 자식이니 누가 감히 제재할 수 있겠는가. 고삐 풀린 망아지처럼 천방지축 날뛰어도 어쩔 도리가 없는 것이다.

그런 조조가 20세의 나이에 관리 등용 제도인 효렴(孝廉)에 천거되어 관리가 되었다. 효렴은 지극히 효성스럽고 청렴한 자를 추천하여 관리로 임명하는 제도이다. 그런데 한나라 말기에는 권력자나 호족의 자제들이 독차지하는 벼슬자리가 되었다. 조조도 부친의 권력을 등에 업고 관리가 된 것이다.

하지만 조조는 문무(文武)의 실력을 갖춘 장수였고, '난세의 간웅(奸雄)'이라는 평가에 오히려 반색했을 만큼 시대의 흐름을 읽을 줄 아는 영웅이기도 하였다. 그리하여 30세에 황건적의 난이 일어나자 이를 토벌하고 그 공적으로 제남국의 재상이 된다. 동군태수로 승진하였지만 부친이 삼공의 하나인 태위 벼슬을 돈으로 사자 사표를 내고 낙향하여 독서와 사냥으로 때를 기다렸다. 동탁이 정권을 잡고 자신의 권력유지를 위해 중용하려 하자 이름까지 바꾸어 수배령을 뚫고 도망친다.

이때 부친의 친구인 여백사 일가를 몰살하고 "내가 세상 사람을 배반할지언정 세상 사람이 나를 배반하게 두지는 않겠다."라는 말과 함께 정치적 야심을 드러낸다. 고향에 돌아온 조조는 가산을 털고 같은 마을의 부호인 위홍(衛弘)

의 재정지원을 받아 '충의'를 내세워 의병을 모집한다. 이에 호응하는 사람들이 각지에서 모여들었는데, 훗날 조조군의 핵심 장수들이 대부분 이때 조조의 수하가 된다. 조조의 군대는 황건적을 제압하며 기반을 다지는 사이 순욱(荀彧)과 같은 훌륭한 참모를 얻어 세력이 급성장한다. 급기야 조조는 헌제를 자신의 근거지인 허도(許都)로 옹립하면서부터 정치적 명분과 실권을 장악하게 된다.

강소성 서주(徐州)를 출발하여 조조의 고향인 안휘성 박주(亳州)로 가는 길은 편안하지 않았다. 고속도로가 개통되지 않아 구불구불한 지방도로를 이용해야 했는데, 가로등 없는 캄캄한 길도 길이지만 이곳이 초행인 기사와 안내자에 의지하여 달리노라니 그야말로 불안하기 짝이 없다. 그나마 가로수 밑동마다 방충용 회를 칠해놓아서 암흑 속에서나마 도로를 구분할 수 있었지만, 이따금씩 컴컴한 길을 건너는 사람들에 놀라고, 갈림길마다 지도와 방위를 대조하여 길을 잡으려니 그야말로 막막하기만 하다. 조조가 동탁을 피하여 정치적 야심을 키우고자 고향을 찾았을 때의 마음가짐이 이와 비슷하지 않았을까. 그렇게 조심하고 집중하며 달린지 네 시간, 드디어 박주에 도착하였다.

호텔에 여장을 풀자 갑자기 배가 쓰리다. 그러고 보니 점심도 걸렀다. 빠듯한 일정 소화에만 정신이 팔려 배고픈 줄도 몰랐던 것이다. 늦은 시간이어서 식당은 모두 문을 닫았다. 안내자와 함께 야시장을 찾았다. 다행히 야시장은 아직 문을 닫지 않았다. '금강산도 식후경'이라고 하지 않았던가. 위생에 대해서는 논할 수 없는 식당에 앉아 만두와 꼬치를 주문한다. 그나마 허기진 배를 채울 수 있다는 것에 감사하다. 먼저 나온 만두를 먹으려는데 구수한 냄새가 코를 자극한다. 양곰탕이라고 하는데 우리의 도가니탕 비슷하다. 야심한 시각, 몸도 으슬으슬하여 뜨끈한 국물도 필요하고 급히 먹어선지 목도 메이는데 장바닥의 모든 먼지를 삼키는 솥단지를 보고 있자니 주문하기가 난처하다. 하지만 이런 음식을 어디 한두 번 먹어봤던가. 한 그릇을 시켰다. 끝판이어선지 수더분하게 생긴 아주머니가 기름때 절절한 대접에 가득 담아 준다. 한 숟갈 국물 맛을 보았다. 구수한 것이 진국이다. "오우, 하오치(好吃)! 하오치!" 만두와 꼬치는 남겨 두고 양곰탕 한 그릇을 뚝딱 비웠다.

안휘성의 서북부에 위치한 박주는 번화하지는 않지만 품격이 있어 보이는 도시다. 이는 상(商)의 성탕(成湯)이 도읍을 정한 때부터 3,500여 년의 유구한 역사를 가지고 있기 때문이기도 한데, 시의 북동쪽에 있는 탕릉(湯陵)은 명나라 때부터 조성한 나무숲과 청나라 때 만든 중수비각 등이 어울려 박주를 더욱 고색창연한 도시로 만들어 놓았다. 게다가 시내 중심부에는 회하(淮河)의 지류인 와하(渦河)가 흐르고 있어 가히 고도(古都)의 면모를 느끼기에 손색이 없다. 유구한 역사만큼이나 무수한 명인이 배출되었는데, 중국의 『역사명인대사전』에 기입된 명인만 해도 신의(神醫) 화타를 비롯해 100여 명이나 된다고 한다.

┃ 조조를 제외한 가족을 모신 가족묘

┃ 조조의 조부인 조등묘 내부

박주 시내에는 조조기념관과 가족묘가 있다. 영웅 조조의 모습을 관련 유물, 유적지 사진과 그림 등으로 꾸며놓았다. '기념관이 있으니 생가 터도 잘 보존되어 있겠지.'하는 생각에 조조의 생가 터를 찾아 나섰다. 조조는 평생을 전쟁터에서 보냈지만, 그런 와중에도 고향을 자주 찾았다. 그리고 고향에서 자신의 뜻을 더욱 굳건히 하였다. 조조에게 고향은 숨을 고르는 곳이자 재기의 발판을 다지는 곳이기도 하였다. 그리고 그는 그때마다 뜻을 이루었다. 조조가 살았던 집은 박주에만 세 곳이 있었다. 모두 와하의 강변에 있었는데, 지금은 어떠할까.

집은 없어졌지만 흔적은 남아 있을 법하여, 조조가 태어난 곳인 사토집(沙土集)을 찾아보기로 하였다. 사토집은 시내에서 동쪽으로 15km 정도 떨어져 있는데, 여느 시골길과 마찬가지로 찾아가는 길 또한 쉽지가 않다. 황토들판은 아침안개에 몽롱하고, 자동차는 술 취한 듯 연방 휘청거린다. 한 시간을 더 달려 도착한 사토집은 평범하고 한적한 시골 동네였다. 동내 어귀에서 뛰놀던 아이들이 제일 먼저 달려와 낯선 이방인을 맞는다. 마을 안쪽으로 들어가니 노인 서너 명이 보인다. 조조의 집터가 어딘지 물었다. 조조의 고향은 들어서 알고 있다고 하는데 집터는 모른다고 한다. 일세를 풍미했던 영웅 조조이건만, 그가 태어난 고향에서조차 집터는커녕 이름조차 잊혀가고 있었다. 괜한 조조의 집터이야기로 할 일 많은 마을 사람들과

▌조비가 임와부를 짓던 때를 형상화한 모습

┃ 조조의 저택이 있었던 와하 강변

갈 길 바쁜 나그네는 들판 길에서 공연히 시간 낭비만 한 꼴이 되었다.

다시 박주 시내로 돌아와서 와하를 찾았다. 동쪽으로 흐르는 와하가 남쪽으로 방향을 바꾸는 곳에 또 다른 조조의 저택이 있었다. 조비가 지은 「임와부(臨渦賦)」를 보면 '와하 물 푸른 곳에 나무 그림자 드리우고, 산들바람 나직이 불면 강물 위에는 춤 물결 넘친다.'라고 노래했는데, 아마도 풍광이 훌륭한 저택이었으리라. 이 저택은 조조가 관리가 되어 지은 것인데 조비(曹조)와 조식(曹植)의 생모인 변(卞)씨를 첩으로 맞이한 곳이기도 하다.

와하를 찾았다. 이 또한 기대하지 않았음인가. 와하는 잡목 사이로 쓰레기와 흙더미만 더북한 강변을 등지고 무심하게 흘러간다. 여기저기 모래 채취

선이 파놓은 구덩이가 와하의 멍든 마음을 대변해 주는 듯하다. 조조의 저택은 어디쯤이었을까. 나 또한 말없이 강변에 서서 조비와 조식 형제가 깔깔거리며 뛰놀았을 장소를 그려본다. 역사는 언제나 현실을 먹고 살지만 현실은 때때로 역사를 괴롭힌다. 역사의 피와 살을 파괴하거나 생략함으로써 역사가 올바르게 걸어가는 것을 방해하기 때문이다. 그것이 역사 발전의 법칙이라고들, 하지만 결국 파괴의 역사만이 존재할 뿐이다. 새로운 역사는 현실의 새로운 파괴에 다름 아님을 와하의 강변에서 새삼 느낀다.

　　대업을 이룬 조조이건만, 어찌하여 그의 고향에는 생가가 없을까. 아마도 촉한 정통론(蜀漢正統論)에 길들여진 중국인들이 악인 조조의 집을 보관해야 할 필요성을 느끼지 못했던 것은 아닐까. 이미 원나라 시대에 군사들이 조조의 집을 부수어 성을 쌓는 데 사용했다고 하니, 조조로서는 얄궂은 운명이 아닐 수 없다. 와하 강변의 대저택도 결국 이렇게 파괴된 것이니, 조조가 세상을 배반한 것이 아니라 세상이 조조를 배반하였음을 절절히 알 수 있다.

　　조조의 고향인 안휘성 박주(亳州)에서 그의 생가는 흔적조차 없이 사라졌지만, 조조의 뛰어난 용병술을 보여 주는 '지하운병도(地下運兵道)'는 오랜 시간이 흘렀음에도 불구하고 당시 모습 그대로 건재하다. 지하운병도는 조조가 지하로 땅굴을 뚫어 성의 안팎을 오가며 적은 수의 병사로 적을 무찌른 곳이다. 이는 조조가 많은 병력을 거느리지 못했을 때에 적은 병사로 적을 제압하는데 활용한 전략으로, '과연 조조답다.'라는 생각이 절로

❘ 예전의 지하운병도 입구

■ 웅장한 모습으로 신축된 조조의 지하운병도 입구

드는 곳이다. 현재까지 발견된 길이만 해도 총 2km가 넘는데, 한 사람의 군인이 지나갈 정도의 길이 방사선 형태로 뻗어 있다.

　　그 옛날 조조의 부하가 되어 지하운병도를 들어갔다. 중간중간에는 전등을 달아 동굴 속을 다닐 수 있도록 해놓았다. 후덕지근한 공기가 숨을 막을 듯하다. 몇백 m를 걸어가니 조금은 넓은 공간이 있다. 휴식 공간이기도 하고 무기고였음직도 한데, 살펴보니 사방으로 통하게 되어 있다. 당시의 군사들은 군복에 무기 등을 지니고 이 통로를 지났을 터, 얼마나 비좁고 숨 또한 막혔겠는가.

┃ 조조의 뛰어난 용병술을 보여주는
지하운병도 내부 모습

그러하니 이러한 공간은 병사들에게 아주 유용한 공간이었을 것이다.

10여 분을 걸어서 출구로 나왔다. 흐르는 땀을 닦으며 살펴보니 시가 중심지를 가로지르는 대로와 시장의 밑을 지나왔다. 1,800년이 넘는 세월 동안 이렇게 완벽하게 보존된 것도 놀라운 일이지만, 당시의 열악한 여건으로 이토록 커다란 토목 공사를 해낼 수 있었다는 것이 더욱 놀랍다.

조조는 자신의 집과 고향을 후방기지의 하나로 활용하기 위해서 이곳 박주에 많은 공을 들였는데, 특히 대규모의 군사 훈련소와 식량 공급 기지를 만들었다. 시의 동쪽 외곽에 있는 '동관가대(東觀稼臺)' 유적은 서쪽 외곽의 '서관가대'와 함께 둔전제 시행으로 거두어들인 곡식의 출입을 관찰했던 곳이다. 당시 식량을 운반하던 위세가 대단하였겠지만, 지금은 주택가 한 귀퉁이에 벽돌 부스러기로 남아 있다.

군사 훈련소로서의 연병장이었

던 '무영원(武營院)'과 '투무영(鬪武營)', 군마를 조련했던 '난마장(攔馬牆)'이나 '음마갱(飲馬坑)'의 흔적은 찾아볼 수 없다. 대신 박주 시내의 번잡한 도로와 인가들이 그 자리를 메웠다. 폐허뿐인 동관가대와 서관가대 유적도 조만간에 사라질 것이라고 생각하니, 조조와 관련된 유적을 먼저 찾은 것에 감사라도 해야 할 판이다. 역사적 실체를 찾아 나서는 답사가 계속되어야 하는 이유가 바로 여기에 있는 것이리라.

　오랜만에 다시 찾은 박주는 순박한 시골의 정취를 보존하려 함인가. 다른 도시의 번창한 속도를 따라잡기 지친 듯 느릿한 움직임이다. 와하의 강물도 예전 그대로인데, 다만 변한 것이 있다면 강 안쪽에 그물로 줄을 지어 양어장을 만들어 놓은 것이다. 십여 년 사이에 시가 지정한 몇몇 유적지들이 있는데,

▌ 조조의 고향인 위무고리의 현재 모습

┃ '조조관가대'로 표지석이 바뀐 동관가대 터

그중에 조조가 살았던 집이 있다고 한다. 순간 심장이 뛴다. 예전에 왔을 때는
사방에 수소문을 해도 알지 못했는데 유적지가 있었다니. 단번에 조조의 집터
로 향하였다.

　　먼저 찾아간 곳은 시내에 있는 위무고리(魏武故里)다. 현대식 건물들로
빼곡한 골목길을 이리저리 뚫고 들어가니 조그만 공터가 나온다. 그곳에 오래
된 나무 한 그루가 철조망 안에 앙상한 모습으로 서있다. 마치 우리의 당산나
무와 흡사한 모습이다. 그 앞에는 나무에게 기도하는 향대(香臺)가 있다. 이곳

이 조조가 살았던 마을인지' 주변에 앉아 있는 마을 어른들에게 물어보려고 하는데, 옆에 '위무고리유지'라고 쓴 표지석이 보인다. 북위 때의 학자인 역도원이 『수경주(水經注)』라는 책을 지었는데, 그 책의 '와하(渦河)' 부분에 조조의 집이 있었다는 기록을 근거로 2012년에 지정한 것이다.

근처의 있는 동관가대 터는 '조조관가대(曹操觀稼臺)'로 표지석이 바뀌었다. 동서로 구분되었던 곳을 하나인 양 합쳐놓은 것은 아마도 서관가대 터를 찾지 못했기 때문일 것인데, 그래도 이것은 잘못된 것이다. 찾으면 찾은 대로, 못 찾으면 못 찾은 대로 안내를 해주는 것이 도리이고, 그래야만 제대로 역사를 복원했다고 할 수 있기 때문이다. '중국의 유적 복원이 언제나 이런 식이지'. 하며 예전에 왔던 기억을 더듬어 주변을 살펴보았다. 땔나무를 쌓아놓은 바닥에 예전의 '동관가대' 표지석이 보인다. 순간 헛웃음이 나온다. 같이 온 안내자와 기사가 의아해한다. 내가 자초지종을 설명해주자 고개를 끄덕이며 멋쩍은 웃음을 짓는다.

▎옛날의 동관가대 터와 지금은 버려진 표지석

조조가 중원을 제패하고 병사와 고향의 촌로들에게 연회를 베푼 곳에 세워놓은 팔각대

시내에는 이제 막 공원를 조성하려고 하는 팔각대(八角臺) 터가 있다. 이곳은 조조가 여포와 원소를 물리치고 중원의 패자가 된 후, 고향으로 돌아와 장병들에게 포상을 하고 고향의 부로(父老)들을 초청하여 대연회를 한 곳이라고 한다. 당시에 누각과 팔각정(八角亭)이 있어서 팔각대라고 부른다. 또한 조조는 이곳에서 조인, 하후연 등 친족의 형제들과 삽혈맹세(歃血盟誓)를 하였는데, 이로 인하여 '배교대(拜交臺)'라고도 한다. 다음에 박주에 오면 이곳 역시도 근사한 공원이 되어 있으리라.

조조의 집은 세 곳이었다. 그가 관직을 버리고 낙향하여 천하를 얻고자 힘을 기른 집은 또 다른 곳에 있다고 한다. '그 사이에 많은 발굴이 있었구나.' 하는 반가움에 얼른 차를 달린다. 박주에서 동쪽으로 10여 분을 달리면 초릉사촌이 나온다. 벌판 한가운데 둔덕 위에 커다란 집 한 채가 보인다. 초릉사(譙陵寺)다. 입구의 안내석을 살펴보니 위무고리와 같은 해에 시급 문물 보호단위로 지정된 곳이다.

안으로 들어가니 별다른 유적은 보이지 않는다. 평범한 시골집일 뿐이다. 그런데 벽면에 이곳이 어떤 곳인지를 알려주는 내용이 붙어 있다. 초릉사 발굴의 중요성을 담고 있는 박주시의 복원 신청 보고서가 그것이다.

▌조조가 낙향하여 힘을 기르던 초령사

　　내용을 훑어보니 옛날사람들이 이곳을 '조가고퇴(曹家孤堆)'라고 불렀는데, 이는 이 일대가 조조의 거주지였기 때문이다. 즉, 이곳 초릉사를 기준으로 조조의 집은 동북쪽에 있었고, 가족묘지는 서쪽에 있었다. 서남쪽은 말을 사육시키던 곳이고, 서북쪽은 병마를 훈련시킨 곳이라고 한다. 이후에 절이 들어서면서 초령사(譙令寺)가 되었다가 지금의 초릉사(譙陵寺)로 바뀌었다, 초릉사로 바뀐 이유는 이곳에 묘가 있기 때문인데, 이 묘가 곧 '조조의 72개 가짜 무덤' 중 하나일 것이기에 꼭 발굴해야 한다는 것이다.

　　인적 없는 초릉사에는 허름한 방 한 컨에 불상을 모셔놓고 '대웅보전'이

■ 조조가 병사들에게 둔전 경작과 훈련을 시켰던 북조사

라는 편액을 걸어놓았다. 그 앞에는 재가 된 향들이 수북하다. 중국을 여행하다 보면, 역사적으로 흔적이 있는 곳이면 돈벌이를 하려는 자들이 그곳을 관리한다는 미명 하에 여러 가지 사업을 벌이는데 그중 제일 쉬운 것이 구복(求福)신앙에 기대어 돈을 버는 것이다. 부처, 노자, 관우 등 무엇이든 가능하기 때문이다. 이곳도 그러한 자들이 관리를 자처하고 나서서 불상을 모셔놓고는, 조조가 살던 집터의 기운을 빌미로 '가화만사흥(家和萬事興)'의 축복을 주는 곳이라고 선전하리라.

박주시의 북쪽에 있는 고정진(古井鎭)에는 북조사(北曹寺)가 있다. 이곳

은 조조가 병사들에게 둔전 경작과 훈련을 시킨 장소다. 지금은 초등학교가 자리 잡고 있다. 이곳이 북조사 터였음을 알 수 있는 것은 정문 옆에 있는 조그마한 안내판 덕분이다.

2,000년대 초반까지만 해도 조조는 고향인 박주에서조차도 찬밥 신세였다. 그런데 이제는 그렇지 않다. 특히 조조의 고향인 박주에서는 더욱 그러하다. 예전에는 조씨공원(曹氏公園) 안에 조조기념관 하나뿐이던 곳이 이제는 엄청난 크기로 넓히면서 공원 이름도 당당하게 조조공원(曹操公園)으로 바뀌었다. 공원 양편의 도로명도 '위무대로(魏武大路)'와 '삼조로(三曹路)'다. 공원 안에는 기념관 외에도 위무사(魏武祠)와 제단(祭壇) 등이 생겼다. 뿐만 아니라 조조가족묘와 조조의 조부인 조등묘도 커다랗게 복원해 놓았다. 조조의 위상이 높아지자 그의 고향에서도 조조의 업적을 널리 알리려고 힘쓰는 모습을 실감할 수 있다. 이를 더욱 확연히 느낄 수 있는 곳이 지하은병도(地下隱兵道)이다.

▎ 신축된 초망루에 마련된 건안문학관

▎ 문과 무를 겸비한 조조의 조각상

　　예전의 지하은병도 자리에는 초망루(譙望樓)라는 거대한 5층 누각이 세

워졌다. 누각의 입구에는 '건안문학관'이 있다. 시인 조조가 새로운 시풍(詩風)을

일으키고 이와 함께했던 7명의 문인과 관련 인물들에 대하여 정리해 놓았다.

무략뿐만 아니라 문학적으로도 탁월한 업적을 남긴 조조의 모습을 살펴볼 수 있다. 지하은병도는 그 사이의 발굴 부분까지도 확장하여 살펴볼 수 있게 하였는데, 복층으로 구성된 곳도 있다. 당시에 조조가 은병도를 만들면서 군사들을 사방으로 교차하여 움직일 수 있도록 설계한 것이다.

조조는 뛰어난 전략가이자 지휘관이었고 정치가였다. 그리고 이러한 모든 것은 냉철한 현실주의에 근거하였다. 이런 점에서 조조를 냉혹하다고 할지도 모르지만, 한편으로는 따뜻한 가슴으로 백성의 슬픔을 이해하는 시인이기도 하였다.

들판에 흐드러진 다북쑥	田中有轉蓬
바람에 저 멀리 흩어지네	隨風遠飄揚
뿌리와 이별한 지 오래되었으니	長與故根絶
이제 영원히 만날 수 없으리	萬歲不相當
어이타, 이 병사의 신세	奈何此征夫
온 변방을 떠돌기만 하는가	安得去四方
말안장은 풀어볼 겨를이 없고	戎馬不解鞍
투구와 갑옷도 항상 입고 있구나	鎧甲不離傍
몸은 이미 늙어만 가는데	冉冉老將至
언제야 고향으로 돌아갈거.	何時反故鄉
용은 깊은 연못에만 머물고	神龍藏深泉
맹수는 높은 산에만 살며	猛獸步高岡
여우도 죽을 때는 고향을 향하건만	狐死歸首丘
내 어이 고향을 잊는단 말인가	故鄉安可忘

수구초심(首丘初心)은 인간의 기본적인 성정(性情)인가. 조조 역시 병사들과 함께 고향을 그리며 임종하였다. 그의 현실주의적 사고방식은 임종하면서도 극명하게 나타나는데, '장례가 끝나면 상복을 벗고 본연의 임무에 충실하되, 묘에는 금은보화도 넣지 말라'고 하였다. 이처럼 검소한 생활로 일관한 조조이지만, 『삼국지연의』는 무덤을 파헤쳐 보물을 캐지 못하도록 하기 위해서 72개의 가짜 무덤을 만들었다고 하였고, 박주시는 이것을 믿고 발굴조사를 준비하고 있으니, 조조가 '교활한 악인'이라는 이미지를 벗어나는 것은 아직도 꿈속의 일인 듯하다.

촉한 정통론의 최대 피해자, 조조

삼국지 최고의 영웅은 조조다. 그런데 그 영웅인 조조는 악인의 대명사가 되었다. 삼국지를 읽지 않은 사람도 '조조=악인'이라는 등식을 가지고 있다. "조조 같은 녀석"이라는 말에는 세상에서 가장 간악하고 교활한 인간이라는 의미가 내포되어 있다. 어찌하여 영웅 조조가 이토록 '악의 화신'이 되었는가.

역사적인 연원을 살펴보면 삼국 시대 이후 요, 금, 원 등 북방 유목민에게 중원 땅을 빼앗기고 남쪽으로 밀려나면서부터이다. 이민족의 침입으로 고통받는 상황에서 의리와 명분을 중시하는 '성리학'이 생겨났는데, 이때 유비가 정통으로 인정을 받는다. 이는 당시 핍박 속에서도 '한족 국가의 재건'이라는 대의명분을 북돋우기에 유비가 가장 적격이었기 때문이다.

이때부터 유비는 모든 의리와 명분의 표상이 되었다. 반대로 조조는 역사의 승리자임에도 불구하고 악인이 되었다. '조조 악인론'은 송나라 때 소동파의 『동파지림 (東坡志林)』에 이미 나타난다.

"골목의 어린 녀석들이 나쁜 짓거리를 해서 집에서도 막을 도리가 없으면 돈을 주고 한데 모아 옛이야기를 들려준다. 삼국의 이야기를 말하는 데 이르러, 어떤 녀석은 유비가 졌다고 하자 이마를 찡그리며 눈물을 흘린다. 조조가 졌다고 하자 박수치며 기뻐하고 환호성을 지른다.”

본격적인 악인 만들기는 나관중의『삼국지연의』에 의해서이다. 아버지의 친구인 여백사와 그 가족을 잔인하게 살해하는 장면을 시작으로, 군량미가 떨어져 군의 사기가 떨어지자 왕후(王侯)에게 죄를 씌워 효수하는 것, 거짓 잠을 자다 시중을 죽이고 애통해하는 등, '소설'의 곳곳에는 잔인하고 교활하며 얄미운 조조의 모습이 그려져 있다. 이에 비해 유비는 항상 선량하고 덕망 있으며 대의명분을 중시하는 군자적 영웅의 자리에 있다.

나관중은 '촉한 정통론'에 입각한『삼국지연의』를 쓰기 위해서 사서(史書)로서의 가치가 높지 않은 자료들에서도 필요한 자료들을 최대한 발췌하고 이를 윤색하거나 가공했다. 그것이 항간에 떠도는 유언비어를 모아놓은 책이라도 마찬가지였다. 송나라 때 나온 야담집인『세설신어』, 오나라 멸망 후 쓰인『조만전』, 동진 때 손성의『잡기』를 거쳐 나관중의『삼국지연의』에 이르기까지 조조 악인론은 시대가 지날수록 더욱 공고해졌다.

방탕하고 무뢰배 같은 조조의 행동을 보여주는 유명한 사례가 있다. 청년 시절, 친구인 원소(袁紹)와 어울려 결혼식에 도둑이 든 것처럼 꾸미고는, 사람들이 몰려간 사이에 신부를 겁탈하다가 되돌아온 사람들에게 쫓겨 도망하게 되었다. 둘은 서둘러 도망가다가 원소가 가시덤불 웅덩이에 빠져 도움을 청하자, 조조는 되레 “도둑놈이 여기 있다!”라고 소리쳤다. 이에 기겁한 원소는 있는 힘을 다하여 빠져나와서 무사히 도망을 쳤다. 이처럼 항간에 떠도는 이야기를 마치 확실한 일인 것처럼 만듦으로써, 세상에서 가장 교활한 조조임을 다각도로 부각시키고 있다.

이렇게 교활하고 무뢰배인 조조에 대한 당대 유명 인사들의 인물평은 어떠한가. 교현(橋玄)은 "천하가 어지러우니 뛰어난 재능을 지닌 이가 아니면 구제하기 어렵다. 난세를 안정시킬 수 있는 자는 그대뿐이다."라고 칭찬하였다. 허소(許劭) 역시 "태평한 시대에는 유능한 신하가 되겠지만 난세에는 간웅감이다."라고 평하였다. 그런데 우리가 익히 알고 있는 허소의 이 말은 정반대였다. 『후한서』의 「허소전」에는 "그대는 치세의 간적(奸賊)이고 난세의 영웅(英雄)이오."라고 하였다.'라고 기록되어 있기 때문이다. 그렇다면 어느 것이 사실이란 말인가.

조조가 '난세의 간웅'이라는 기록은 손성이 지은 『이동잡어(異同雜語)』에 나온다. 이 책은 야사를 모아놓은 책으로 조조를 폄훼하는 데 일조하였다. 손성과 같은 시대를 살았던 배송지가 쓴 『삼국지주(三國志注)』에는 손성의 필력에 대하여 평한 것이 있다.

'무릇 손성은 글을 쓰면서 『춘추좌씨전』을 이용해 옛 글을 임의대로 적잖이 바꿔놓았다. 이런 저서가 한둘에 그친 것이 아니다.'

『후한서』는 국가 기관에서 편찬한 정사다. 그렇기 때문에 함부로 왜곡하거나 폄훼하기 어렵다. 야사와는 격이 다른 것이다. 아울러 배송지의 손성에 대한 평가와 함께 살펴보면, 당시 허소가 조조에 대하여 평가한 말 중 어느 것이 더 신빙성이 높은가는 불을 보듯 뻔한 것이다.

조조가 환관의 자손임에도 이처럼 당대 유명 인사들의 호평은 무엇을 의미하는 것인가. 그가 누구보다도 환관정치의 병폐를 잘 알뿐더러, 세상 돌아가는 흐름을 읽고 자신만의 힘을 기르며 세상을 뒤바꿀 기회가 오기를 기다리는 야망가였음을 알 수 있다. 결코 평범하지 않은 인물이었던 것이다.

조조 역시 인간이기에 과오가 없을 수 없다. 하지만 이는 난세에 천하를 도모한 영웅들에게서 볼 수 있는 것이었다. 또한 유비보다 뛰어난 지략과 정책으로 국가를 운영했다. 둔전제의 실시, 인재의 등용, 실용적 정치관 등은 분명 조조의 뛰어난 점이다. 그럼에도 불구하고 천 년이 넘게 악인이 된 것은 무슨 연유인가. 그것은 중국인의 내면에 '촉한 정통'으로서의 유비가 분신처럼 살아있기 때문이다.

자의적인 해석과 사소한 것의 과장, 환상과 유언비어를 진실처럼 만드는 것이 중국인의 보편적인 정서이고, 그 결정체가 『삼국지연의』다. 그리고 『삼국지연의』는 천 년이 넘는 세월 동안 소리 없이 스스로를 또 하나의 역사서인 양 강변하며 오늘도 세계인에게 중화주의(中華主義)를 주입하고 있는 것이다.

7. 비장(飛將) 여포, 최고의 무장이
최악의 패륜아가 되다

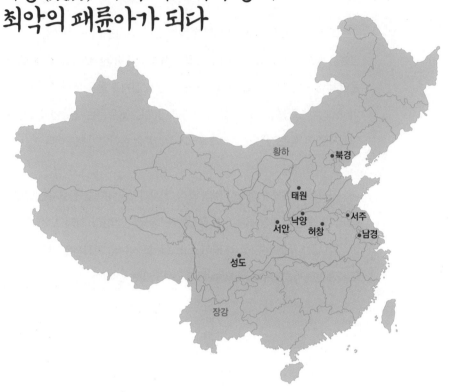

　"주공(동탁), 하루 천리 가는 적토마(赤兎馬)는 꼭 필요합니다. 게다가 황금과 진주 등을 주고 그가 기뻐할 때, 제가 이야기하면 여포는 정원을 배신하고 반드시 주공께 올 것입니다."

　"큰 새는 나무도 가려서 깃들고 뛰어난 신하는 제 주인을 섬김에 있어 가리지 않는가? 정세 판단을 잘못하면 나중에 후회해도 이미 소용이 없네."

　"내가 이제 정원을 죽이고 난 후, 군사를 데리고 동공에게로 들어가면 어떻겠소?"

　"동생이 그렇게 한다면 엄청난 공이 될 것이네. 어서 그리하도록 하게."

▎여포의 고향인 내몽골자치구 포두의 고성 앞에 있는 여포상

　　여포(呂布)는 정원(丁原)의 신임을 받는 부하로서 정원의 부대를 인솔하여 낙양에 입성하였다. 하지만 하진은 죽고 동탁이 권력을 장악한 상황에서 뚜렷한 발전 기미가 보이질 않았다. 이때 동탁이 여포에게 손짓을 하자, 여포는 그때까지 양부(養父)였던 정원을 죽이고 동탁에게로 간다. 여포는 동탁과 부자의 서약을 맺으며 동탁의 독재정권을 지켜주는 충실한 방패 역을 수행한다.

　　동탁의 횡포에 반기를 든 18제후들은 각자의 이해득실로 뜻을 이루지 못하고 흩어지고, 동탁의 폭정은 나날이 심해진다. 이에 누란의 위기에 처한 국사를 안타깝게 여긴 사도 왕윤(王允)은 자신이 키워온 초선(貂蟬)이라는 아리따운

가기(歌妓)를 내세워 동탁과 여포를 이간질시키는 연환계(連環計)를 구사한다.

소양궁녀 조비연이 되살아났는가	原是昭陽宮裏人
놀란 기러기인 듯, 살풋한 춤사위가	驚鴻宛轉掌中身
동정호 봄바람에 날아오르는구나	只疑飛過洞庭春
양주곡 따라 하늘하늘 사뿐사뿐	按徹梁州蓮步穩
갓 돋은 가지에 봄바람이 머무니	好花風嫋一枝新
방안 가득 나른한 춘정이 넘치는구나	畵堂香煖不勝春

여포는 초선의 추파에 마음을 빼앗긴다. 동탁 또한 애간장이 녹는다. 한 여인으로 불거진 두 사람의 갈등은 서로 칼을 겨누는 상황으로 악화된다. 왕윤이 계략을 세워 동탁을 미앙전(未央殿)으로 불러들이고, 여포가 기도위 이숙(李肅) 등을 시켜 친위병 10여 명을 위장시킨 뒤 액문(掖門)을 지키도록 하고, 스스로는 조서(詔書)를 품고 동탁을 기다렸다. 동탁이 도착하고 이숙 등이 동탁을 가로막자, 동탁이 놀라 여포를 찾는데, 여포가 황제의 명을 받든다며 동탁을 살해한다. 18제후들도 하지 못했던 일을 한 명의 여인이 해냈으니, 백만 병사의 힘보다 강한 것이 경국지색(傾國之色)인 것이다.

왕사도가 미인을 내세우는 묘책으로	司徒妙算託紅裙
무기도 쓰지 않고 군사도 사용하지 않았네	不用干戈不用兵
세 영웅은 호뢰관서 창칼만 부딪쳤을 뿐	三戰虎牢徒費力
승전보는 봉의정에서 초선이 알려오네	凱歌却奏鳳儀亭

초선은 춘추 시대의 서시(西施), 전한 시대의 왕소군(王昭君), 당나라의 양귀비(楊貴妃)와 함께 중국의 4대 미인 중 한 명이다. 영웅호걸들의 혼을 빼놓았기에 4대 미인 중에서도 가장 매혹적인 여인으로 꼽힌다. 4대 미인에게는 나름대로의 특징이 있는데, 초선은 달조차 구름 뒤로 숨을 정도로 아름다운 미모를 가졌다고 하여 '폐월(閉月)'이라 부른다. 그러나 이토록 훌륭한 여인 초선은 다른 세 명의 미인과는 다르게 실재하지 않았던 허구의 인물이다.

역사서에는 여포가 동탁의 시비(侍婢)와 은밀히 정을 통하고 있었기 때문에 이 일이 발각될까봐 불안에 떨었다고 나올 뿐이다. 이 사실을 안 왕윤이 여포의 약점을 이용해 동탁을 살해토록 한 것이다. 결국 동탁의 시비가 초선으로 변모한 것인데, 이는 시비가 고관대작의 관(冠)을 관리하는 일을 했던 궁녀였기에 '초선'이라 부른 것이다. '담비의 꼬리와 매미의 날개'를 의미하는 초선(貂蟬)은 관(冠)을 장식하는 물건이기 때문이다.

소설에서 초선은 왕윤의 가기라 하고, 역사서는 동탁의 시비라고 하였다. 여포의 처였다는 설도 있고, 여포의 부하장수인 진의록(秦宜祿)의 처였다는 이야기도 있다. 실재하지 않는 허구의 여인 초선은 어떻게 탄생한 것일까? 위의 이야기들을 종합해보면, 초선의 실체를 어느 정도 유추할 수 있다.

영제 시대 때 궁으로 들어온 소녀가 있었다. 성은 임(任)씨였고, 이름은 홍창(紅昌)이라 불렀다. 그녀는 아주 뛰어난 미모는 아니어서 일반 궁녀로서 평범한 궁궐 생활을 하였다. 그런 그녀가 하는 일은 고관대작들의 관을 장식하는 물건인 '담비 꼬리(貂)'와 '매미의 날개 모양(蟬)'을 관리하는 것이었다. 이로부터 그녀를 일러 '초선'이라 부르게 되었다.

십상시의 난을 거치며 궁궐이 쑥대밭이 되고 동탁이 정권을 찬탈하자, 궁녀들 또한 동탁의 것이 되었다. 동탁은 성격이 무례하여 화가 나면 물불을 가리지 않았는데, 여포에게도 조그만 실수를 했다고 수극(手戟)을 던질 정도였다. 여포는 이때부터 동탁을 신임할 수 없었다. 이러한 와중에 동탁 못지않게 여색을 좋아한 여포가 동탁이 좋아한 시비들 중 초선과 정을 통하는 사이가 되었다. 여포는 사실이 발각될까봐 두려워하면서도 초선과의 밀회를 즐겼다. 이를 알아챈 사도 왕윤이 동탁을 살해하도록 여포를 부추겼다.

여포가 동탁을 살해하자 왕윤은 초선을 여포에게 주었다. 여포는 유목민의 기질이 넘치는 자라 전쟁터에도 초선을 동행하였다. 유비에게도 인사를 시켰다. 관우와 장비도 보았을 것이고 그 미색에 내심 가슴이 저렸을 것이다. 여포가 서주의 백문루에서 조조와 유비의 포위공격에 잡혀 죽자, 조조는 관우

봉의정에서 초선과 만나는 여포를 발견한 동탁의 모습

에게 초선을 주었다. 도원결의를 맺은 삼형제가 초선으로 하여금 분란이 생기도록 하기 위함이었다. 이를 알아차린 관우가 어쩔 수 없이 초선의 목을 베었다. 이러한 이야기들은 모두 초선의 빼어난 미모에서 생겨난 이야기들이다. 소설에서의 초선은 조조가 자신의 근거지인 허도로 보냈다. 이후로는 소설에 나타나지 않지만 조조의 총애를 받았을 것은 자명한 일이다.

　　나관중 이전, 원나라 시기의 잡극에는 초선이 여포의 아내로 나온다. 이를 그대로 받아들여 초선이 연환계를 구사하는 것으로 이야기를 전개하면, 중국의 4대 미인인 그녀의 얼굴에 먹칠을 하는 것이 된다. 이에 나관중은 여포를 패륜아로 만들고, 소설적 긴장감을 배가하기 위하여 왕윤이 초선을 어려서부터 양육한 것으로 창작한 것이다.

　　초선이 태어난 고향은 어디일까. 산서성(山西省) 태원(太原)의 흔주(忻州)에서 동남쪽으로 3km 떨어진 목지촌(木芝村)이라고 한다. 이 마을은 목이(木耳)버섯으로 유명한데, 그래서 옛 이름이 목이촌이었다. 그런데 어느 때에 마을 가운데 있는 홰나무 밑동 한 그루터기에서 천 년 된 영지(靈芝)가 발견되었고, 이때부터 마을이름을 목지촌으로 개명하였다고 한다.

　　미인 초선의 고향답게 전설도 흥미롭다. 초선이 출생하기 3년 전부터 마을의 복숭아나무와 살구나무가 꽃이 피지 않았다. 이는 초선의 용모가 너무나 아름다워 저절로 꽃을 피우지 않았기 때문이라고 한다. 때문에 지금도 꽃이 왕성하게 피지 않는단다. 중국인들이 4대 미인을 비유함에 있어서 '꽃도 고개를 숙이는 미인'은 양귀비를 이르는 말인데, 이곳에서는 초선을 지칭하고 있으니 부끄러운 달은 양귀비에게로 갔는지 모를 일이다.

▌ 목지촌의 초선고리 입구

▌ 초선원림의 호수

▌ 원림 안의 왕윤 거리

목지촌에 도착하니 마을 중앙의 패루가 초선고리(貂蟬故里)임을 알려준다. 마을 전설에 의하면 조조가 여포를 죽이고 초선을 관우에게 보내어 미인계로 삼형제를 이간질시키려고 하였단다. 초선은 영웅에게 해를 끼칠 수 없다며 관우에게 자신을 죽여 달라고 애원하였다. 초선의 마음을 높이 산 관우가 그녀의 고향인 이곳 목지촌으로 보내어 남은 생을 살게 하였다고 한다.

마을에는 초선원림도 있는데, 사도 왕윤의 부중(府中)과 호수를 합쳐놓았다. 호수에는 물놀이하는 초선의 소상도 있고, 그 옆으로는 사도 왕윤의 거리도 조성해 놓았다. 중국 4대 미인인 초선을 보러오는 관광객을 위하여 여러 가지 볼거리를 만들어 놓았는데, 사실이 아닌 이야기도 현실적으로 필요하고 이득이 된다면 사실 여부를 떠나 무엇이든 만들고 판을 벌이는 중국인의 사고방식을 초선고리에서도 다시금 실감한다.

'경국지색' 초선은 누란의 위기로부터 나라를 구하였다. 내로라하는 장수들도 감히 할 수 없던 일이었다. 하지만 초선의 입장에서 보면 그녀의 일생은 가엾은 고난의 길이었다. 영웅들의 총애를 받았지만 결국은 그들끼리의 권력쟁탈에 이용만 당하는 처지였다. '가인박명(佳人薄命)'이라는 말은 이를 두고 하는 말이니, 어찌 초선뿐이겠는가. 모든 힘없는 백성이 이에 해당되는 것이리라.

왕윤이 초선을 이용한 연환계로 동탁을 살해하고 평정을 되찾았던 낙양은 '황실 재건'이라는 희망에도 불구하고, 곧이어 들이닥친 동탁의 수하 이각과 곽사의 손아귀에 들어가고 만다. 이에 여포는 낙양을 떠나 피신하고 사도 왕윤은 구차한 목숨을 버린다. 왕윤은 너무 성급하였다. 동탁의 죽음에 채옹(蔡邕)이 곡한 것을 잘했다고 할 수는 없지만 죽일 필요는 없었기 때문이다. 또한 이각과 곽사가 사면을 청했을 때, 그들이 곧 원흉이라며 사면을 받아들이지 않은 것도

▌ 허창에 있는 왕윤묘

실수였다. 이각과 곽사가 아직 군사를 해산시키기 전이었기 때문이다. 왕윤은 순진한 정치가였던 것이다.

낙양을 벗어난 여포는 원소를 도와주지만 오히려 암살의 위협을 받는다. 조조 부하들의 도움으로 연주목이 되지만, 조조와의 싸움에서 패배하고 서주목인 유비에게 의탁한다. 여포는 자신을 받아준 유비를 '동생'으로 부르며 격의 없이 대한다. 이에 유비가 내심 불쾌하게 생각하던 차, 여포가 서주를 차지하자 반목이 깊어진다.

조조와 유비, 여포와 원술 등이 활약했던 삼국 시대의 서주(徐州)는 지금의 강소성 지역보다 훨씬 넓었다. 동쪽은 황해, 서쪽은 중원, 남쪽은 장강과 회하유역까지, 그리고 북쪽은 산동성 지역까지 넓게 자리 잡았다. 황하와 회하가 만든 평야의 중앙에 위치한 까닭에 서주도 예부터 '병가필쟁지지(兵家必爭之地)' 였다. 난세에 병가필쟁의 땅은 영웅들에게는 선점의 대상이었으므로 대규모 전쟁이 되풀이되었다.

서주목인 도겸(陶謙)의 부하가 조조 일가를 몰살시킨 까닭에 조조로부터 끊임없는 공격이 이어질 것을 두려워한 도겸의 아들들이 서주를 승계하지 않았다. 하지만 유비는 대세를 읽지 못하고 이를 받았다. 그리고 힘에 부치자 낙양을 떠나 여기저기 떠도는 여포를 받아들인다. 유비 혼자서 조조를 당해낼 수 없었기 때문이다. 그러나 이러한 유비의 마음을 읽지 못한 장비는 유비의 행동이 맘에 들지 않아 여포에게 죽기 살기로 겨루어 보자며 화풀이를 한다.

여포는 유비를 지극히 생각하였다. 자신의 아내로 하여금 유비에게 술을 따르게 하기도 하지만, 원술이 유비를 공격하자 이를 적극적으로 방어해주기도 한다. 여포의 이러한 모습은 바로 진정한 용자의 모습이다. 그런데 여포하면 떠오르는 대명사는 배신을 일삼는 패륜자가 먼저니, 이 또한 우리가 소설을 너무 믿은 까닭이다.

합비에서 점심을 먹고 서주를 향해 출발하였는데, 해가 서쪽으로 한참을 기울어도 서주IC는 보이질 않는다. 중국을 여행하면 흔히 볼 수 있는 광활한 평야가 눈높이를 맞추며 내달린다. 지친 몸에 깜빡 졸았는가. 평야뿐이던 창밖으로 갑자기 산들이 보이기 시작한다. 모두가 하나같이 민둥산인데, 석재를 캐낸 듯 여기저기 패여 있다. 드디어 서주IC도 보인다.

여포와 관련된 유적지인 패현(沛縣)은 서주IC에서도 100km를 더 가야만 한다. 한 시간 가량을 더 달려 석양이 지평선에 숨이 찰 즈음, 마침내 패현에 도착하였다. 한나라를 세운 유방의 고향이기도 한 이곳은 그래서인지 작은 시골임에도 활기가 넘친다. 마을 입구에는 한나라 시조인 유방의 동상과 패현박물관이 먼저 눈에 띤다. 어떤 유적들이 나를 기다리고 있을까 생각하며 박물관을 찾았다. 박물관에는 전국에 흩어져 있는 유방과 한나라 관련 유적들의 사진만을 전시하고 있었다. 삼국지와 관련된 유물은 없어서 실망스러웠지만 유방의 고향이니 당연하다 싶었다. 그러나 나의 관심은 여포가 유비와 원술의 싸움을

| 패현으로 가는 길 | 패현박물관과 유방상 |

말리기 위해 활로 150보 떨어진 곳의 창을 맞춘 '사극대(射戟臺)'를 찾는 일이다.

건안 원년인 서기 196년. 원술은 천자의 옥새를 주워 기세가 등등해지자 먼저 소패(小沛)의 유비를 공략한 후, 서주의 여포를 공격하여 황제의 참칭을 달성하려 한다. 이를 위해 원술은 여포에게 20만 곡의 좁쌀을 보내 여포군을 묶어두고, 대장인 기령(紀靈)에게 소패를 공략하도록 한다. 5천 병력의 유비는 여포에게 구원을 요청하고, 정의감 넘친 여포는 아우 유비를 돕고 자신의 위신도 세우기 위해 하나의 제안을 한다.

"여기서부터 원문까지는 150보 정도 됩니다. 내가 한 대의 화살을 쏘아 저기 화극의 날을 맞히면 양쪽 모두 싸움을 그치고, 못 맞힌다면 그때는 영채로 돌아가 서로 싸울 준비를 하도록 하시오."

'저토록 멀리에 있는 화극을 어떻게 맞힌단 말인가. 우선 알겠다고 대답한 후 못 맞히면 그땐 내 맘대로 싸울 것이다.'

여포가 쏜 화살은 기령의 의도와는 다르게 유성처럼 날아가 정확히 창 끝을 맞추었다. 순간 유비는 쾌재를 부르고 기령은 할 말이 없었다. 모두는 전쟁 없이 돌아가고 후세의 사람들은 처음이자 마지막으로 여포에게 갈채를 보냈다.

여포는 세상에 제일가는 신궁	溫侯神射世間稀
원문에 활 맞춰 혼자서 전쟁을 막았네	曾向轅門獨解危
해를 떨어뜨렸다는 후예의 거짓보다 낫고	落日果然欺后羿
원숭이를 울렸다는 양유기보다 고수네	號猿直欲勝由基
시위를 당긴 줄이 과녁을 향해 울고	虎筋弦響弓開處
매깃 바람 가르며 화살은 날아	雕羽翎飛箭到時
화극날 맞히며 꼬리장식 흔드니	豹子尾搖穿畫戟
십만 장병 일제히 싸움을 멈추네	雄兵十萬脫征衣

좁은 패현 거리를 서너 번을 돌아서 패현문화관 입구에 다다랐다. 입구부터 음악소리가 요란하다. 분명 노래방에서 나오는 시끌벅적한 노랫소리다. '문화원 안에 웬 노래방이 있나?' 궁금해하며 안으로 들어가자, 눈앞은 온통 롤러스케이트장이다. 음악에 맞추어 스케이트를 타느라 남녀노소 모두가 분주하다. 분명 문화관이 맞는데 완전히 놀이터로 변신한 듯하다. 롤러스케이트 숲을 지나 사극대를 찾았다.

■ 사극대가 있는 패현문화원 입구 　　■ 롤러스케이트장 구석에 버려진 사극대 관련 비석들

　　사극대는 문화관의 한쪽 구석에 있었다. 여포의 노력으로 화를 면한 소
패의 사람들이 여포의 공훈을 기념해 사극대를 세웠다는데, 이제는 그러한 뜻
도 잊힌 지 오래인 듯, 낡고 볼품없는 정자 안에 홀로 고적하다. 이렇게 홀대받
는 작은 비각 하나를 보려고 만리 길을 달려왔나 생각하니 씁쓸하기만 하다. 여
포의 유적이 아니고 유방이나 유비의 것이었다면 어땠을까. 그래도 이처럼 왁
자지껄 시장통의 쓰레기로 버려두었을까. 문화재는 다 똑같은 보호를 받아야
하건만 중국이 워낙 대국이고 유적도 많다 보니, 웬만한 것은 길바닥에 뒹구는
돌멩이쯤으로 치부하는가. 사실이 그렇다면 진정 부러운 것이고, 그렇지 않다
면 아직도 문화의식이 낮은 것이리라.

　　사극대 앞에 섰다. 청나라 건륭제 때 세워진 비각은 세월의 풍상에 지치
고 시끄러운 음악소리에 질린 듯 풀이 죽었다. 그러다 자신을 찾아 준 이역 나
그네를 반갑게 맞으려는 듯, 한 줌 햇살에 반짝인다. 정자에는 여포가 화살로
화극을 맞히던 장면을 묘사한 대련(對聯)만이 당시의 분위기를 알려준다.

'한 발 쏜 화살이 화극창을 울리니, 십만의 병사가 갑옷을 벗는구나.'

여포가 화살로 창을 맞춘 지 2년 후, 하비를 점거하고 있던 여포는 조조의 공격을 받았다. 진궁(陳宮)이 세 가지의 계책을 올렸으나 여포는 쓰지 않았다. 결국 여포는 독 안의 쥐 신세가 되어 조조 앞에 무릎을 꿇었다.

초라한 모습의 사극대

"공(조조)의 걱정은 이 여포이지 않습니까? 이제 나는 공께 항복하였소. 그러니 공을 따르며 함께 나선다면 쉽게 천하통일을 이룰 수 있을 것입니다."

"조공, 부디 정원과 동탁의 일을 잊지는 않으셨겠지요?"

"뭐야, 이 귀때기 큰 자식아! 원문에 걸린 극을 쏘아 너를 구해준 일을 벌써 잊었단 말이냐? 네 놈이야말로 정말로 믿지 못할 놈이구나."

여포는 조조의 대업 달성을 위해 충성을 다할 것을 맹세한다. 하지만 유비가 배신으로 얼룩진 여포의 치부를 들어내어 처형시키도록 유도한다. 조조는 지금도 두려운 존재인데, 여포마저 부하로 삼는다면 제일 먼저 유비 자신이 위태로울 것은 너무도 뻔한 일이기 때문이다.

조조는 유비의 말을 듣는 순간 정신이 번쩍 들었다. 한시바삐 천하통일을 노리는 이때, 여포를 부하로 삼는 것은 그야말로 천군만마를 얻는 것이나 다름이 없다. 그러나 양부(養父) 죽이기를 우습게 하는 자이니 가까이 했다가는 호랑이를 키우는 꼴이 된다.

생각이 여기에 이르자, 조조는 유비의 말을 빌려서 짐짓 모른 체하며 여포를 처형한 것이다. 유비가 자신의 앞가림에 급급하여 조조의 목숨을 연장시켜 준 것이 되었으니, 조조 입장에서는 얼마나 고마웠겠는가. 조조는 유비에게 정말로 감사했을 것이다.

'난세의 패륜아', '배신자의 전형'으로 불리는 여포는 기주의 원소, 허도의 조조, 서주의 여포로 정립되는 삼국지 초기의 판도를 가르는 실력자였다. 하지만 여포는 천하 경영에 대한 지모가 부족하였다. 여포는 자신의 용맹에만 의지한 채 세상을 살았다. 용맹하지만 순박한 여포는 동탁과 왕윤의 꾐에 빠지면서 더욱 배신의 길로 접어들게 되고, 급기야 지극정성으로 대했던 유비로부터 배신을 당하고 조조에게 죽는다. 자신의 용맹함만을 믿고 살았던 여포가 비참한 생을 마감한 하비성 백문루는 청나라 강희 7년(1668년)에 발생한 지진으로 붕괴되었다. 그리고 그해 여름 황하의 범람으로 폐허조차도 볼 수 없게 수몰되었다.

여포가 마지막으로 점거했던 하비성도 여포와 함께 흔적 없이 사라졌건만, 불한당 여포의 이야기는 오늘도 계속된다. 중국인이 좋아하는 경극에 '여포, 봉의정에서 초선을 희롱하다(鳳儀亭布戲貂蟬)'라는 것이 있는데, 이를 통해 여포가 유교 사회에서 가장 멸시받는 호색한이자 패륜아로 각인되었으리라. 후세 사람들이 여포를 기리며 세운 사극대마저도 넘쳐나는 음악 소리와 롤러스케이트에 짓눌려 조만간 사라져 버릴 것 같으니, 땅거미 짙어오는 무렵 패현을 돌아서는 나그네의 발길이 무겁기만 하다.

중화주의에 의해 패륜아가 된 난세의 비장

'사람 중의 여포요, 말 중의 적토마다'라는 삼국지의 명구가 있다. 명마도 많고 영웅호걸들도 난세를 풍미하였을 터인데, 이러한 명구가 있다는 것은 여포의 인물 됨이 범상치 않았음을 입증하는 것이다. 우선 적토마는 누구나가 인정하는 최고의 명마다. 지금의 중앙아시아에서 생산된 이 말은 한 무제가 장건으로 하여금 황금을 주고라도 구해 오라고 했던 말이니 두말할 필요도 없다. 군마(軍馬)라고 해봤자 조랑 말 수준이었던 당시에 적토마는 지금의 탱크와도 같은 최고의 군병기임에 틀림없었 을 것이다. 오죽하면 적토마를 찬양하는 시가 지어졌겠는가.

자욱한 흙먼지 천릿길 내달리니,　　　　　　奔騰千里蕩塵埃
온 산천에 자줏빛 구름이 흩어진다.　　　　　渡水登山紫霧開
고비 당겨 세우니 옥 재갈 가벼이 흔드노매,　掣斷絲繮搖玉轡
하늘에서 화룡이 날아오는 듯하다.　　　　　火龍飛下九天來

여포 또한 최고의 무장임을 인정하지 않을 수 없다. 소설에서의 핵심 무장인 관 우와 장비의 무술로도 여포를 당해낼 수 없었기 때문이다. 여포를 패륜아로 만든 나 관중조차도 그의 무공을 칭찬하여 표현하길, '여포가 동서로 진격하는데 마치 무인 지경을 방불케 하였다.'라고 하면서 '영웅 중 아무도 여포에게는 적수가 안 된다.'라 고 극찬하였다. 특히 여포는 궁마술에 뛰어나고 완력 또한 강해서 '비장(飛將)'으로 불렸다. 그런 여포가 어째서 최고의 패륜아가 되었는가.

발단은 그가 몽골 출신이라는 데 있는 것 같다. 여포의 고향 포두(包頭)는 지금의 내몽고 지역이다. 유목민 기질을 타고난 여포의 행동은 농경민인 한족이 이해하기 어려운 부분들이 많았을 것이다. 실례로 아내의 침대에 손님을 앉히고 아내로 하여금 술을 따르게 하는 풍속은 유목민 입장에서는 손님에 대한 최고의 예의지만, 한족의 입장에서 보면 무례하기 짝이 없는 야만인인 것이다. 문화의 차이에서 비롯된 오해는 여포의 무계획적인 성격과 자신의 안위를 위해 상관도 거침없이 살해하는 반항아적 기질로 인해 최고의 장수임에도 불구하고 최악의 인간으로 전락하고 만다.

나관중은 장비의 입을 빌려 여포를 '세 개의 성을 가진 집안의 노예〔三姓家奴〕'라고 했다. 친아버지와 정원, 동탁을 아버지로 여긴 것을 비유하여 말한 것인데, 이로부터 여포는 배은망덕한 소인배가 되었다. 나관중은 여포가 정원의 양아들이었을 때 재물에 욕심이 많아 정원을 살해하고 동탁에게로 갔다고 하였다. 그러나 역사서에는 정원이 여포를 '가족처럼 대했다'고만 하였지 어디에도 아들로 삼았다는 기록은 없다. 또한 동탁이 금은보화로 여포를 매수했다는 기록도 없다. 여기서도 나관중이 유비를 중심으로 하는 '촉한 정통론'을 중시했음을 잘 읽을 수 있다. 즉, '한자리에서 잤다'는 표현으로 유비와 관우, 장비는 도원결의를 맺은 '충의의 삼형제'로 만든 반면, '가족처럼 대했다'는 표현으로 여포는 '패륜아'로 만들었기 때문이다.

예나 지금이나 군대는 지휘 체계가 최우선이다. 상관의 명령은 곧 법이며, 이를 어길 시에는 체포되거나 처벌을 받는다. 그것이 전쟁 중이라면 즉결처형도 가능하다. 동탁이 여포를 양아들로 삼을 무렵의 계급은 '전장군(前將軍)'이었다. 이는 대장군

아래의 관직으로 싸움에서 선봉을 맡는 자리다. 정원의 관직은 궁성을 순시하고 경호와 방비를 맡은 자리다. 동탁의 관직이 정원의 관직보다 훨씬 높은 상황에서 동탁이 여포에게 명령을 내리면 거역할 수 없는 것이다. 여포는 한나라의 무관이지, 정원의 개인군사가 아니기 때문이다.

특히 황제에 버금가는 권력을 잡고 있던 동탁이 내리는 명령을 감히 거부할 수 있겠는가. 군인이라면 복종할 수밖에 없다. 나관중은 이러한 상황을 무시하고 여포를 배은망덕한 패륜아로 왜곡한 것이다.

여포가 배은망덕하다면 유비는 어떠한가. 여포의 도움으로 전쟁과 죽음의 위기를 모면하게 해주었고, 버리고 도망간 처자식들을 죽이라는 부하들의 간청에도 "오랜 친구인데 어찌 그의 처자식을 죽일 수 있겠느냐"며 서주로 데려다주기까지 하였다. 그럼에도 유비는 조조에게 여포를 죽이라고 하지 않았던가. '황실의 후손'이라는 거짓 정치적 발판을 만들고는, 진정한 황실의 후손이자 집안 형제인 유장을 쫓아내고 사천을 차지한 것은 더욱 배은망덕한 일이 아닌가. 역사는 언제나 승자의 것이며 패자는 승자의 배은망덕함을 뒤집어쓰는 죄인임을 굳이 말하여 무엇하리요.

노도 같은 강물이 하비성을 삼키고	洪水滔滔淹下邳
천하제일 여포가 사로잡히고 말았네	當年呂布受擒時
천리 가는 적토마도 달릴 곳이 없고	空餘赤土馬千里
날 선 방천화극도 쓸모가 없구나	漫有方天戟一枝
포박된 호랑이여, 어찌 이리 나약한가	縛虎望寬今太懦
굶은 송골매가 낫다는 옛말 그대로이네	養鷹休飽昔無疑
첩실에 빠져 진궁의 간언 듣지 않더니	戀妻不納陣宮諫
몸 굽힌 유비에게 은혜 모른다고 꾸짖네	枉罵無恩大耳兒

여포는 백문루 전투에서 패하자 죽음을 두려워한 소인배로 그려졌다. 그는 모두가 인정하는 최고의 장수다. 그런 장수가 죽음을 두려워한다면 어떻게 전장을 누빌 수 있으며, 그런 칭호를 받을 수 있겠는가. 이 또한 나관중이 왜곡시킨 것이다. 역사는 여포가 죽음을 두려워하지 않는 진정한 용장(勇將)이라는 것을 다음과 같이 알려준다.

'여포는 수하들과 백문루에 올랐다. 군사들이 둘러싸여 위급해지자, 여포는 좌우에게 자기 머리를 베어들고 조조를 찾아가라고 명령하였다. 부하들이 차마 그렇게 하지 못하자 내려와서 항복하였다.'

물론 여포는 단점이 많은 장수였다. 자기중심적이고 눈앞의 이익만을 중시하는 성격이었다. 남에게 잘해준 것은 기억해도 남에게 원수진 일은 기억하지 못했다. 그러하기에 남의 수하가 되기에도 적합하지 않고, 주군이 되어 수하를 부리기에도 결함이 있는 인물이었다. 게다가 여인의 말을 잘 듣는 감성적인 성격도 강했다. 백문루에서 조조와 전투를 벌일 때, 진궁이 계략을 내었지만 마지막에 부인의 말만 들어 죽음을 초래하였다. 단점이 많은 비장 여포였지만, 처자식을 의복처럼 생각하며 아무 때나 버리고 저만 살겠다고 도망치는 유비보다 백 번 낫지 아니한가.

악인 여포 만들기는 그의 모습에 대한 나관중의 묘사에서도 나타난다. 전쟁터에서도 투구를 쓰지 않고 화려한 치장의 깃털 달린 장식모자만 쓴다. 그리고 장수들의 상징이라 할 수염이 없다. 동탁의 시비(侍婢) 대신 '초선'이라는 허구의 여인을 내세워 여색에 눈이 멀어 양아버지인 동탁을 살해하는 패륜아로 만든 것도 사실은 여포가 꼬임에 빠졌기 때문에 그리된 것이다.

소설은 명나라 때 전성기를 구가한 것이기에 몽골족이 세운 원나라에 대한 적개심은 너무도 컸을 것이다. 이러한 적개심은 여포에게 쏟아질 수밖에 없다. 하지만 배신이 수시로 일어나던 난세에 여색의 탈취는 흔한 일이었다. 조조는 어떠했고 유비 또한 어떠했는가. 그럼에도 여포는 여색 쟁탈전을 빌미로 양부(養父)를 살해한 파렴치범이 되었다. 이는 중국의 유교주의 이데올로기가 낳은 산물이다.

　　용맹함이 너무도 뛰어나서 거칠 것이 없었던 여포. 이 때문에 난세를 휘젓는 황야의 무법자가 된 여포. 그가 가는 곳마다 모두 그를 반기지만 속셈은 하나같이 대적할 수 없는 존재에 대한 꺼림칙함이었다. 눈엣가시 같던 여포가 죽자, 이제까지 여포의 기세에 눌려 주눅이 들어 있던 자들이 여포의 못된 점을 찾아 흠집을 내고 그들이 생각하는 죄를 뒤집어씌웠다. 그들은 누구인가. 협객 또는 호걸이라는 자인 아래 난세를 우쭐대며 온갖 감언이설로 대의명분을 내세워 자신들의 욕심을 차지한 후, 패배자들에게 자신들의 죄를 뒤집어씌운 그야말로 간사하기 이를 데 없는 건달패들이었다. 역사의 이치가 정녕 이러하매, 순진한 비장 여포는 한족의 생각을 간파하지 못했기에 항상 이용만 당하고 처참한 말로를 맞이한 것이다. 최고의 무장답게 출중한 무술 실력은 갖추었으나, 그에 맞는 천하 경영의 지략은 턱없이 부족하였던 것이다.

8. 천하의 영웅은 조조와 유비뿐이다

조조는 백문루에서 여포를 처단하여 골칫거리였던 호랑이를 없앴다. 그리고 여포 수하의 많은 장수를 얻었다. 이때 얻은 최고의 장수가 장료(張遼)다. 이후 장료는 조조가 중시하는 최고의 장수 대열에 들어 조비까지 모시며 많은 전공을 세운다.

서주를 평정한 조조는 유비와 함께 허도(許都)로 왔다. 그러나 유비는 허도로 끌려온 것이나 마찬가지였다. 조조는 유비를 극진히 대우하였다. 외출할 때에는 자신의 수레에 함께 태웠고, 자리에 앉을 때에도 항상 자신의 옆자리에 앉혔다. 유비가 보통 인물이 아님을 간파한 조조가 자신의 사람으로 만들려고 최대한 배려를 한 것이다. 그러나 유비는 조조의 이러한 지나친 배려가 거슬렸다. 그 또한 조조 못지않게 커다란 야망을 가지고 있었기 때문이다. 다만 힘이 미천하여 텃밭에 채마를 일구며 자신의 야망을 철저히 숨기고 있을 뿐이다. 조조 또한 비범한 유비를 경계하였다. 참모인 정욱이 "유비는 남을 섬길 인간이 아니다."라고 단언하며 처형하라고 했지만 무시하였다. 유비의 동태를 살피되, 자신의 참모로 만들려는 노력을 병행한 것이다. 인재를 중시한 조조의 인내심을 살펴볼 수 있는 장면이다.

조조는 한나라의 마지막 황제가 된 헌제를 허도로 맞아들여 정치적으로 유리한 위치를 차지하였다. 즉, 천자를 모시고 제후에게 명령을 내리는 막강한 정치적 실권을 장악한 것이다. 종이 황제에 불과한 헌제는 날마다 실의에 잠긴 생활을 하였다. 그러던 중 아저씨뻘인 유비를 만나자 정녕코 힘이 솟았다. 든든한 보호자를 얻은 헌제는 유비에게 '좌장군 의성정후(左將軍宜城亭侯)'의 벼슬을 내렸다. 그리하여 유비는 이때부터 자타가 인정하는 유황숙(劉皇叔)이 되었다.

그렇다면 유비는 진정 한실(漢室)의 종친인가. 소설에 나타난 유비는 효경황제의 아들 열넷 중 일곱째인 중산정왕(中山靖王) 유승(劉勝)의 18대 손이다. 그러니 경제의 19대 현손(玄孫)이 되는 셈이다. 하지만 소설에 나열된 유비의 화려한 족보는 나관중이 만들어낸 것이다. 진수의 『삼국지』「촉서」의 '선주전'을 보면 유비의 족보는 간단하게 설명되어 있다.

'한나라 경제의 아들 중산정왕 유승의 후예요, 그 유승의 아들 유정(劉貞)의 일파다. 유정은 탁군의 육성정후(陸城亭侯)의 봉록을 받았지만, 고조(高祖)의 제사에 필요한 황금을 적게 바쳤다는 까닭으로 작위를 빼앗겼다.'

그리고는 조부 유웅(劉雄), 부친 유홍(劉弘)이 거론될 뿐이다. 조부인 유웅이 효렴에 천거되어 현령을 지냈을 뿐이다. 나관중은 소설에서 유비를 천하군주의 전형(典型)으로 그리고 있다. 게다가 촉한 정통론을 기치로 삼았으니 유비야말로 한 치의 오차도 없는 황실의 자손이 되어야만 하였다. 그리하여 진수의 글을 바탕으로 짜깁기에 나섰다. 그런데 너무 자신이 넘쳐서 진수의 글을 대충 읽었던가. 아니면 천하의 나관중도 거짓 족보를 만드는 것이 부담이 되었던가. 그만 몇 가지 실수를 범하였다.

유정이 작위를 박탈당했건만 계속해서 제후의 족보가 이어진다. 더욱 가관인 것은 제후의 명칭이 '장(漳), 기수(沂水), 교수(膠水)' 등 강과 하천의 이름이 많다. 한대(漢代)의 열후는 모두 현읍(縣邑)의 명칭을 주었지, 강이나 하천을 명칭으로 주지 않았다. 강이나 하천을 식읍으로 받았다니 물 관리가 되었단 말인가, 아니면 물을 팔아 제후의 봉록을 챙겼단 말인가.

헌제 유협(劉協)은 후한을 세운 광무제(光武帝) 유수(劉秀)의 8대손이고, 경제의 14대 현손이다. 그러하니 유비는 헌제의 아저씨뻘이 아니라 오히려 헌제보다 몇 대나 낮은 항렬이다. 그런데 나관중은 유비를 헌제의 아저씨로 만들었다. 자신감 넘친 실수였을까, 유비가 헌제보다 나이가 많다는 이유에서였을까. 아니면 어리고 나약한 마지막 황제를 대신할 든든한 황숙으로서의 유비가 필요했는가.

사실 여부를 떠나 나관중은 유비를 띄우기 위해 헌신했음을 알 수 있다. 그러하기에 어떤 실수가 있어도 그것은 문제가 될 수 없었다. 그리고 그 실수를 눈감아 주는 독자들이 있기에 가능했다. 더 나아가 그것은 어디까지나 '이야기'이고 소설은 '예술적 허구'이기에 별 문제가 아니라고 둘러댄다.

그렇다면 '역사적 허구'는 없는가. 구시대를 마감하고 새로운 시대를 개창한 시조(始祖)는 그가 설령 무뢰배에 불한당이었다 할지라도 역사는 반드시 위대한 족보를 만들어낸다. 이는 말할 것도 없이 새로운 국가의 정당성을 설파하여 백성이 존경하며 믿고 따르게 하기 위한 정치적인 목적이 깔려 있다.

촉나라의 시조인 유비의 족보 또한 이에서 크게 벗어나지 않는다. 유비의 집안은 처음은 거창했을지언정, 한나라 초기에 일찌감치 몰락하여 몇백 년의 세월을 거치면서 뿌리조차 알 수 없는 한미한 집안이 되었다. 그렇지 않으면 어찌 진수 또한 「선주전」에서 조부와 부친만을 거론하였겠는가.

난세에 왕후장상의 씨가 어디 따로 있겠는가. 나라를 세운 자와 그 동조자들이 정치적 필요에 의해서 허구의 역사를 만들어 내고, 이를 빌미로 위대한 성군(聖君)이 다스리는 나라의 백성됨을 자랑스럽게 여기도록 만들 수만 있다면 허구적 사실은 무한하며, 이 어찌 위대한 역사를 만드는 변주곡이 되지 않겠는가. 우리의 현대사도 이와 유사한 일들이 있었으니 굳이 멀리서 찾을 일이 아니다.

헌제가 유비와 가까이 지내자 조조의 참모들이 걱정하였다. 조조는 헌제의 고굉(股肱)들이 누군가 알아내기 위해 헌제와 사냥을 하였다. 사냥터는 조조의 심복 장교들로 넘쳐났다. 조조의 위세가 천자를 능가하였다. 헌제는 무섭고 고적했다. 사냥터에 나온 유비를 보자 마음이 기뻤다. 유비의 사냥 솜씨를 보고 싶었다. 유비는 말을 타고 화살을 쏘아 토끼 한 마리를 맞혔다. 헌제가 박수를 치며 기뻐하였다. 그때 사슴 한 마리가 뛰었다. 이번엔 헌제가 화살을 쏘았다. 연거푸 세 대를 쏘았지만 맞지 않았다. 헌제는 그림자처럼 붙어 있는 조조에게 쏘아보라며 활과 화살을 건넨다. 천자의 활과 화살을 받은 조조가 단발에 사슴을 거꾸러뜨렸다. 뭇 신하와 장교들이 헌제를 향해 만세를 불렀다. 조조가 헌제를 가리고 앞에 서서 그 환호를 받았다. 좌우가 갑자기 써늘해졌다. 이 광경을 지켜보던 관우가 단칼로 조조를 칠 기세였다. 유비가 눈짓과 손짓으로 막았다. 조조는 천자의 활을 돌려주지 않고 자신이 가졌다.

사냥에서 돌아온 헌제는 복받쳐 울었다. 믿었던 조조마저 동탁과 진배 없으니 살아도 산 것이 아니었다. 헌제는 자신의 피로 쓴 조서를 옥대에 넣고 꿰매, 비밀리에 장인인 거기장군(車騎將軍) 동승(董承)에게 주었다. 우리는 헌제의 장인을 복완(伏完)으로 알고 있다. 하지만 이는 소설로 인하여 잘못된 것이다. 그렇다고 나관중이 잘못한 것도 아니다. 나관중은 복황후가 동승의 친딸이라고 썼기 때문이다. 그렇다면 어찌된 영문인가.

그것은 청나라 때 모종강과 모종강본을 판각하는 사람들이 착오를 한 것이다. 그들이 착오를 일으킨 것은 『삼국지』「촉서」의 '선주전'에 나오는 '헌제구거기장군동승(獻帝舅車騎將軍董承)'이라는 간단한 문구이다. 문제는 '구(舅)'의 해석에 있다. 청나라 때 '구'는 일반적으로 외삼촌을 의미했다. 그러나 명나라나 그 이전은 달랐다. 삼국지 주석서의 고전인 역사가 배송지(裴松之)의 주를 보자.

'동승은 한 영제의 모친인 동태후의 조카다. 헌제에게는 장인이 된다. 옛날에는 장인이라는 말이 없어서 구(舅)라고 불렀다.'

같은 단어도 시대에 따라 그 의미가 달라진다. 항상 현재 시점에서 해석하기 때문이다. 고전을 해석하고 이해하는 데 필수적인 사항 중 하나는 당시의 기준과 관념에서 출발하는 것이다. 그래야만 비로소 이해의 폭을 넓힐 수 있기 때문이다.

동승은 헌제로부터 금포와 옥대를 받아 집으로 돌아왔다. 헌제가 준 뜻을 알고 밤새 샅샅이 살펴 헌제의 비밀조서를 발견한다. 그 내용이 또한 절절하여 동승조차 가슴이 미어진다.

'짐이 듣건대, 인륜으로 따지면 부자처럼 가까운 것이 없고 지위로 말하면 군신보다 엄한 것이 없소. 근자에 조조 놈이 국권을 농락하고 황제를 압박하며 파당을 만들어 조정의 기강을 무너뜨리고 짐의 허락도 없이 상벌을 남발하고 있소. 이에 짐은 장차 천하가 혼란스럽지 않을까 조석으로 걱정이오. 경은 한나라의 대신이고 짐의 친척이니, 마땅히 고황제께서 이룩하신 기업을 잊지 말고 충성과 정의감 넘치는 지사들을 모아 간악한 무리들을 몰아내고 사직을 안정시킬 수 있도록 해준다면 조상과 함께 기뻐할 것이오. 이에 손가락을 깨물어 혈서를 써서 경에게 전하니, 두 번 삼가고 네 번 조심하여 짐의 뜻을 이루어 주기 바라오.'

조조를 암살하라는 조서를 받은 동승은 은밀히 협력자를 넓혀간다. 시랑(侍郞) 왕자복(王子服), 장군(將軍) 오자란(吳子蘭), 장수교위(長水校尉) 충집(种輯), 의랑(議郞) 오석(吳碩), 서량태수(西涼太守) 마등(馬騰), 그리고 유비가 이에 가담한다. 명철한 유비는 이 일이 있은 후부터 더욱 채소밭 가꾸기에 열중한다. 유비 또한 조조로부터 자유롭지 못했기 때문에 자신의 속내를 철저히 감추고 해코지를 피하기 위한 방편이었다.

매화나무 가지에 매실이 탐스럽게 열렸을 때 조조가 유비를 부른다. 그리고는 채소를 가꾸는 척하고 있는 유비에게 "집에서 큰일을 하고 계신다지요?"라며 묻는다. 순간 유비는 하늘이 노래질 정도로 가슴이 출렁거린다. 암살계획이 탄로 난 줄 알았던 것이다. 그러나 매실주 한잔 하자는 조조의 말에 이

내 특유의 위선자적 모습으로 태연자약하게 함께 술자리를 갖는다. 조조의 갑작스런 질문에 유비가 제 발이 저렸던 것이다.

조조는 삼국 시대 최고의 정치가이자 영웅이다. 조조는 일찌감치 유비를 최고의 정적(政敵)으로 여겼다. 그리고 자신의 주위에 유비를 두고 대접하는 양 감시하였다. 유비 역시 이를 잘 알기에 항상 조심했다. 겉으로는 둘의 관계가 평온하고 호의적이었지만, 속으로는 언제든지 기회만 있으면 행동으로 옮길 태세였다. '용쟁호투(龍爭虎鬪)의 기세(氣勢)', 바로 그것이었다.

소설 삼국지에는 청매(靑梅)와 관련된 조조의 유명한 이야기가 나온다. 서기 197년, 조조가 군대를 이끌고 현재의 남양(南陽)인 완성(宛城)의 장수(張繡)를 공격할 때였다. 오래도록 가뭄이 들어 대지가 온통 메말라 물이 부족했다. 병사들은 목이 말라 행군이 힘들 정도였다. 조조는 매실을 좋아하던 변부인이 '매실만 생각하면 갈증이 사라진다'고 한 말을 기억하여 "저 앞에 매화나무 숲이 있다"고 외치자 병사들이 행군을 계속해서 원정에 성공하였다. 이 이야기는 '망매지갈(望梅止渴)'이란 고사까지 만들어냈는데, 나관중은 이 이야기를 동진(東晉) 때 세상에 나도는 여러 일화를 모은 책인『세설신어』에서 차용했다. 그런데 이 이야기가 들어있는 항목이 또한 유별나다. 남을 속이는 교활한 꾀에 능한 사람의 언동을 모아놓은 '가휼(假譎)' 편에 수록됐다. 이때부터 이미 '조조 악인 만들기'가 진행된 것이다.

청매정에서 있었던 유비에 대한 조조의 탐색전은 난세의 영웅론이다. 조조가 천하의 영웅이 누구인가 묻자, 유비는 원소와 원술, 유표와 손책 등을 지적하며 조조의 질문을 비껴 나간다. 그러자 조조가 "지금 천하의 영웅은 나와 당신뿐이다."라고 마지막 정곡을 찌른다. 더 이상 자신의 생각을 숨길 수 없었던 유비가 깜짝 놀라 젓가락을 떨어뜨린다. 이와 동시에 비가 쏟아지며 천둥이

친다. 자신의 생각이 탄로 나서 사지로 몰릴 뻔한 유비는 즉각적으로 천둥소리에 놀란 것처럼 임기응변하여 위기를 모면한다.

굽실거리며 호랑이 굴에서 잠시 지내는데	勉從虎穴暫趨身
영웅이란 말 한마디 깜짝 놀라 죽겠구나	說破英雄驚殺人
얼떨결에 천둥 탓으로 돌리었으니	巧借聞雷來掩飾
둘러대는 재주는 정말 귀신이로구나	隨機應變信如神

청매정에서 술한 잔을 사이에 두고 벌어진 숨가쁜 심리전은 유비의 승리로 끝났다. 그러나 유비 역시 조조의 비범함을 모르지 않기에 원술을 친다는 미명 아래 서둘러 허창을 빠져나온다. 결국 조조 암살 계획은 사전에 발각되어 동승을 비롯한 가담자들은 모두 목숨을 잃었다. 유비와 마등만이 운 좋게 살아남았으니 영웅은 천우신조(天佑神助) 하는가 보다. 조조는 이때부터 유비를 철천지원수로 여겼다. 정욱(程昱)과 곽가(郭嘉) 등의 참모들이 죽이라는 청을 듣지 않고 결국엔 군사까지 주어 보냈으니 평생의 걱정거리가 되었던 것이다.

하남성의 중부에 위치한 공업도시인 허창(許昌)은 정주(鄭州)에서 남쪽으로 약 80km 떨어져 있다. 주나라와 춘추 시대에는 허국(許國), 진나라 때에는 허현(許縣)으로 불렸고, 동한 시대 말기에 수도가 되어 허도(許都)라 불렸다. 이때부터 허창은 중국 북방의 정치와 경제, 문화의 중심지가 되었지만 그 기간은 그렇게 길지 않았다. 허창이 수도가 된 후 불과 25년 만에 아들 조비가 황제로 등극하여 낙양으로 도읍을 옮겼기 때문이다.

▌ 허창을 상징하는 문봉탑　　▌ 태극권으로 심신을 단련하는 시민들

　　정주에서 1시간을 달려 허창에 도착하였다. 허창의 대표적인 유적인 문
봉탑(文烽塔)이 도시의 오랜 역사를 자랑하듯 제일 먼저 반긴다. 이른 아침이어
선지 출근하는 사람들로 도로가 붐빈다. 한쪽에서는 아침햇살을 받으며 태극권
을 수련하고 칼춤을 추는 사람들로 광장이 붐빈다. 바쁜 일상생활 속으로 들어가
는 사람들과 여가를 즐기는 사람들이 공존하는 중국은 인구도 세계 최고이지만,
과거의 문화와 전통이 오늘에 살아 숨 쉬는 특별한 곳임을 새삼스레 깨닫는다.

　　조조는 헌제를 허창으로 맞아들이면서부터 이곳을 전쟁 수행의 교두보
로 활용하였다. 이를 위해서 전쟁에 필요한 군량미의 비축을 위해 운하를 만들
었다. 운량하(運糧河)라 불리는 이 운하는 조조가 가장 심혈을 기울였던 토목공

▎조조가 군량미 수송을 위해 만든 운량하

사로서, 지금도 시 외곽을 흐르고 있다. 운량하를 둘러보고 사녹대(射鹿臺)를 찾

았다. 사녹대는 헌제가 조조와 함께 사냥을 했던 곳이다.

　　'사녹대에 아직도 짐승들이 있을 리는 만무하고 그 터나 남아 있을까.'

하는 데 생각이 미칠 즈음, 온통 너른 밭 사이로 조그만 둔덕과 숲이 보인다. 저

곳이 사녹대인가. 2m 정도 높이의 둔덕을 오르니 이백 평 남짓한 사녹대 터에

앙상한 나무들이 빼곡하다. 그 귀퉁이에 시멘트로 '사녹대'라 새겨 넣은 비석만

이 2월의 바람을 맞고 섰다.

여기에 진정 무성한 숲은 있었던가. 한 줌 애잔한 세월만 이토록 둔덕 위에 붙잡아두려 하다니. 차라리 사녹대 터마저도 저토록 푸른 보리밭으로 만들어 놓았다면 오히려 헌제가 조금은 편안했으리라. 후세인들이 헌제의 굴욕적인 삶을 되새기는 장소로는 기억하지 않을 터이니까.

허창 시내의 지리를 익히기 위해 자동차로 한 바퀴 돌았다. 그리고 찾아간 곳은 관공사조처(關公辭曹處). 입구에 다다르자 근대 중국의 유명한 역사가이자 시인이기도 한 곽말약(郭沫若)이 활달한 글씨체로 쓴 편액이 걸려 있다. 조조가 유비와 더불어 천하의 영웅을 논한 장소인 청매정(靑梅亭)은 삼국 시대에 허창에서 유명한 정자였다고 한다. 청매정은 허창 시내에서 19km 떨어진 조조 군영의 요지였던 영음현성(潁陰縣城) 구곡만(九曲灣) 서쪽 숲속, 지금의 허창시 위도구(魏都區) 구곡가(九曲街) 제8중학 서쪽에 있었다고 한다. 청매정은 조조가 완성을 차지한 후 병사들의 노고를 기념하기 위해서 지은 것인데, 지금은 간 곳 없이 사라졌다.

▌ 헌제가 유비, 조조 등과 사냥을 한 사녹대

▌ 청매정이 있는 관공사조처 입구	▌ 조조와 유비가 천하의 영웅을 논한 청매정

현재 청매정은 관공사조처 안에 새롭게 꾸며져 있다. 이곳은 파릉교 명승 지역으로 불리는데, 조조와 유비, 조조와 관우 등 조조와 관련된 삼국지 이야기를 모아 놓은 곳이다.

입구를 지나 얼마 가지 않아서 작은 연못과 조화를 이룬 아늑한 분위기의 청매정이 보인다. 그리고 정자 안에는 조조와 유비가 천하의 영웅에 대해서 이야기하는 장면이 화려한 대리석상으로 표현되어 있다.

▌ 조조가 정곡을 찌르자 유비가 놀라는 모습

▌청매정 앞의 연못

실제로 조조와 유비가 영웅에 대해 이야기한 사실은 진수의 『삼국지』에는 세 구절뿐이다. 그러나 소설은 이것을 토대로 한 편의 흥미진진한 이야기를 만들어 냈다. 그리고 이곳에 새로운 청매정을 만들어 놓았으니, 이곳에 있는 청매정은 소설이 탄생시킨 일종의 문학적 유적인 셈이다. '아는 만큼 보인다'는 말처럼 삼국지 기행에서 만나는 유적들은 이처럼 역사적인 것과 문학적인 것 그리고 허구적인 유적과 유물이 뒤섞여 있다. 그러므로 이를 잘 가려서 보는 것도 또 하나의 삼국지를 음미하는 방법이 된다.

중국의, 중국에 의한, 중국을 위한 인물, 유비

청매정에서 조조를 멋지게 따돌린 유비. 유비는 어떤 인물이었는가.

유비는 말수가 적고 상대방을 겸손하게 대하며 어지간해서는 감정을 드러내지 않았다고 한다. 그리고 호협(豪俠)들과의 교류를 즐겼다고 한다. 아무런 밑천도 없이 정치적 신념만 강했던 유비가 자신의 야심을 이룩하기 위해서는 무엇보다도 우선시 되는 전략이 아닐 수 없다. 유비에게는 자신의 심중을 감추는 교활함과 함께 사람의 마음을 사로잡는 인간적 매력이 있었다. 이것은 전투력이 약한 유비의 커다란 장점 이었다.

청나라 말기에 태어나 사천대학 교수를 역임한 이종오(李宗吾)는 '후흑(厚黑)이 천하를 통치한다'는 요지의 후흑학(厚黑學)을 주장하였다. 후흑이란 낯가죽이 두껍고 마음은 시꺼멓고 음흉함을 뜻하는데, 천하의 영웅호걸이란 이러한 후흑에 뛰어난 자들이라는 것이다. 그리고 조조를 심흑(心黑)의 고수로, 유비를 면후(面厚)의 고수로 꼽았다. 이 둘 중 누가 더 대가인가. 자신의 속마음을 얼굴에 나타내지 않는 것은 여 간 어려운 것이 아니다. 생각을 숨기고 말을 숨기고 게다가 눈물을 흘리면서 연기까 지 하는 유비야말로 누가 뭐라고 해도 후흑의 대가이다.

유비는 학문을 좋아하지 않았다. 조조뿐 아니라 관우에게도 뒤쳐진다. 그럼에 도 유비는 항상 입만 열면 인(仁)과 의(義) 그리고 한나라 황실의 부흥을 외쳤다. 대의

명분을 외친 까닭에 비록 재능과 지식은 부족하더라도 유덕한 군주로 존경을 받을 수 있었다. 유비가 제갈량을 삼고초려하며 내세운 것도 한나라 황실의 부흥이라는 대의명분이었다. 하지만 유비의 행적은 반드시 대의에 목숨을 바치는 것은 아니었다. 명말청초의 대학자인 왕부지(王夫之)는 『독통감론(讀統監論)』에서 유비를 다음과 같이 평하였다.

'유비는 형주를 차지하기 전까지는 별다른 정견도 없이 여기저기 전전할 뿐이었다. 처음부터 한나라 황실의 원수인 동탁을 쳐부술 생각도 갖지 않았다. 영토 확장에 목을 맬 뿐, 한나라 황실의 부흥 따위는 염두에도 없었다. 조조가 위왕에 오르자 자신도 한중왕이라 부르고, 조비가 헌제를 폐하고 제왕을 참칭하자마자 유비도 늦었다는 듯이 스스로 제위에 오른다. 오히려 신하가 대의에 반하는 것이라고 간언하자 화를 내고 그를 좌천시켰다.'

『구주춘추(九州春秋)』에는 유비의 생각을 보여주는 기록이 있다.

'나와 조조는 물과 불의 관계다. 조조가 엄격하면 나는 후덕하게 한다. 조조가 난폭하면 나는 인덕이 있음을 보여준다. 조조가 책략으로 나오면 나는 성실함으로 나간다. 항상 조조와 반대 행동을 해야만 일이 성취된다.'

유비 역시 당대 최고의 영웅인 조조의 품성을 간파하고 있었기에 그의 움직임에 따라 유리한 정치적 소신을 펼쳐간 것이었다. 중국인은 대의명분을 취하지만 항상 실리적이다. 대의명분도 따지고 보면 이익을 달성하기 위한 수단이기 때문이다. 다만 겉으로 드러나지 않고 교묘하게 이익을 극대화하는 최고의 전략으로 활용하는 것뿐이다. 유비는 이 점에서 탁월한 역량을 발휘하였다. 중국인들은 이러한 유비를 그들의 영웅으로 삼았다.

진수는 유비를 임기응변과 책략은 조조보다 못했기 국토 역시 작았지만, 이에 굴복하지 않고 끝까지 조조의 신하도 되지 않았다. 그것은 조조의 그릇이 자신을 받아들이지 못한다고 생각하여 그와 이익을 다투지 않았기에 해로움을 피할 수 있었다'면서 지더라도 진 것이 아니라고 믿는 중국인의 불패사상의 신화를 그에게 부여했다. 왕부지의 평가는 유비의 불패 사상을 잘 보여주는 것이다.

유비가 조조의 견제를 피해가며 지냈던 시절은 대부분 그에게 힘이 없던 시기였다. 유비는 자수성가한 정치인이다. 조조와 원소, 손책과 유표 등에 비교해보면 정치적 자산이라고는 아무 것도 없었다. 오직 혼자서 개척하고 만들어 가야 했다. 인의와 대의명분으로의 무장은 밑바닥 정치판에서 터득한 유비의 전략이었다. 게다가 한 황실의 후손이라는 명함까지 갖추자, 정치적 입지는 일약 황제의 반열에 오른다. 이제 필요한 것은 유비 자신을 따르는 백성과 천하의 민심이었다.

조조가 대군을 이끌고 형주의 유표를 공격하는 혼란을 틈타 제갈량이 형주를 취하라고 한 때나, 익주의 유장이 유비에게 원조를 청했을 때 직접 빼앗지 않은 것은 '조조'라는 강적으로부터 지켜내기가 쉽지 않다는 냉철한 판단을 내렸기 때문이었다. 오히려 유비는 이것을 '은의(恩義)를 배신할 수 없다'는 그럴듯한 명분으로 바꾸어 천하의 민심을 얻는 데 이용한 것이니, 이쯤 되면 천하의 영웅들조차도 유비를 가히 '후흑의 시조(始祖)'라고 아니할 수 없으리라.

9. 영웅의 길과 호걸의 길

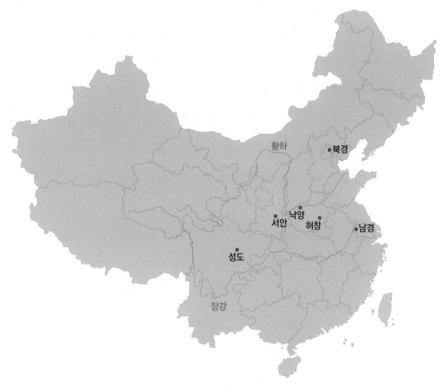

서기 199년. 원소는 현재의 하북성과 그 북동부 일대인 유주(幽州)를 차지하고 있던 공손찬(公孫瓚)을 멸망시키고 북방 최대의 실력자로 자처한다. 나아가 천하의 패권을 거머쥐려는 야심에 불탔다. 원소의 라이벌은 조조다. 원소의 최대 관심사는 허창(許昌)을 기반으로 중원을 차지하고 있는 조조를 무찌르는 일이다.

원소와 조조는 어렸을 적부터 장난꾸러기 친구 사이다. 원소는 4대 연속 삼공을 지낸 명문 출신으로 무엇 하나 부러울 것이 없는 신분이다. 게다가 집안의 전통을 이어받아 보스 기질까지 갖추고 있었다.

조조는 어떠한가. 할아버지 조등이 환관으로 중상시를 지냈으며, 아버지 조숭은 하후씨에서 데려온 양자였다. 부친인 조숭이 억만금으로 삼공 벼슬의 하나인 태위직을 사서 국정을 논의하는 최고의 현관(顯官)이 된다. 하지만 '환관의 자손'이라는 딱지를 뗄 수는 없었으니 이것이 조조의 콤플렉스였다. 명문가의 원소와 환관의 자손 조조는 각기 배경을 다르지만 의협심이 강한 청년들이었다. 특히 당시 교양인으로서 필요한 문무를 갖춘 건달 공자들이기도 하였다. 그래서인가. 젊은 시절 둘은 의기투합하였다. 『세설신어』에 이들의 이야기가 전한다.

'유협(遊俠) 놀이를 좋아하던 청년 시절 어느 날, 두 사람은 갓 결혼한 신부를 훔치러 갔다. 일이 실패하여 도망하던 중 원소가 가시덤불 속에 빠졌다. 가시 찔린 통증에 몸을 움직이지 못하고 있자 조조가 외쳤다.

"범인이 여기 있다!"

이에 놀란 원소가 기겁을 하고 통증도 잊은 채 가시덤불을 빠져나와 도망쳤다. 한숨을 돌린 후, 원소가 기분 나쁜 표정을 짓자 조조가 웃으며 말했다.

"내가 그렇게 소리치지 않았다면 네가 그 속에서 빠져나올 수 있었겠느냐?"'

'명문가의 귀공자' 원소와 자신의 출신에 대한 콤플렉스를 떨치고픈 '젊은 간웅' 조조의 유협 놀이는 항상 적당히 낄낄거리고 적당히 비웃으며 서로간의 경계심을 늦추지 않은 채 유지되었다. 조조는 일찍이 원소의 우유부단한 성격을 잘 알고 있었다. 그래서 원소가 유비와 손잡고 조조를 침공하려 하자, 조조는 서주에 있는 유비부터 공격한다.

조조가 유비를 공략하자 원소의 참모인 전풍(田豐)이 조조의 배후를 칠

것을 진언하지만, 원소는 금지옥엽 같은 자식이 병이 났다는 이유로 움직이지 않는다. 이리하여 원소는 천재일우의 기회를 잃는다. 조조의 유비 공략은 지난날 청매정에서 자신을 속이고 도망친 철천지원수를 응징할뿐더러, 원소와의 천하쟁패를 앞두고 후방의 교란을 사전에 없애는 것이기도 하다.

유비 삼형제는 조조의 공격에 뿔뿔이 흩어졌다. 장비는 망탕산으로 도망가고, 유비는 원소에게 몸을 의탁했다. 하비성을 지키던 관우도 조조군의 포위망에 갇혀 움직일 수 없었다. 도원결의 후 일심동체였던 유비 삼형제는 서주 전투를 치르면서 풍비박산이 난다. 조조는 관우의 무예와 인품을 중히 여겨 부하로 삼고 싶었다. 예전 관우의 진언에 목숨을 건진 장료가 관우를 설득하러 나섰다. 관우는 세 가지의 조건을 내세운다.

첫째, 한나라 황제에 항복하는 것이지 조조에게 항복하는 것이 아니다.
둘째, 두 형수를 극진히 예우하여야 한다.
셋째, 유비가 있는 곳을 알면 즉시 떠난다.

인재를 아끼는 조조는 이를 모두 수락하고 관우를 극진하게 예우한다. 조조는 유비가 관우에게 했던 것보다 더 융숭하게 대우해주면 관우가 떠나지 않을 것이라고 믿었기 때문이다. 그리고 관우의 됨됨이를 살펴본다. 형수들과 같은 방을 쓰게 하고, 열 명의 미녀를 보내 회유도 해본다. 그러나 관우는 등불을 켜고 문밖에서 형수들을 지키고, 미녀들로 하여금 수발을 들도록 한다. 『춘추(春秋)』를 애독한 관우의 품격이 느껴지는 대목이다. 조조는 관우의 행동에 감복하여 더욱 붙잡아두고 싶었다. 이에 관우를 편장군에 임명하고 사흘마다 소연회를, 닷새마다 대연회를 베풀었다. 각종 금은보화도 주었다. 하지만 유비에 대한 관우의 마음은 요지부동이었다.

관우는 정말로 여색을 멀리했을까? 의형제를 맺은 형님의 아내들이기에 각별히 조심했을 뿐이다. 조조와 유비의 군대가 여포가 있는 하비성을 포위했을 때이다. 여포는 진의록(秦宜祿)이라는 사신을 보내 강화를 요청한다. 이때 관우가 '그의 아내를 내가 갖겠다.'고 나선다. 조조는 관우가 수시로 같은 청을 하자 '미인일지도 모르겠다'고 의심하고 확인해본다. 사실로 판명되자 자신이 차지하였다. 이에 관우는 불쾌한 심기를 드러냈다고 한다. 영웅호색이라고 하지 않았던가. 여자에게 눈길조차 주지 않는 강직하고 충의로운 관우 이미지를 위해 소설에서는 이러한 이야기는 거론조차 되지 않는다.

조조가 아무리 관우를 예우해도 별로 반응이 없자, 여포가 타던 적토마(赤土馬)를 선물로 주었다. 이를 받은 관우가 매우 기뻐하며 인사를 하자 조조는 의아해하였다.

"공은 어째서 미녀보다도 가축을 좋아하시오?"

"이 말은 천리마입니다. 형님이 계신 곳을 알기만 하면 어느 곳이던 곧바로 달려갈 수 있지 않겠습니까?"

조조는 순간 당황하였지만, 순수하리만치 의리가 굳센 관우에게 매력을 느끼지 않을 수 없었다. 조조는 평생을 아비규환의 전쟁터에서 살아왔다. 그러한 조조가 출중한 무예뿐 아니라 신의와 충성스런 도덕심을 갖춘 관우에게 흠뻑 빠진 것은 보통의 장수들에게서 느낄 수 없는 진정한 사나이들의 교감을 느꼈기 때문이다. 이는 손에서 책을 놓지 않고 전쟁 중에도 시를 짓는 조조의 품격이 이미 범상치 않은 위치에 있었기에 가능한 것이다.

관우가 조조에게서 받은 적토마는 이때는 늙은 말이었다. 말 중의 말인 적토마가 제 능력을 발휘한 것은 여포가 타던 때였다. 여포는 삼 년 된 적토마를 탔다. 그야말로 하루에 천 리를 달렸으리라. 관우가 적토마를 차지한 것은 팔 년 후의 일이다. 적토마가 열한 살이나 먹은 때였다. 그때에도 과연 천 리를 달리는 명마였을까? 게다가 관우가 19년을 더 탔으니 삼십 년을 산 셈이다. 전쟁터를 누비면서 삼십 년을 산다는 것이 가능한 일인가. 그러므로 적토마는 말 중의 최고 명마를 일컫는 일반명사로 사용되었음을 알 수 있다. 사실 삼국 시대에 명마는 많았다. 그리고 한 장수가 여러 마리의 말을 탔다. 마치 현대의 정치가나 대부호가 여러 대의 명품 자동차를 가지고 있는 것과 다를 것이 없는 것이다.

소설 삼국지가 내포하고 있는 대주제는 '충의'다. 그리고 그 주인공은 관우다. 이런 까닭으로 소설에서 관우는 모든 면에서 존경의 대상이다. 그리고 위정자들은 시대마다 이를 발전시켜 관우를 숭배의 대상으로 만들었다. 이 과정에서 관우의 일거수일투족은 미화된다. 조조와의 전투에서 패한 유비는 가족과 형제를 버리고 원소에게로 달아났다. 관우도 조조에게 항복했다. 전투에서 패한 자가 항복함에 있어서 조건을 내세울 수 있는가. 그야말로 어불성설이 아닐 수 없다. 그럼에도 관우는 조건을 내세운다. 후에 관우가 조조를 배신하고 유비에게로 도망가는 역사적 사실을 정당화하기 위한 방책이다. 하지만 역사는 관우의 행적을 어떻게 기록하고 있는가. 진수의 『삼국지·위서』「무제기」를 보자.

'유비의 부장 관우가 하비에 둔쳤다. 조조가 재차 관우를 공격하자 투항하였다. …… 안량(顔良)·문추(文醜)는 원소의 맹장이지만 두 번의 싸움에서 모두 죽었다. 원소군은 크게 흔들렸다. 조조는 군대를 관도로 보냈다. 원소는 나아가 양무(陽武)를 지켰고 관우는 이런 틈을 이용해서 유비가 있는 곳으로 도망쳤다.'

조조는 관우가 떠날 것을 알았다. 그럼에도 불구하고 관우를 극진히 예우했으니, 아무리 적이라 해도 인재를 소중하게 여겨 자신의 부하로 삼고자 했던 조조의 대범한 성격에 찬사를 아끼지 않을 수 없다.

이처럼 최고 영웅과 최고 호걸의 교우는 이를 지켜보는 사람들로 하여금 가슴 졸이게 만든다. 그러나 영웅과 호걸은 서로의 마음을 읽고 있기에 도리를 다하며 자신의 길을 간다.

"조공께서 나를 잘 대해주시는 것을 알고 있습니다. 그러나 나는 유비에게 큰 은혜를 받았고 죽음도 같이 하기로 맹세했기에 그를 배신할 순 없습니다. 그러기에 오래도록 남아 있지 못하며, 공을 세워 조공에게 보답하면 떠날 것입니다."

조조는 관도 전투에서 초반에 승기를 잡고자 관우로 하여금 안량과 문추의 목을 베어 공을 세울 기회를 주었다. 참모 순욱이 공을 세우지 못하게 하면 떠나지 않을 것이니 기회를 주지 말라는 말을 듣지 않았다. 그토록 관우를 수하에 두려고 한 조조인데 어째서 기회를 주었을까. 한 주인만을 섬기며 끝내 마음을 바꾸지 않는 관우의 진정한 호걸다운 모습을 보았기 때문이다.

조조의 근거지인 하남성 허창(許昌)은 볼거리가 풍성하다. 조조와 관련된 유적뿐만 아니라 헌제, 복황후, 유비, 관우, 마등, 화타, 허유 등 관련 유적이 곳곳에 즐비하다. 삼국지 마니아라면 적어도 3박은 머무르며 보아야 할 정도의 분량이니, 이곳을 찾는 나그네의 발길은 설렐 수밖에 없다.

조조에게 항복한 관우가 있었던 유적을 보기 위해 시내 중심부에 있는 춘추루(春秋樓)를 찾았다. 아침 일찍 이어선지 청소 중인 인부들의 손길이 바쁘

▌황금 관우상을 모신 관성전

▌관우가 유비에 보낸 '시죽도(詩竹圖)'

다. 상쾌한 아침 공기를 마시며 춘추루를 돌아본다. 춘추루는 원나라 때 만든 것으로 청나라 강희 연간에 중건된 것이다. 춘추루 앞에 작은 비석이 두 개 있다. 왼쪽은 관우가 유비에게 대나무 그림으로 편지를 보낸 시죽도(詩竹圖), 오른쪽은 말 위에서 청룡언월도를 들고 있는 늠름한 관우의 모습이 새겨진 비석이다. 당나라의 유명한 화가인 오도자(吳道子)가 그린 것이다.

▌관우를 상징하는 무기인 청룡언월도

▌ 용을 부조한 관성전 돌기둥

▌ 14m의 거대한 관우상을 모신 관성전

춘추루를 돌아서 관우를 모신 관성전으로 들어갔다. 원래 이곳은 독특한 건축 기법으로 지어진 까닭에 보호 차원에서 일반인들은 건물 안으로 들어갈 수 없다. 나는 이곳 관장을 만날 기회가 있어서 관우 이야기를 나누던 중, 멀리서 온 나를 위하여 관장이 흔쾌히 안내해주었다.

　　안으로 들어서자 14m의 거대한 황금빛 관우상이 우뚝하다. 관성전은 밖에서 보면 3층 건물이나, 안으로 들어와 보면 단층 건물이다. 관우상의 좌우에는 주창(周倉), 관평(關平), 요화(廖化), 왕보(王甫) 등이 건물을 가득 메우고 있다.

　　관우는 이곳 관성전에서 촛불을 밝히고 『춘추좌씨전(春秋左氏傳)』을 읽으며 두 형수를 지켰다. 관성전 왼쪽으로는 문안정(問安亭)과 감미이후궁(甘麋二

▌관우가 두 형수에게 문안을 드렸다는 문안정

▌『춘추좌씨전』을 읽고 있는 관우의 모습

后宫)이 있는데, 관우가 사흘에 한번
꼴로 형수에게 문안을 드린 곳이다.
감미이후궁에는 유비의 두 부인을 밀
랍인형으로 만들어 놓았는데, 그 모습
이 불안한 나날을 살아가는 우수 어린
모습을 잘 표현해 놓아서 흡사 진짜
사람을 보고 있는 듯하다. 사실 형수
와 한 방을 쓰도록 하고 미녀를 보내
는 등의 이야기는 모종강이 개고한 것
이다. 이는 관우의 우상화에 더욱 일
조했는데, 관우를 찬양하는 시만 모두
11수가 나오는 것도 이 같은 맥락에
서다.

관성전에 올라 아침 안개 희
뿌연 춘추루 전경과 광장을 조망하고
있는데, 갑자기 귀에 익은 음악이 들
린다. 중국어로 노래하고 있지만 곡
조는 분명 '아! 대한민국'이다. 경쾌하
고 발랄한 곡조에 미래 지향의 가사가
맘에 들었던가. 필요한 부분을 개고
(改稿)하여 이른 아침 광장이 떠나갈
듯 울리고 있었다. 그동안 중국을 여
러 차례 여행하였지만 우리의 노래가

▌관성전에서 바라본 춘추루

중국인들에게 새로운 희망을 불어넣는 찬가로 빛나고 있을 줄이야.

"아아, 대한민국, 아아 우리 조국, 아아 영원토록 사랑하리라."

나도 박자에 맞춰 힘차게 노래를 부른다.

관우는 조조의 편에 서서 원소군을 무찌른 공적으로 한수정후(漢壽亭侯)에 봉해진다. 그러나 관우는 봉직과 그동안 받은 각종 금은보화를 사심 없이 버리고 조조를 떠난다. 재물과 여색, 벼슬과 봉록으로 다스리지 못한 자가 없는 조조였지만, 관우에게서는 이 모든 것이 통하지 않았다. 관우가 감부인과 미부인을 수레에 태우고 유비를 찾아 떠나자 조조가 성 밖에까지 나와 관우를 전송하였는데, 그곳이 바로 파릉교(灞陵橋)이다.

조조는 안타까운 마음으로 관우를 보내고, 부하들에게는 추격하지 말라고 하였다. 이러한 사항을 모르는 외부의 장군들은 통행허가증 없는 관우를 순순히 보내줄 수 없는 일이다. 급기야 관우는 다섯 관문을 지나며 거침없이 여섯 장수의 목을 벤다. 후세의 사람들이 관우의 무용담을 칭찬했다.

관인 걸고 황금도 봉한 채 조조와 작별하니	挂印封金辭漢相
형님 찾아가는 길, 멀리 돌아 가는 길	尋兄遙望遠途還
적토마 타고 천릿 길을 내달리고	馬騎赤土行千里
청룡언월도 휘두르며 다섯 관문을 돌파하네	刀偃靑龍出五關
충의기상은 분연하게 하늘까지 오르고	忠義慨然冲宇宙
영웅은 이때부터 천하를 호령하네	英雄從此震江山
홀로 가며 여섯 장수 베니 누가 나서겠는가	獨行斬將應無敵
옛날부터 시서화의 글감이로다	今古留題翰墨間

파릉교의 원래 명칭은 팔리교(八里橋)였다. 허창성에서 서쪽으로 8리 떨어진 석양하(石梁河)에 있다고 해서 팔리교라 불렀다. 그러던 것이 장안(長安)의 파릉교가 한나라와 당나라 시절, 버들가지를 꺾어 이별하는 곳으로 유명해지자 조조와 관우의 이별 장면을 부각시키기 위해 파릉교로 바꿨다. 원나라와 명나라, 청나라 시대의 흔적이 남아 있었던 파릉교는 1962년 여름에 홍수로 인해 소실되었다. 그 당시 남은 돌들을 모아 자그마한 모형을 만들어 놓았다. 그리고 1993년에 지금과 같은 아치형 다리를 만들고 '파릉교' 공원이라 부르고 있다.

▌ 옛날의 파릉교 일부를 복원한 모습

▌ 현재의 파릉교 모습

그 옛날의 파릉교는 없어졌지만, 약간의 흔적을 살펴볼 수 있는 곳이 있다. 허창(許昌)에 있는 파릉교 공원이 그곳이다.

공원 입구를 들어서니 제일 먼저 황토색의 커다란 부조가 눈에 들어온다. 조조와 관우가 파릉교에서 이별하는 장면을 새겨놓았는데, 그 내용이 사뭇 소설의 한 장면을 떠올리게 한다. 두 형수를 앞세우고 유비를 서둘러서 찾아가는 관우의 반대편에는 관우를 자신의 부하로 삼지 못하고 보내주어야 하는 조조의 안타까운 모습이 보인다. 그리고 조조의 뒤에서 눈을 부라리면서 당장이라도 관우를 쳐 죽이려는 듯한 성난 장수들의 모습이 마치 실제처럼 생생하게 표현되어 있다.

▌조조가 파릉교에서 관우와 이별하는 장면을 묘사한 조형물

파릉교 앞에는 언월도를 들고 적토마를 탄 관우의 석상이 있는데, 그다지 어울리지는 않는다. 최근에 만든 다리에 『삼국지연의』의 내용을 포장해서 관광 상품화한 냄새가 너무도 짙게 배어있기 때문이다. 입장료를 내고 들어왔으니 볼 것은 다보고 가자는 생각에 다리를 건넜다.

이것저것 소설의 내용을 따라 만들어 놓은 곳을 지나치는데, 꽤나 오래되었음직한 관제묘가 보인다. 중국에서 삼국지 여행을 하노라면 웬만한 유적지마다 빠지지 않고 있는 것이 관우를 모신 사당인 '관제묘(關帝廟)'다. 그만큼 관우는 중국인들의 든든한 믿음이자 우상인 것이다.

중국 각지에 널려 있는 관제묘는 저마다 자랑거리를 가지고 있다. 낙양의 관제묘는 관우의 머리가 묻혔으니 가장 중요한 곳이라 하고, 당양의 관제묘는 유체(遺體)가 묻혔으니 이 또한 중요한 곳이라고 한다. 운성은 관우의 옷이 묻혀 있어서 의미가 있고, 해주의 관제묘는 아무것도 묻혀 있지 않지만 관우가 살았던 곳이라 그의 혼이 머물러 있으니 이 또한 중요한 곳이라고 한다.

그렇다면 이곳 허창의 관제묘는 무슨 자랑을 하고 있을까.

"우리 파릉교의 관제묘는 관우의 공(功)을 모시고 있습니다."

이곳 관제묘는 관우의 목상(木像)을 모신 곳이다. 전설에 따르면, 관우가 죽은 다음 홍수가 생겨 멀리 떨어진 마을에서 관우의 목상이 떠내려 왔다고 한다. 그래서 이를 모셨다는데 청나라 강희 때 지은 것이다. 그러니까 홍수로 인해 다른 곳

▌파릉교 관제묘의 모습

에 있었던 관우상이 이곳으로 떠밀려오자 이에 관제묘를 지은 것인데, 파릉교 사건과 연결하여 '공(功)'을 선점한 것이다. 조조와 관련하여 관우가 공을 세운 이야기는 이곳이 최고라는 의미일 것이다. 관우에 대한 중국인의 절대적인 믿음은 이처럼 자신의 도시에 세워진 관제묘에 부여하는 의미 속에서도 넘쳐나고 있음을 알 수 있다.

　　파릉교는 조조와 관우가 각기 가야할 길이 있음을 알고 상대방을 존경하며 이별한 운명의 갈림길이다. 그리고 그것은 두 사람의 수준 높은 인간적 면모를 여실히 보여준 곳이기도 하다. 떠나는 관우를 모두가 죽이라고 청했지만, 조조는 영웅답게 관우를 보내준다. 관우는 끝까지 도원결의의 맹서를 지키기 위해 편한 자리를 버리고 유비를 찾아간다. 영웅으로서의 조조와 호걸로서의 관우의 길은 이미 정해져 있었던 것이다.

▌ 관우가 두 부인을 모시고 오관참육장에 나서는 장면

▌ 파릉교 관제묘의 관우상

관우의 천리독주(千里獨走)와 오관참육장(五關斬六將)의 진실

삼국지를 읽은 사람들이라면 대부분 관우를 좋아한다. 좋아하는 정도로 따진다면 그야말로 '절대적'이다. 이러한 절대적인 맹신은 그를 무신이자 재물신으로 만들었다. 사람들은 왜 관우를 좋아하는가. 그토록 좋아하게 만드는 매력은 무엇인가. 바로 '충의(忠義)'다. 즉, 어떠한 상황에서도 배신하지 않고 충성과 의리를 지키는 관우의 모습에 매료된 것이다. 이는 소설이 추구하는 대주제이기도 하다. 그리고 이러한 충의의 화신인 관우의 모습을 극적으로 표현한 것이 '천리독주(千里獨走)'와 '오관참육장(五關斬六將)' 장면이다.

미염공 관우가 온갖 고초를 이겨내며 두 형수를 모시고 유비를 찾아가는 부분은 그야말로 관우의 빛나는 무공과 충의지사(忠義志士)로서의 기개를 드높이는 장면으로, 먼동이 트는 줄도 모르게 독자들을 사로잡는 부분이다. 그러나 이는 나관중이 꾸며낸 이야기에 불과하다.

관우가 유비에게 간 시점은 유비가 원소의 명을 받들어 허도(許都)의 남쪽인 여남군에서 허도 부근을 공략하면서 조조의 후방을 교란하고 있을 때였다. 허도로부터 불과 300리 정도 떨어진 곳이었기 때문에 사흘일이면 충분히 도착할 수 있는 거리였다. 따라서 관우가 유비 소식을 들었다면 당연히 허도의 남쪽으로 방향을 잡았을 것이니 '단기천리(單騎千里)'라고 할 수도 없다. 그럼에도 나관중은 관우로 하여금 하북 방향을 향하게 한다. 낙양을 거쳐, 관도대전이 한창인 전쟁터를 통과하고 난 후, 다시 남쪽으로 방향을 돌려 여남으로 온다. 그야말로 소설 속에서 예술적인 성취로 관우의 모습을 영웅화하기 위해 꾸며낸 여로(旅路)인 것이다.

하지만 이러한 이야기는 소설 삼국지에 심취한 수많은 사람들에게 아무런 여과 장치 없이 사실로 받아들여지고 또한 진실이 되어 버렸다. 그리고 전고(典故)와 성어 (成語)를 퍼뜨리며 불멸의 역사적 사실로 거리낌 없이 활보하고 있다. 소설적 허구라고 등한시하기에는 이미 가공할 위력으로 역사의 간극을 종횡하고 있기 때문이다. 이런 까닭에 소설 삼국지가 가지고 있는 속성을 정확히 파악하며 읽어야만 하는 것이다.

사랑은 혼자서 소유하는 것이 아니고 자유롭게 해주는 것이라 하였던가. 욕심을 버리는 것에서 사랑은 무엇보다 아름답다고 말할 수 있는 것이리라.

"사람마다 각자 자신의 주인이 있는 법이니 추격하지 말라."

조조의 이 말은 호걸 관우에 대한 그의 지극한 마음을 단적으로 표현한 것이다. 천하에 부러울 것 없는 영웅 조조가 수많은 장수들이 있음에도 불구하고 관우를 못 잊어 한 것은 결코 비루하지 않은 관우의 높은 지조와 절의(節義) 때문이었다. 생사를 알 수 없는 전쟁터에서의 고적함을 메울 수 있는 품격을 갖춘 벗으로서도 관우가 제격이었던 것이다. 그러나 관우는 유비를 사랑하였다. 도원결의의 약속을 지키기 위해 죽지도 못하였다. 처자마저 버리고 자신의 몸만 달아난 유비에게 있어 관우는 과분한 존재였다. 하지만 관우는 의협심이 강한 호걸이었다. 그러하기에 한번 맺은 정의는 목숨과도 바꿀 수 없었다. 그것은 관우가 도원결의 이전에 조조를 주군으로 모셨더라도 변함이 없는 것이었다. 조조는 이러한 생각에 관우를 높이 평가하였을 것이다.

　영웅은 술수에 능하다. 자신이 달성해야 할 목적이 뚜렷하기 때문이다. 호걸은 의리를 중시한다. 하늘 아래 한 점 부끄럼 없이 떳떳해야 하기 때문이다. 영웅과 호걸은 서로 의기가 투합한다. 영웅은 목적달성을 위해 사심 없는 호걸의 무용이 필요하고, 호걸은 천하의 정의를 위하여 검을 뽑을 수 있어야 하기 때문이다. 영웅과 호걸은 적지 않다. 그리고 난세일수록 저마다 팔을 걷어붙여 그 수가 무수하다. 이 무수한 영웅과 호걸의 숲에서 진정한 영웅과 호걸을 어찌 찾을 수 있을까.

　진정한 영웅과 호걸은 항상 동지적 관계이다. 비록 서로가 쳐부수어야 할 적이어도 서로를 알아보는 능력이 있기 때문이다. 그리하여 서로를 보호한다. 그로 인해 자신이 망할지라도 역사는 영원히 그들을 찬양하고 모범으로 삼는다. '진정한' 영웅과 호걸은 서로를 분신으로 여기기 때문이다.

10. 천하의 주인이 따로 있다더냐!

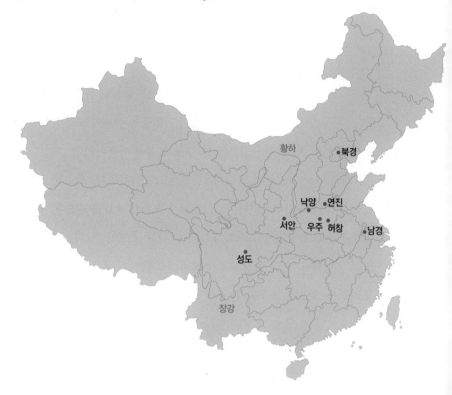

서기 200년 관도. 조조와 원소가 천하의 패권을 놓고 숙명적인 대결을 벌였다. 바로 중원 통일전쟁인 '관도대전'이다. 원소의 모사인 전풍은 지구전을 펼 것을 제안하였다. 원소가 생각을 정하지 못하자, 형제들과 헤어져 마음이 급한 유비가 원소를 꼬드겼다.

"붓이나 놀리는 선비들은 번잡하게 나아가 싸우는 것을 좋아하지 않습니다. 그저 하루 종일 편안히 앉아서 떠들기만 하다가 녹봉이나 받아먹으려고 할 뿐이죠. 조조는 황제를 속이는 역적입니다. 공께서 빨리 토벌하지 않으면 천하의 대의를 잃을 것이 걱정됩니다."

"그대 말이 매우 훌륭하오!"

유비의 꼬드김에 넘어간 원소는 오히려 충신인 전풍을 죽이려고까지 하였다. 옥에 갇힌 전풍은 자신의 운명이 다했음을 감지하고 통탄의 눈물을 흘렸다. 원소의 또 다른 참모인 저수도 전풍과 같은 마음이었다. 자신의 재산을 친척들에게 나눠주고 돌아올 길 없는 전장으로 향하였다. 원소는 안량을 선봉으로 삼고 백마로 진격하였다. 조조도 군사를 이끌고 대응하였다. 초반은 안량의 무력에 조조군이 연달아 패배하였다. 그러자 조조의 부하들 중에서 감히 나서는 자가 없었다. 전세가 점점 조조에게 불리해지자 정욱이 승기를 잡기 위해 관우 카드를 꺼냈다. 조조는 관우가 공을 세우면 유비를 찾아간다고 한 말이 걱정이었다.

"유비는 분명 원소 쪽에 있을 것입니다. 이제 관우를 출정시켜 저들을 무찌른다면 원소는 틀림없이 유비를 의심할 것이고 급기야 그를 죽일 것입니다. 그리되면 관우도 갈 곳이 없으니 어쩌겠습니까?"

조조는 관우를 출정시켰다. 관우는 조조가 준 적토마를 타고 바람처럼 달려가 안량이 미처 손 쓸 틈도 없이 그의 목을 베었다. 그러자 안량에 꼼짝 못하던 조조군은 일거에 승기를 잡아 원소군을 몰아쳤다. 원소는 유비의 아우인 관우가 자신의 부장인 안량을 죽였다는 사실을 알고는 유비를 처형하려고 하였다. 그러자 유비는 비슷한 사람일 수 있다는 변명으로 위기를 모면한다.

원소가 다시 일전을 벌이고자 문추를 내세웠다. 문추는 유비와 함께 연진에 영채를 세웠다. 조조는 군수품과 말들을 풀어 놓고 원소군들이 이를 다투어 훔치려고 할 때 공격하였다. 문추가 달아나자 장료와 서황이 추격했지만, 문추의 상대가 되지 못하였다. 조조가 다시 관우를 불렀다. 문추는 관우와 3합을 겨루다가 달아났다. 관우에게는 적토마가 있다. 쏜살같이 쫓아가 청룡도를 휘둘렀다. 문추도 말에서 떨어져 죽었다. 원소는 문추를 죽인 자도 관우인 것을 알고는 다시 유비를 죽이려고 하였다. 유비는 목숨이 위태롭게 되자 다시 열변을 토한다.

"조조는 처음부터 나를 죽이려고 했습니다. 그래서 내가 공과 함께 있는 것을 알고는 관우를 시켜 두 장수를 죽이게 한 것입니다. 그러면 공이 화가 나서 반드시 나를 죽이려고 할 것이니 조조는 공의 손을 빌어 이 유비를 죽이려는 것입니다. 부디 잘 판단하셔야 합니다."

우유부단한 원소는 다시 유비와 마주 앉았다. 유비는 관우에게 밀서를 보내 내가 있는 곳으로 오면 조조를 무찌를 수 있다고 장담하였다. 원소는 자신을 위해 죽은 안량과 문추는 헌신짝 버리듯 잊고 기뻐하였다. 참으로 줏대 없는 주군을 모시는 참모와 장수들의 불행인 것이다.

초작(焦作)시에서 늦은 점심을 먹고 연진현(延津縣)으로 향한다. 이곳을 포함하여 가까운 곳에 있는 준현(浚縣)과 활현(滑縣) 일대는 조조와 원소가 중원 천하를 놓고 자웅을 겨룬 관도대전의 시작점이다. 아직도 바람은 차건만 들판은 어느덧 봄이 초록 융단을 깔았다. 봄기운을 받으며 관도대전 초반에 원소가 안량과 문추를 내세워 조조를 몰아치자, 수세에 몰린 조조가 관우를 출전시켜

이들을 참수한 곳을 찾아 나섰다.

　　후한 말기에 이 일대는 여양(黎陽)과 백마(白馬)였다. 당시의 황하는 지금보다 북쪽으로 흘렀는데 이 두 지역 사이를 경계로 흘렀다. 원소는 업성(鄴城)에서 출군하여 이 지역에 진을 쳤고, 조조는 허도(許昌)에서 출군하여 원소군을 마주보고 진을 쳤다.

　　준현에 도착하여 안량묘를 찾아보았다. 원소의 장수였기 때문인가. 마을 촌로들도 자신들이 사는 마을 일대가 관우가 안량과 문추를 무찌른 백마파(白馬坡)라는 것을 잘 알고 있다. 그런데 정작 안량의 묘는 보지 못했다는 것이다. 대신 마을 밖 들판 어디엔가 안량의 묘가 있었다는 이야기는 들었다고 한다. 청나라 강희제 때까지만 해도 3m의 높이의 봉분에 비석까지 있었지만, 이후 격변의 내우외환 시기를 버텨내지 못한 것이다. 안량이 유비의 장수였다면 어땠을까. 촉한 정통론에 힘입어 의관묘(衣冠墓)나 가묘(假墓)라도 큼지막하게 세워놓았으리라.

▌준현의 들녘과 마을

관우가 안량을 무찌른 백마파는 이제 드넓은 밭으로 변하였다. 마을 모퉁이 허름한 집들 사이로 파다 만 언덕이 조금 남아 있을 뿐이다. 안량이 관우에게 죽은 후에는 백마파에 묻혔을 것인데, 백마파가 이처럼 드넓은 밭으로 변했으니 안량의 묘를 찾지 못하는 것은 어쩌면 당연한 일이다. 이런 생각이 들자, 들판에 오래 있어야 할 이유가 없었다. 조조가 원소의 군량미를 태워버린 오소를 찾아보고자 차에 오르려는데, 마을 토박이인 촌로 한 분이 안량묘에 대한 귀한 정보를 알려주신다. 묘는 1970년대 토지정비작업을 할 때 없어졌고, 당시의 사진이 활현박물관에 있다고 귀띔해주신다. 감사한 마음에 인사를 하고 차에 올랐다.

박물관은 일정상 뒤로 미루고 먼저 원소군의 군량비가 있었던 오소(烏巢)부터 찾아보기로 하였다. 조조는 원소와의 관도대전에서 계속 열세였다. 순욱의 응원도 있기는 하였지만 분명 이길 수 없는 싸움이었다. 절체절명의 순간, 원소에게 미움을 산 허유가 조조를 찾아왔다. 조조에게 천재일우(千載一遇)의 기회가 온 것이다. 조조는 이를 놓치지 않고 허유에게서 원소를 격파할 수 있는 가장 효율적인 장소를 알아내었다. 그러고는 단호하고 빠르게 원소군의 군량미 저장소인 오소를 공격하여 불태웠다. 조조의 과감한 결단력과 속전속결의 전략이 승산 없는 전투를 승리로 이끈 것이니, 가히 영웅이라 아니 부를 수 없는 것이다.

원소에게도 전풍이 제안한 천재일우의 기회가 있었다. 하지만 원소는 이를 살리지 못했고, 조조는 이를 살려 역전승하였다. 뛰어난 영웅들은 기회를 잘 포착한다. 위기를 아는 것도 마찬가지다. 기회는 비단 영웅에게만 오는 것은 아니다. 모두에게 공평하게 주어진다. 하지만 영웅은 그것이 기회인지 위기인지를 간파하고 이에 대처하는 능력이 뛰어난 것이다.

■ 관도대전 당시의 전투장소를 회상하는 촌로들

20분 정도를 달려 마을 어귀에 도착하였다. 동네 아저씨들이 따스한 햇살이 비추는 길섶에 앉아 짧은 봄볕을 쐬고 있다. 이곳이 오소 터인지 궁금해서 물어보니 이구동성으로 벌판을 가리키며 맞는다고 하신다. 관도대전에 대해 제일 잘 알고 있다는 분이 나선다.

■ 원소가 군량미를 보관하였던 오소 터

"이 앞의 들판에서 저어기 산이 보이는 곳까지가 조조와 원소가 전투를 벌였던 곳이라오."

"네, 원소가 군량을 보관했던 오소는 어디 쯤인가요?"

"이 동네와 벌판이 옛날 오소였소."

"이곳에 사셔서인지 당시의 지리를 잘 아시네요?"

"어릴 적에 동네 할아버지들이 알려주었지. 할아버지의 할아버지한테서 들은 이야기라오."

후한 말, 원소는 가장 강력한 군웅이었다. 천하는 원소의 차지가 될 것이라는 분위기였다. 하지만 원소는 조조에게 대패하고 가문은 멸문지화를 당하였다. 그 시작점이 이곳 오소였다. 그러하매 당시의 현장에 살고 있는 마을 사람들은 관도대전의 이야기를 대대로 전해 듣고 전해 주며 기억해온 것이다. 그래서인가. 촌로의 또랑또랑한 목소리에는 누구나 좋아하는 삼국지의 역사적 현장에 살고 있다는 자긍심이 배어있는 것만 같다.

동네를 한 바퀴 돌아보노라니 수로가 보인다. 문암거(文岩渠)다. 지도를 살펴보니 원양(原陽) 쪽으로 이어진다. 그렇다면 원소군이 원양에서 이곳 오소로 군량을 운반하는 데 문암거를 이용하였음을 알 수 있다. 열 번 읽는 것보다 한 번 보는 것이 더 확실한 지식을 쌓게 해주는 것은 현장답사의 또 다른 재미가 아닐 수 없다.

❙ 원소군이 군량을 운반하였던 문암거

▎ 2022년 2월, 준현에 복원된 안량묘(출처:바이두)　　　　▎ 활현박물관에 있는 안량묘 사진

　　활현박물관으로 차를 달린다. 좋은 정보를 얻었으니, 아무리 촉박한 일
정이어도 안량의 흔적을 찾아보려는 나의 마음보다 급할 수는 없다. 박물관은
아담하지만 이 일대에서 펼쳐진 화려한 역사를 진열해 놓았다. 그런데 정작 안
량의 묘비는 보이지 않는다. 급한 마음에 관계자에게 알아보니 묘비가 파괴되
어서 전시를 하지 않는다고 한다. 대신 옛날 안량묘의 사진을 보여준다. 사진으
로나마 안량의 흔적을 확인하였으니 본전은 한 셈이다. 이제 해가 지기 전에 문
추사당을 찾아보아야 한다. 급한 마음에 고속도로를 달린다.

　　문추사당은 정주를 지나 허창의 서쪽 입구인 우주(禹州)시의 채자가촌(寨
子賈村)에 있다. 마을 입구를 들어서자 허름하지만 아담한 집 두 채가 보인다. 조

▎ 채자가촌 입구의 문추사당

▎ 문추사당 내부

금은 독특하게 지은 건물인데 지붕에 '문추야(文丑爺)'라고 쓴 깃발이 펄럭인다. 야(爺)는 남자 신(神)을 의미하는 글자이니, 문추신을 모시고 제사지내는 사당이라는 뜻일 터이다.

허름한 사당 안으로 들어서니 입구 벽에 기대어 있는 비석이 이방인을 맞이한다. 비석 맨 위에는 커다랗게 '몰세불망(沒世不忘)'이라 쓰여 있다. 한평생을 충의롭게 살다가 세상을 떠나는 것임을 잊지 말자는 의미다. 민국 14년(1925)에

▎ 사당에 모셔진 문추상

세워진 것이니 국민당과 공산당이 1차 국공합작을 결성하여 군벌 세력들을 몰아내고 분열된 중국을 통일하려던 시기다. 중국을 통합하는 데 문추의 힘까지 빌리고자 한 것일까. 그나저나 허름한 사당에 아무런 조치 없이 덩그러니 비석이 놓여 있으니, 이 또한 안량 묘비처럼 조만간에 사라질 운명이리라. 닫혀 있는 문을 여니, 시멘트로 만든 제단 위에는 앉은 채 칼을 높이 들고 있는 문추의 상(像)이 보인다. 제단 앞에는 누군가 복을 빌고 간 흔적이 남아 있다.

　　문추사당이 있으니 문추의 묘도 있어야 하는데, 이 또한 안량의 묘처럼 지금은 벌판이 되었다고 한다. 문추도 분명 백마에서 죽었는데 어째서 허창 가까운 이곳에 묘와 사당이 있는 것일까. 이 마을의 전설에 따르면, 문추가 관우와 싸워 죽자 문추의 후손들이 이곳에 정착하여 문추를 기리며 살았다고 한다. 그때부터 마을 이름도 '문가채(文家寨)'라고 하였다. 문가채는 명나라 말기에 이르러 문씨들이 쇠퇴하고 가(賈)씨들이 많이 이주하여 살게 되면서 현재의 마을 이름인 '채자가촌'으로 바뀌었다고 한다.

　　민국 시대에 이르러서도 이 마을은 문추의 영험함으로 여러 번의 고난을 이겨냈다고 한다. 1925년에 도적떼가 이웃 마을을 파괴하며 기세가 등등할 때, 이 마을의 촌장이 문추장군 꿈을 꾸고는 마을 사람들과 함께 높은 곳에 대포를 설치하고 북쪽과 서남쪽으로 연속 발사했는데 포소리가 나지 않았다. 마침 서남쪽에서 마을로 돌진하던 도적떼들은 갑자기 폭탄이 떨어지자 기겁을 하고 서쪽으로 도망가서 마을을 구하였다. 4년 뒤에는 엄청난 홍수가 나서 마을이 모두 물에 잠겼는데, 마을 사람들 모두가 문추묘로 올라가서 홍수를 피할 수 있었다.

| 채자가촌 전경과 들녘

문추의 후손들이 문추묘를 만들고 후대의 사람들도 정성스럽게 가꾼 덕분에 재난을 이겨낼 수 있었던 것이니 조상을 잘 모셔야 자손에게 복이 있다는 말이 이렇게도 부합되는 것이다. 문추묘도 안량묘처럼 사라졌지만, 문추를 믿는 마을 사람들의 마음은 어느 삼국지의 영웅들 못지않다. 오히려 이 마을의 내력으로 볼 때 문추의 존재는 마을 신앙과도 같다. 그래서 마을 어귀에 허름하지만 문추사당이 아직도 영험한 기운과 복을 주는 곳으로 존재하는 것일 터이다.

『삼국지연의』의 시작은 '천하대세 분구필합 합구필분(天下大勢 分久必合, 合久必分)'이고, 그 끝은 '합구필분 분구필합(合久必分, 分久必合)'이다. 세상사의 이치는 분열과 통합이 반복적으로 순환된다는 뜻이다. 하지만 이는 모두 영웅호걸이나 사대부가 관심을 가지는 일이지, 일반 백성들은 별반 관심이 없는 일이다. 백성은 천하를 차지한 권력자가 누구인가는 중요하지 않다. 백성이 중시하는 것은 오직 고복격양(鼓腹擊壤)할 수 있는 삶이다. 성실하게 일하고, 일한 만큼 대우받으며, 가족들과 오순도순 행복한 일생을 살아가는 시대. 그러한 시대를 원한다. 문추의 사당을 만든 것은 지도자들이 국공합작의 염원을 담은 것일 터이지만 오늘 아침, 어느 여인이 한 줌 곡물과 소지(燒紙)를 올리며 '가화만사흥(家和萬事興)'을 비는 것이야말로 근 백 년간 문추사당이 존재하는 의미인 것이다.

관우가 안량과 문추를 죽였다는 내용의 진실

"제가 보기엔 모두가 흙으로 빚은 닭과 개에 지나지 않습니다. 당장 저들 군사 속으로 뛰어 들어가 안량의 목을 따다 승상께 바치겠나이다."

관우는 안량의 10만 병사를 흙더미로 여기고 적토마를 달려 안량이 미처 손쓸 틈도 없이 그의 목을 베어서 조조에게 바친다. 안량의 무력에 조조의 장수들은 너나없이 나서지를 못했다. 그런 안량이 일 합도 겨루지 못한 채 맥없이 죽다니, 아무리 소설이고 관우가 제아무리 용맹한 인물이라 해도 관우를 띄우는 것도 정도를 지나친 감이 없지 않다.

『삼국지연의』는 나관중이 지었지만 우리가 읽고 있는 대부분의 소설은 청나라 때 모종강이 다시 엮은 것이다. 나관중은 소설을 전개하는 과정에서 조조나 유비, 관우나 장료 등의 이야기를 비교적 객관적이고 전후 맥락이 이해되는 범위에서 내용을 전개하였다.

그런데 모종강은 촉한 정통론에 입각하여 재편집하면서 조조에 대한 묘사는 가차 없는 악인을 만드는 데 집중하였고, 관우와 제갈량은 신적인 존재로 만들기에 모든 공력을 쏟았다. 이런 까닭에 모종강은 관우가 안량의 목을 단숨에 베는 장면을 만들어 무신(武神) 관우의 무용담을 한껏 키운 것이다. 그렇다면 나관중은 이 장면을 어떻게 표현하였는지 살펴볼 필요가 있다.

안량이 원소에게 인사하고 싸움터로 떠날 때 유비가 조용히 부탁하였다.

"내게 관우라는 동생이 있는데 키는 아홉 자 다섯 치요, 수염은 한 자 여덟 치나 되고, 얼굴은 대추처럼 붉고, 봉황 같은 눈에 누에 같은 눈썹이 붙었소이다. 푸른 비단 전포를 입고 누런 말을 타면서 청룡대도를 쓰는데, 분명 조조 쪽에 있을 테니 그를 만나거든 즉시 여기로 오라고 해주시오."

이에 안량은 유비가 말한 관우가 오는 것을 보고서도 그저 관우가 자기에게로 오고 있는 것인 줄로만 여겨 맞서 싸울 준비를 하지 않았다. 그래서 관우의 단칼에 찍혀 말 아래로 떨어진 것이다.

유비가 안량에게 관우의 모습을 알려주며 부탁한 터에 관우가 오니, 안량은 그저 관우에게 유비의 말을 전하고 함께 가자고 하려던 참이었다. 그야말로 무방비 상태에서 죽은 것이다. 모종강은 무신이자 충의의 대명사인 관우의 위상을 추락시키는 이러한 내용을 삭제해버린 것이다.

관우는 안량에 이어 문추마저도 가볍게 죽였다. 문추는 장료와 서황도 당해 내지 못한 대단한 장수다. 그런 문추도 관우에게는 3합 상대에 불과하게 그려졌다. 소설에서의 안량과 문추는 관우의 무용을 빛내는 소재일 뿐이다.

그렇다면 역사는 어떠한가. 관우가 안량을 죽인 것은 역사적 사실이다. 나관중은 이러한 사실을 가지고 소설적으로 상황을 묘사한 것이다, 하지만 문추는 관우에게 죽지 않았다. 『삼국지』「무제기」를 살펴보면, 문추가 유비와 함께 5, 6천 명의 기병을 거느리고 조조군과 싸우다가 유인 작전에 말려들어서 살해되었다고 하였다. 『삼국지연의』를 흔히 '칠실삼허(七實三虛)'라고 하는데 관우가 안량과 문추를 무찌르는 장면에서 이러한 역사적 사실과 허구를 함께 알 수 있다.

중국을 여행하다보면 역사적 사실이 아닌 이야기들이 마치 사실인 것처럼 행세하는 경우가 허다하다. 이렇게 된 첫 번째 이유는 사회적으로 명망 있는 지식인들과 관료들이 자신의 생각을 사서와 비교 없이 기록해 놓았기 때문이다. 이러한 기록이 오랫동안 전해지고 쌓여서 본래의 역사적 사실을 덮어버리고, 새로운 역사적 사실이 되어 버린 것이다.

남송 시대에 한림학사를 지낸 홍매(洪邁)는 40년에 걸쳐 엄청난 독서를 하며 『용재수필(容齋隨筆)』을 지었다. 그중 『용재속필(容齋續筆)』의 '명장만류(名將晚謬)' 조에서 '관우가 일만 병사 속을 뚫고 들어가 안량과 문추를 베었다'고 썼다. 남송 때에는 촉한 정통론이 우세한 시기여서 시대적인 분위기가 관우를 더욱 높게 찬양하는 때였다. 한림학사로서의 독서력이 무색하게 기록한 것은 촉한 정통론에 입각한 역사를 구축하려는 것에 지나지 않는다. 관료의 기록이 이러하고 명망가들이 이를 이어받아 기록하니, 나관중이 『삼국지연의』에 옮긴다 한들 전혀 이상할 것이 없는 '칠실(七實)'에 포함되는 것이다. 중국의 유적 중에는 허구가 많은 것처럼, 사서의 기록도 여러모로 살펴보아야만 한다.

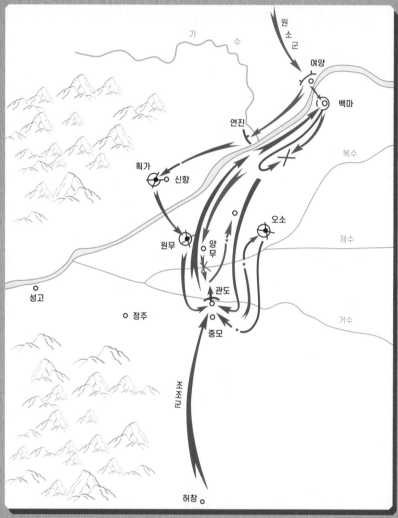

기수

원소군

여양

백마

연진

복수

획가
신향

오소

원무
양무

제수

성고

관도

정주
중모

거수

조조군

허창

관도대전도

11. 원소, 관도에서 조조에게 대패하다

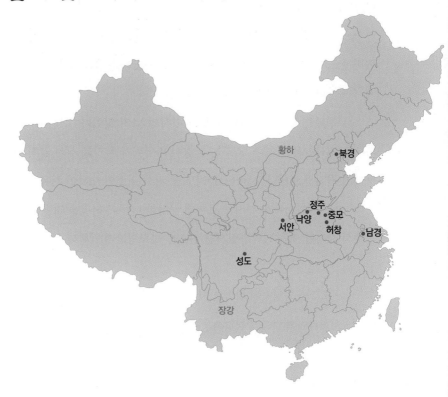

　　"제(순욱)가 생각하기에 원소가 전군을 이끌고 관도로 온 것은 명공(明公)과 승부를 보기 위함입니다. 공은 극히 허약한 군사로 극히 강성한 군사를 맞았습니다. 하지만 공은 뛰어난 무략에 지혜로우시니 어떤 난관인들 극복하지 못하겠습니까? 원소군의 진격이 미비하거나 열세에 처하게 되면 반드시 변고가 생길 것일 터, 이때 공께서 무략을 쓰면 되오니 절대로 놓치면 안 됩니다."

　　원소의 70만 대군과 조조의 7만 군사가 관도에서 대치하였다. 하지만 이는 소설에서 훨씬 과장한 것이다. 원소군이 10만, 조조군은 2만을 넘지 않았다. 어쨌든 간에 전세는 조조에게 불리하였다. 조조의 고민은 깊었다. 본거지인 허창으로 후퇴하고도 싶었다. 그러나 순욱이 막았다. 물러서면 곧 죽음이요, 지키면 반드시 승리할 것이라는 진언이었다. 조조는 순욱의 간언을 믿었다. 수비에 주력하면서 때를 기다렸다.

전투는 일진일퇴하여 승부가 쉽사리 나지 않았다. 전선은 교착상태에 빠지고 병사들은 지쳤다. 조조는 군량이 바닥나자 사자를 시켜 급히 허창의 순욱에게 편지를 보냈다. 그러나 30리도 못 가서 원소의 모사인 허유(許攸)에게 잡혔다. 허유는 원소에게 편지를 보이며 군사를 나누어 허창을 기습하는 한편, 양쪽에서 공격할 것을 건의하였지만 원소는 심드렁하게 말한다.

"조조는 속임수에 뛰어난 자요. 이 편지도 그중의 하나이며, 이는 필시 우리를 유인하려는 계략이 틀림없소."

허유는 통탄하였다. 그리하여 원소를 버리고 옛 벗인 조조에게로 투항한다. 허유의 투항은 그때까지 고투하며 때를 기다리던 조조에게 있어서 구세주나 마찬가지였다. 조조는 너무도 기쁜 나머지 맨발로 뛰어나가 허유를 맞이하니, 그의 촉박한 심정을 허유인들 모르겠는가. 그렇지만 조조가 누군가. 원소가 이야기했듯이 속임수의 대가가 아니던가. 허유의 진실을 알기 전까지 조조의 거짓말은 계속된다.

"공은 지금 군량이 얼마나 있습니까?"
"일 년은 걱정 없다오."

허유가 웃으며 말했다.

"그렇지 않을 텐데요."

"사실은 반년 치 남았소이다."

"진심으로 찾아왔는데 공이 속이려드니 내가 바라던 게 이것이겠소?"

조조가 만류하며 말했다.

"자원! 노여워 마시게. 사실대로 다 말하리다. 석 달밖에 버틸 수 없다오."

허유가 웃으며 말했다.

"나를 그만 속이시지요. 군량은 이미 다 바닥나지 않았소이까?"

조조가 허유의 손을 잡고 말했다.

"자원이 옛 벗을 도와주려고 왔으니 나에게 묘안을 가르쳐주오."

"원소의 군량과 군수물자가 몰려 있는 오소(烏巢)를 공격하세요."

허유의 제안을 받은 조조는 장료의 의심도 무마시키고 이를 실행에 옮긴다. 군량이 바닥나서 버틸 수 없는 상황에서 허유의 계책을 쓰지 않으면 결국 앉아서 죽을 수밖에 없기 때문이다. 마침내 조조는 원소군이 군량미를 비축한 오소를 급습해 군량을 불태우고 전세(戰勢)를 역전시켜 전쟁에서 승리한다. 이길 수 없는 전쟁을 이겼으니 조조군의 사기는 천하를 진동하고도 남았다.

귀 거슬리는 충언을 원수로 삼으니　　　逆耳忠言反見仇

민심 떠난 원소여! 지략도 없구나　　　獨夫袁紹少機謀

오소의 군량 다 타버려 뿌리가 뽑혔거늘　烏巢粮盡根基撥

그래도 구구하게 기주 땅을 지키려는가　猶欲區區守冀州

전쟁에서 군량과 마초는 생명줄이다. 이것을 잃으면 아무리 전세가 유리하다고 해도 전쟁에서 이길 수 없다. 명나라 초기 때 유기(劉基)가 쓴 『백전기략(白戰奇略)』의 '양전(粮戰)'에 보면, '무릇 적과의 대치가 호각지세일 때에는 군량을 가진 쪽이 이긴다. 그러므로 군량 보급로는 적의 기습에 대비하여 철저하게 지켜야 한다. 군량이 없으면 적은 도망가게 될 것이고, 이때 공격하면 반드시 승리한다.'라고 하였다. 먹을 것이 없으면 싸울 수가 없다. 싸운다고 해도 병사들은 이미 오합지졸일 뿐이다. 그뿐 아니다. 심리적으로도 혼란스럽다. 상대 적진에서 밥 짓는 연기와 고기 굽는 냄새가 진동한다면 싸울 마음이 있겠는가. 군량은 곧 전투력이자 그 무엇보다도 강력한 무기인 셈이다.

관도대전은 삼국지 내용의 판도를 가르는 중요한 전쟁이었으며, 그때까지의 중국 역사에서도 최대의 전쟁이었다. 원소의 선공으로 시작된 이 전쟁은 병력과 물자 면에서 원소가 훨씬 우세하였다. 그러나 결과는 원소의 참패로 끝났다. 그 원인은 원소의 결단력 부족에 있었다. 책사들의 주장에 대해 옳고 그름을 판단하는 능력이 부족했으며, 우유부단한 성격에 친인척의 무분별한 중용, 참모들의 충언을 무시하고 의심하는 성격 등이 패배의 원인이었다.

승전 기회는 오히려 원소에게 많았다. 모사 전풍이 조조의 본거지인 허창을 공격할 절호의 기회라고 했지만, 원소는 아들의 병을 구실로 출병하지 않았다. 조조가 전력을 집중시키자, 지연전을 쓸 것을 요구하는 전풍과 저수(沮授)의 충언을 오히려 '아군의 사기를 교란시킨다'는 죄로 몰아 감옥에 가두었다. 또한 조조와 관도에서 대치하고 있는 틈을 노려 허도를 급습하여 승기를 잡자는 허유의 제안도 팽개치듯 내던지고, 오히려 그를 비방하는 말에 현혹되어 허유 또한 버림을 받는다. 게다가 명장 안량과 문추가 목숨을 잃음으로써 원소는 더 이상 승기를 잡을 수가 없었다.

반면 조조가 승리할 수 있었던 비결은 참모들의 의견을 존중하며 정확한 판단과 신속한 결정을 내린 것에 있었으니, 두 인물의 됨됨이를 가히 짐작할 수 있다. 사람을 잘 쓰는 것이 리더의 최고 덕목이라는 점에서 조조는 타의 추종을 불허했고, 원소는 사람을 제대로 쓸 줄 몰랐으니 아무리 많은 군사력을 갖추었다 할지라도 패배는 필연적인 것이었다.

조조와 원소는 청년 시절부터 서로를 잘 아는 사이로, 서로가 어울리며 용호상박했지만 언제나 조조가 한 수 위였다. 이때마다 훌륭한 가문의 귀공자인 원소는 몹시 자존심이 상했을 것이고, 이후 조조에 대한 열등감은 조급함만 더욱 부채질하였으리니, 천하 야망을 마음껏 키워 가던 원소도 결국은 이러한 조급함이 그의 단점과 맞물려 쓰라린 패배와 죽음을 맞이한 것이다.

조조는 관도 전투에서 승리를 거두고 원소의 진영(陣營)을 점검하던 중, 한 무더기의 편지 꾸러미를 발견한다. 편지 내용은 하나같이 조조의 부하들이 원소에게 투항하겠다는 것이었다. 이를 본 측근들이 내통자들을 색출하여 처단해야 한다고 입을 모았다. 그러나 조조의 대답은 간단명료하였다.

"그토록 강력한 원소 앞에서 나 스스로를 보호할 수 없었는데 다른 사람들이야 오죽했겠느냐? 편지를 모두 태우고 더 이상 거론하지 말라!"

이른바 조조의 '분소밀신(焚燒密信)'은 조조가 얼마나 넓은 도량을 가진 정치가이자 군사 전략가인가를 보여주는 하나의 증표이다. 조조의 넓은 아량을 보여주는 증표는 또 있다. 지금의 하남성 남양을 일컫는 완성 전투에서 장수(張繡)가 조조의 장자 조앙(曹昻)과 조카 조안민(曹安民), 그리고 장수 전위(典韋)를 죽이고 조조에게도 화살을 쏘아 오른팔에 상처를 입혔다. 말하자면 장수는 조조의 철천지원수인 셈이다. 그런데 후일 가후(賈詡)가 장수를 설득하여 조조에게 투항했을 때, 조조는 장수의 죄를 묻기는커녕 반갑게 맞이하고 양무장군(揚武將軍)에 임명하였다. 게다가 자식들을 혼인시켜 사돈까지 맺었다. 장수는 조조의 씀씀이에 크게 감동하여 조조가 북방 통일을 하는 데 크게 헌신하였다. 이 두 가지만 보더라도 조조의 도량이 가히 '영웅'임을 알 수 있다. 소위 위인이라는 자들치고 이러한 경우에 과연 조조처럼 넓고 큰 아량을 베풀 수 있을까. 결코 쉬운 일이 아닐진대, 거의 원소처럼 행동할 것이다.

조조는 어째서 이처럼 넓은 아량을 베풀었는가. 이는 조조의 목표인 천하통일이 아직도 진행 중인 사업이었기 때문이다. 원소가 관도에서 패하기는 하였으나 아직 그 세력이 하북 지역에 여전할 뿐 아니라, 유비와 유표 그리고 손권 등의 세력이 있었기에 휘하의 인재를 소중하게 다룰 필요가 있었다. 특히 인재를 중시하는 조조가 한두 명이 아닌 투항자들을 모두 색출하기로 나선다면 곧바로 내부분열로 이어지고, 이는 조조에게 이로울 것이 없다. 오히려 편지를 불태움으로써 결속력과 충성심을 다지고 민심을 안정시키는 효과를 발휘하는 것이 더욱 커다란 이익이 된다. 이러한 결단은 투항을 생각했던 자들이 조조를 위해 더욱 분골쇄신하게 만들었을 뿐 아니라, 이러한 미담(美談)을 들은 인재들이 조조를 찾아오도록 하였으니 일석사조의 효과를 얻은 셈이다.

▌관도 전투의 주요 싸움터였던 관도교촌   ▌중모 마을 입구에 세워진 관도대전 조형물

     옛날의 관도는 지금의 하남성 중모(中牟)로, 당시에는 황하가 흐르는 화북평원의 요충지였다. 허창(許昌)의 북쪽 대문이기도 한 이곳은 서쪽의 낙양(洛陽)과 동쪽의 개봉(開封)으로 통하는 교통의 요지로서 전략적으로도 중요한 장소다. 정주(鄭州) 시내에서 8차선으로 널따랗게 뚫린 도로를 40여 분 달려 관도(官渡)에 도착하였다. 이곳에 처음 온 때가 2007년이었다. 그때는 길이 좋지 않아 두 시간이나 걸렸는데, 그야말로 상전벽해가 아닐 수 없다. 그런데 당시 마을 입구에 거창하게 세워졌던 관도 전투지의 조형물은 관리 부실로 녹이 슬고 부서졌다. 이는 찾아오는 사람들이 많지 않은 곳이 되었음을 상징적으로 알려 준다. 널따란 도로와 함께 로터리가 만들어졌는데, 그 중심에는 말을 타고 호령하는 조조의 동상이 서 있다. 관도 전투에서 조조가 원소군을 대파한 곳에 세워진 조공대(曹公臺)의 모양을 그대로 옮겨다 놓았다.

| 관도대전을 묘사한 벽화 | 관도고전장 가는 길 |

관도고전장(官渡古戰場)은 중모현에서 북동쪽으로 2.5km 가량 떨어진 지점으로 그 옛날 관도 전투의 주요 싸움터였다. 지금은 관도교촌(官渡橋村)이라 불리는데, 예전에 관도수가 이곳으로 흘러 다리를 놓았던 것에서 유래가 되었다. 물길은 명나라 때 말라버렸지만, 청나라 초기까지만 해도 언덕이 연이어져 있어서 조조군이 쌓은 보루의 흔적을 볼 수 있었다고 한다. 하지만 지금은 비옥한 평야만이 드넓게 펼쳐져 있다. 처음 이곳에 왔을 때는 여름이어서 온통 옥수수밭이었는데, 계절을 달리하여 겨울에 찾아오니 총총한 비닐하우스마다 야채가 빼곡하다. 평야는 온통 마늘 싹으로 초록 융단을 깔았다. 마늘은 이곳의 대표적인 특산물이다. 이곳에서 생산된 마늘 중 40%는 한국으로 수출한다고 한다. 피비린내 나는 역사의 현장은 흔적 없이 사라지고 1970년대의 우리가 그랬듯이 중모의 오늘은 저마다 경제적 가치 창출에 몰두하고 있다.

나를 안내하는 운전기사의 고향이 이곳 중모라고 한다. 부모는 모두 돌아가셨고 동생 가족만이 이곳에서 농사를 짓는다고 한다. 반가운 마음일 터이니 동생 집에라도 들렀다가자고 했더니 나를 안내하는 일이 우선이라고 한다. 기사가 사는 곳은 낙양인데 이렇게 오기가 쉬운 일이겠는가. 내가 괜찮으니 잠깐 인사라도 하고 가자고 했더니 조금 망설이던 기사가 전화를 한다. 잠시 후 동생 가족들을 만났다. 모두가 반가운 표정이다. 잠시나마 기쁜 만남을 하고 일어서는데 기사의 동생이 내게 마늘 두 꾸러미를 준다. 내가 어리둥절해하자 감사함의 표시로 꼭 주고 싶단다. 안 받으면 오히려 예의가 아닐 것 같아 고맙게 받았다. 그 값으로 아이들에게 백 위엔을 주었다. 비싼 마늘이었지만 기분은 좋았다. 마늘은 단단한 것이 색깔이나 모양이 모두 최고다. 우리의 육쪽 마늘과 똑같았는데, 오히려 더욱 튼실하고 매운맛도 강렬하다. 이렇게 맛이 뛰어나니 마늘을 좋아하는 우리나라가 수입하는 것도 당연한 것이리라.

▌관도대전에서 승리한 조조를 묘사한 조공대

▌마늘밭의 농업 용수로 사용 중인 조조정(曹操井)

축록영(逐鹿營)이라는 마을의 마늘 밭가에는 '조조정(曹操井)'이라는 오래된 우물이 있다. 당시에 조조가 식수용으로 판 것이라고 한다. 우물은 지금도 물이 가득하다. 그러나 식수로는 사용하지 않고 채소를 가꾸는 농업 용수로 사용한다. 축록영이라는 이름은 조조와 원소가 이곳에서 천하(사슴)를 얻기 위해 다투었던 곳이라는 뜻이다. 조조정에서 백여 m 떨어진 곳에 조조가 말을 타고 힘차게 진군 명령을 내리는 모습의 조공대가 있다. 이곳은 조조군이 원소군을 대파한 곳이다. 이곳에 조조상을 세워 중원 쟁패의 승리자인 조조의 기개를 그대로 표현해 놓았는데, 사람들이 찾지 않아서인가 주변은 온통 쓰레기장으로 변해 있다.

▌관도소학교 옆에 있는 관도사

▌관도소학교 농구대에 버려진 석비

▌관도사에 있는 관우의 소상과 좌우에 놓인 관평, 주창의 소상 　　▌관도사 관우비

　　마을 끄트머리에 있는 관도소학교에는 청나라 건륭 연간에 후세 사람들
이 관도 전투를 기리고, 이와 함께 관우를 모신 관제묘를 세운 과정이 적혀 있는
비석이 있다고 하여 찾아보았다. 그러나 아무리 찾아도 보이질 않는다. '다른 곳
으로 옮겼는가 보다.' 하고 운동장을 걸어 나오는데, 농구대의 지지석(支持石)으
로 쓰이는 비석이 수상하다. 다가가서 살펴보았다. 알아볼 수 없을 정도의 흉한
몰골로 깨져 나뒹구는 것이 아닌가. 내가 찾는 비석이 설마하니 이렇게 내동댕
이쳐 있지는 않을 것이란 희망을 가지고 소학교 옆에 있는 관도사(官渡寺)를 찾
았다. 조그마한 절 앞에 커다란 비석이 있는데 바로 내가 찾던 그 비석이다. 순

간 반가움보다 안도감이 앞선다. 중국의 많은 관제묘는 문화대혁명 시기에도 꿋꿋하게 버텨냈다. 그러하매 이곳의 관제묘 중수비도 잘 보존되어 있는 것이리라. 비석의 흥망조차도 관우와 연관이 있으니 관우야말로 무신과 재물신을 넘어 중국의 최고신인 것이다. 이곳의 관제묘도 관우를 중심으로 관평과 주창의 소상이 있다.

관도교촌 마을 끝에는 마치 관도 전투 당시의 군영을 보는 듯한 모습의 커다란 건축물이 있다. 바로 '관도고전장 예술관(官渡古戰場藝術觀)'이다. 그런데 대문이 굳게 잠겨 있다. 수소문을 해보니 폐쇄되었다고 한다. 그래도 궁금하여 보기를 청했더니, 일꾼 중 감독인 듯한 자가 빨리 보고 나가라며 안내를 한다. 군영 장막을 연이어 놓은 것처럼 만든 건물 안에는 관도대전의 처음부터 끝까지의 과정을 그림과 밀랍인형으로 재현해 놓았는데, 인형들이 망가진 채로 버려진 것이 꽤나 오래되었다. 이곳이 '삼국지 3대 전투'의 하나인 관도대전이 일어난 곳이어서 시 차원에서 많은 예산을 투입하여 삼국지 관광 사업을 집중적

▌ 폐허가 된 관도고전장 예술관과 그 입구

▌관광객이 없어 버려진 관도고전장 예술관 내부

으로 육성하였다고 한다. 하지만 홍보가 부족하였는지 찾아오는 관광객이 점차 줄더니, 이제는 나처럼 삼국지 관련 유적을 일부러 찾아다니는 나그네 외엔 찾는 이가 없다고 한다. 아무리 훌륭한 유적지라도 그것을 널리 알리지 않으면 찾아오는 사람이 없고, 보잘것없는 유적이라도 포장과 홍보를 대단하게 하면 문전성시를 이루는 것이니, 우리의 눈과 편안함만 찾는 몸을 탓할 일이다.

진열실은 전기도 끊어져 어두컴컴하고, 통로에는 먼지만이 뽀얗다. 그 속에 엉켜서 나뒹구는 밀랍인형들을 보니, 마치 관도 전투가 끝난 전쟁터를 걷는 것 같아 기분이 으스스하다. 당나라의 시인 호증(胡曾)은 관도를 돌아보고 탄식하며 시 한 수를 지었다.

원소의 호기는 중원을 덮었지만	本初豪氣蓋中華
관도에서 대치하며 장탄식만 하였네	官渡相持枉嘆嗟
만약 허유의 계책을 사용했더라면	若使許攸謀見用
강산이 어찌 조씨 천하가 되었겠는가	山河爭得屬曹家

원소는 참모들의 충언이 귀에 거슬렸고 비방과 이간질에 마음이 움직였다. 또한 우수한 인재 중 떠나지 않은 자는 모두 원소에 의해 죽임을 당하였다.

조조는 참모들의 충언을 믿고 받아들여 이를 적극 실천에 옮겼으며, 전쟁이 끝난 후에도 승리감에 도취하여 정사를 함부로 하지 않았다. 전쟁에서 사망한 군졸을 잊지 않고 민심을 달래고 수렴하려고 애썼다.

"나는 폭정과 혼란을 없애고자 의병을 일으켰는데, 고향땅에 돌아와 보니 많은 백성들이 죽어서 온종일 걸어도 아는 사람을 만날 수가 없었다. 정녕 원통하고 가슴 아프다. 나와 함께하는 병사들이 전사하여 후손이 없으면 친척에게 후사를 잇게 하고, 좋은 논밭에 농사지을 수 있도록 소도 주며, 선생을 두어 자식들을 교육시키도록 하라. 유족을 위한 묘(廟)를 세우고 제사지낼 수 있게 해주어라. 혼백이 있다면 우리가 죽은 후에 어떤 유감이 있겠는가!"

윗사람이 지혜로서 덕을 베푸는 것은 수하의 인재들로 하여금 마음으로부터 믿고 따르도록 하는 것이니, 이것이야말로 최고의 자산이 아니고 무엇이랴. 아무리 문명사회라 하여도 결국 제일 중요한 것은 '사람'이기에, 조조의 용인술은 이 시대의 지도자들이 필히 익혀야 할 과제이기도 하다.

조조의 두통을 낫게 한 진림의 격문

'사공 조조의 할아비 조등은 중상시였고, 좌관·서황 같은 내시와 함께 요사스럽고 게걸스런 욕심으로 질서를 파괴하고 백성들을 학대하였다. 아비 조숭은 조등에게 양자가 되기 위해 아첨하더니, 더럽게 모은 돈으로 고관 벼슬을 사고 권세가들에게는 금은보화를 수레로 실어 날라 태위 자리를 훔치고 나라의 권력을 빼앗았다. 이와 같이 조조는 환관에게 빌붙은 자가 남긴 추한 씨알로, 애시당초 덕이 없었을 뿐 아니라 약삭빠름과 날쌤만을 믿고 남을 능멸하고 난리를 좋아하고 재앙마저 즐겼다.

조조는 무덤을 파헤치는 발구중랑장과 금을 긁어모으는 모금교위를 만들어서 가는 곳마다 무덤을 파헤치게 하여 해골이 드러나지 않는 곳이 없다. 삼공의 자리에 앉아서 흉악한 짓을 밥 먹듯 하고 나라를 더럽히며 백성을 해쳐 그 해악이 사람을 넘어 귀신에게까지 뻗치고 있다. … (중략) … 조조는 정예병 7백 명을 동원해 궁궐을 포위하고 겉으로는 황제를 지킨다고 하지만 사실은 볼모로 잡아놓고 있는 것이다. 나라를 찬탈하려는 못된 생각이 이로부터 나오지 않을까 두렵도다. 지금이 바로 충신들이 간과 뇌수를 땅에 쏟을 때이고 열사가 공을 세울 기회이니 어찌 스스로 하지 않을 수 있겠는가?'

원소는 관도대전을 준비하면서 진림(陳琳)으로 하여금 '조조 토벌'의 정당성을 알리는 격문을 쓰게 하였다. 진림은 일필휘지로 격문을 썼고 원소는 그 내용에 크게 만족하여 두루 배포하도록 하였다. 두통을 앓던 조조가 격문을 보고는 온몸에 소름이 돋고 진땀을 흘리며 저도 모르게 두통이 나았다고 한다. 하지만 조조는 곧 진림의 글을 이렇게 평가하였다.

"격문 속에는 반드시 무략(武略)이 있어야 이룰 수 있는데, 진림의 글은 비록 잘 쓰기는 하였지만 무략이 없구나. 원소의 전략이 그것밖에는 안 되니 어쩌겠느냐?"

진땀을 흘리며 두통까지 사라지게 만든 글을 읽으면서도 격문이 목적한 바를 이루고 있는가를 냉철히 파악해내는 조조는 역시 비범한 인물임에 틀림없다. 그런 분위기에서 어찌 냉철할 수 있단 말인가.

건안문학의 창시자이기도 한 문장가 조조가 깜짝 놀랄 정도의 글 솜씨를 지닌 진림은 원래 대장군 하진 밑에서 문서를 담당한 주부였다. 하진이 죽자 원소의 막료가 되어 문장을 맡고 있었다. 원소가 패하자 진림이 조조에게 투항하였다.

"나의 죄명은 그렇다손 치더라도 부친과 조부의 일은 왜 들추어냈느냐?"
"시위에 걸린 화살은 쏘는 수밖에 달리 방법이 없습니다."

진림의 재능을 아낀 조조는 더 이상 추궁하지 않고 사공군모제주(司空軍謀祭酒)에 임명하여 군사와 국정에 관한 문서나 격문을 담당하게 하였다.

건안칠자(建安七子)의 한 사람인 진림은 문장력은 출중하였지만 자신의 안위를 위해 조변석개하는 격문은 무력을 정당화한 협객과 다를 바 없었다. 그야말로 앞뒤

가리지 않고 인신공격만 일삼는 속물 정객과도 같았다. 남북조 시대 말기, 안지추(顏之推)는 그의 자손들에게 교훈으로 『안씨가훈(顏氏家訓)』을 남겼다. 이곳에서 이르기를 '아무리 난세라 해도 진림처럼 부끄럽게 살지 말라'고 했으니, 무릇 세상에 나선 자들은 한 편의 글이나 한 마디의 말을 함에 있어서도 경거망동을 삼가야 할 일이다.

12. 조조, 중원을 통일하다

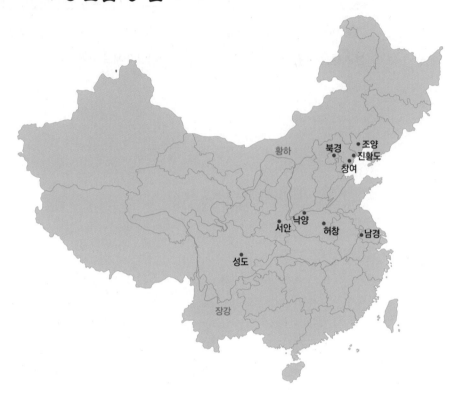

"아! 이제 죽음을 면치 못하게 되었구나."

"모두가 좋은 일이 있을 것이라 말하는데 어찌 그리 말씀하십니까?"

"원 장군은 모습은 너그럽게 보이지만 마음속은 시기가 많아 충성심은 안
중에도 없는 사람이다. 만일 전투에서 승리하여 기쁘시다면 나를 용서할 수 있지만,
이제 전투에서 패하여 부끄러워하니 내가 어찌 살 수 있겠느냐."

"대장부로 태어나서 주인 하나 제대로 가려서 모시지 못하였으니 누구를
탓하겠는가. 당장 죽어도 전혀 이상할 것이 없도다."

원소는 조조와의 관도대전에서 패한 뒤 봉기의 모함에 빠져 전풍을 죽였다. 군중(軍中)에서 저수를 죽이고 이제 감옥에 있던 전풍마저 죽였으니 두 팔을 잃은 원소의 패망은 불을 보듯 뻔한 일이었다. 원소는 아들들과 사위의 병사들로 전열을 가다듬어 조조에게 대항하였지만, 정욱(程昱)의 십면매복(十面埋伏) 계책에 빠져 창정전투에서 또다시 대패하고 말았다.

　　청년 시절, 호협 친구로서 조조와 함께 산천을 호령했던 원소는 권력 쟁탈전에서 한 수 아래로 여겨왔던 조조에게 연이어 패배함으로써 회생 불능이 되었다. 대대로 내려온 명문가의 위상도, 하북 4개 주의 주인으로서 원소의 운명도 다한 것이다. 더군다나 친구인 조조에게 무릎을 꿇음으로써 그 상처는 더욱 큰 것이었다.

　　서기 203년 봄. 조조는 유비를 물리쳤다. 유비가 유표에게 의탁하자 조조는 유표의 움직임을 주시하며 여세를 몰아 원소의 근거지인 기주의 업성(鄴城)을 공략한다. 이에 병상에 있던 원소가 다시 일어서자 아들들이 말린다. 하지만 원소는 갑옷을 입었다. 무엇이 원소로 하여금 피 토하는 몸을 가누며 전장으로 나서게 한 것인가. "4대에 걸쳐 삼공 벼슬을 지낸 명문가 출신인 내가 천박한 환관의 양아들 녀석에게 이렇게 무참히 무너질 수는 없다."라는 강한 복수심 때문이다. 이러한 마음도 아들 원상(袁尚)의 성급하고 독단적인 행동으로 무산되고, 급기야 원소는 증오의 피를 쏟으며 죽고 만다.

대대로 조상 덕에 큰 이름을 세우고	累世公卿立大名
젊은 시절 의기로 천하를 휘저었네	少年意氣自縱橫
삼천 인재 헛되이 모으고	空招俊傑三千客
백만 대군 있어도 쓸 줄 몰랐네	漫有英雄百萬兵

양 기질에 범 탈이니 공 세울 수 없고	羊質虎皮功不就
봉황 깃에 닭 배짱이니 어이 큰일 이루겠나	鳳毛鷄膽事難成
더욱이 가련하고 마음 아픈 것은	更憐一種傷心處
두 형제가 일으킨 가정 분란이라네	家難徒延兩弟兄

원소는 한나라 말기에 난립한 군벌 중 최강이었다. 공손찬을 몰아내고 북방을 재패한 최고의 강호이자 천하통일에 있어서도 가장 유력한 후보자였다. 원소가 최강의 세력을 구축할 수 있었던 것은 4대 째 삼공을 지낸 명문 거족이라는 막강한 정치적 자산이 있었기에 가능하였다. 이와 함께 천하에서 모인 인재들을 받아들인 것이 주효하였다. 환관을 주살하고 동탁의 폭정에 항거하며 18제후들의 영수로 추대되는 영웅적인 면모가 청주(靑州), 유주(幽州), 병주(幷州), 기주(冀州) 이렇게 4개 주를 다스리는 최대, 최강의 영웅으로 성장하였던 것이다. 이처럼 승승장구하던 원소의 권력도 관도대전에서의 패배로 풍비박산이 되고 말았다.

원소 사후, 후처 유씨에 의해 막내 원상이 후계자로 선정되자, 형제간의 골육상쟁이 깊어졌다. 이 때문에 군신들도 다툼이 벌어지니 전쟁보다 더 무서운 상쟁이 되었다. 먼저 적자인 원담(袁譚)이 조조에게 투항하였다. 아버지를 죽이고 집안을 멸망시키려드는 원수에게 투항하여 형제를 죽인 후, 그의 부하가 되어 하북 지역을 통치하겠다는 생각이 얼마나 무서운가. 그래서 그러한 행동을 하는 자 역시 필망의 길로 접어드는 법. 조조는 원담을 약속 불이행을 이유로 처형하였다. 어차피 제거해야 하는 적이기에 정치적인 팽(烹)을 단행한 것이다. 원담의 속 좁은 생각이 진실로 가련할 뿐이다.

서기 207년. 조조는 하북을 평정할 수 있는 절호의 기회가 왔음을 알고 원씨 형제와 잔당에 대한 공격을 더욱 거세게 펼쳤다. 그는 하북 지역을 공략하면서 모사 곽가(郭嘉)를 대동하였는데 그를 무척 아꼈다. 그런 곽가가 풍토병에 걸려 죽으면서 한 통의 편지를 남겼다. 조조는 그가 유언으로 남긴 계책대로 요동태수 공손강(公孫康)에게 의탁하러 간 원씨 형제들을 뒤쫓지 않았다. 모두가 뒤쫓아 쳐부수면 요동까지도 얻을 수 있다고 하였지만, 조조는 웃으며 며칠만 기다려 보자고 하였다. 장수들이 의아해하며 며칠이 지났을 때, 공손강이 원희와 원상 형제의 수급을 바쳤다. 모든 사람들이 크게 놀라 조조에게 묻자 조조는 곽가의 편지를 보여주었다.

'원희, 원상이 요동 방면으로 몸을 의탁했다고 들었는데, 명공께서는 절대로 치지 마소서. 공손강은 예전부터 원씨가 자기의 영토를 노리는 것을 무척 경계했는데, 이제 원희와 원상이 의탁하러 갔으니 분명히 의심할 것입니다. 이러한 때 군사로 공격을 하면 그들은 합심하여 싸울 것이니 쉽게 무너뜨릴 수 없습니다. 하지만 조금 공격을 늦추면 공손강은 원씨와 사이가 안 좋아지고, 그 결과 서로 죽이고자 할 것입니다.'

원씨 일가는 예전부터 호시탐탐 요동 지역을 넘보고 있었다. 그러던 중 공손찬이 원소에 의해 죽자 두 집안은 원수지간이 되었다. 공손탁(公孫度)의 아들인 공손강이 조부의 일을 모를 리 없었다. 그러나 조조가 원씨 형제의 처벌을 빌미로 쳐들어온다면 더 큰 적을 맞아 힘을 합쳐야만 하였다. 그런데 조조는 곽가의 유언대로 유성에서 꼼짝하지 않았다. 이를 확인한 공손강은 원희와 원상의 수급을 베어 조조에게 바쳤고, 조조는 곽가의 유언을 받아들여 손가락 하나 까딱하지 않고 원씨 형제들을 제거하는 어부지리를 얻었다. 이는 참모의 계책을 알아보고 십분 활용할 줄 아는 천하의 조조만이 가능한 일인 것이다. 이로써 원씨 집안은 망하고 원수를 갚은 공손씨는 요동 지역을 보존하게 되었다. 조조는 오환(烏桓)을 정벌하여 북방을 안정시켰고, 무엇보다 원씨 세력을 제거하여 중원과 북방의 최후 승자가 되었다. 그리고 요동 지역의 공손강과 조우함으로써 배후의 후환을 없앴다.

원소를 무찌르고 하북을 평정한 조조는 견씨(甄氏)를 며느리로 삼았다. 견씨는 원소의 둘째 아들 원희의 아내였는데 경국지색이었다. 원희가 유주자사로 지금의 북경에 나가 있을 때 시어머니인 유씨를 봉양하다가 조조군이 업성을 함락할 때 조비의 눈에 든 것이다. 이때의 전후 사정은 『세설신어』의 「혹닉(惑溺)」편에 소개되어 있다.

'견 황후는 아름답고 총명했다. 예전에는 원희의 부인이 되어 총애를 듬뿍 받았다. 조공이 업성을 점령하자, 속히 견씨를 데려오라고 하였다. 그랬더니 신하들이 아뢰기를, "오관중랑께서 이미 차지하셨습니다."라고 하였다. 이에 조공이 말하기를 "이번에 적을 무찌른 것은 바로 그 견씨 때문인데!"라고 하였다.'

'혹닉'이란 어떤 대상에 대해 감정상으로 미혹되어 그것에 푹 빠지는 것을 말하는데, 남녀 간의 애정에 관한 이야기가 대부분이다. 조조 악인론의 대변지 노릇을 한 『세설신어』에서의 이 이야기는 '조조 = 나쁜 놈'이라는 선입견에서 볼 때는 정말 이치에 맞는 말이다. 하지만 사실 여부도 알 수 없거니와, 당시 전쟁에서의 승리자는 패배자의 친인척 모두를 전리품으로 획득했던 때임을 감안한다면 별일이 아니다. 특히 아들 조비가 미인인 견씨를 부인으로 맞이하고 싶어 한다면 아버지로서 당연히 허락할 수 있는 일인데, '나쁜 조조'의 인상을 심어

주기 위해 마치 부자간의 대립이 있는 것처럼 표현해 놓았다.

조조의 천하의 영웅이다. 영웅의 입장에서 보면 여인은 천하에 널려 있다. 견씨는 그중 아들이 총애하는 여인일 뿐이다. 경국지색인 견씨를 며느리로 삼으려 하자 공융(孔融)이 조조에게 편지를 보냈는데, 그중에 '주 무왕이 은 주왕을 정복했을 때, 주왕의 비 달기를 동생인 주공께 주었습니다.'라는 내용이 있다. 조조는 공융이 박학하기에 편지 내용이 정말 맞는 줄 알았다. 조조가 나중에 공융에게 편지의 내용을 물었더니, "오늘의 입장에서 그때를 헤아려 보면 모름지기 그랬을 것이라고 짐작했던 것"이라고 하였다.

대학자인 공융의 말을 의심 없이 받아들인 조조가 그러함에도 불구하고 견씨를 며느리로 삼은 것은 어인 까닭일까. 견씨는 한나라의 태보(太保) 견감(甄邯)의 후예로 대대로 태수를 배출하던 가문에서 태어났다. 세 살 때 부친을 잃고 홀어머니와 살았으나, 세상이 전란과 기근에 휩싸이자 어머니를 설득하여 곡식을 풀어 인근에서 칭송을 받았다. 조조는 견씨가 재색뿐 아니라 이 같은 일을 할 정도로 상당히 비범하고 총명한 여인이라는 것을 이미 알고 있었기 때문이다. 영특하고 간사하기까지 한 조조가 자식의 대를 이어줄 여인을 고르는 막중지사를 단지 경국지색만 보고 정할 수 있겠는가. 산전수전을 겪은 조조에게는 결코 있을 수 없는 일이다.

조조는 관도대전, 창정전투, 그리고 유성전투마저 승리로 이끌며 단번에 하북을 평정하였다. 특히 유성(柳城)에서의 승리는 오환군을 조조의 정예 기마병으로 편입시키고, 청주병과 함께 조조군을 이끄는 최강의 병력을 구축하게 하는 계기가 된다.

■ 조양 시내의 쌍탑 중 남탑

▌ 삼국 시대 유성이었던 조양시

      중원과 북방을 차지한 조조는 민심을 안정시킨 후, 허도로 오기 위해 산해관(山海關)을 거쳐 발해만을 따라 회군한다. 빠른 길이기도 하였지만 조조에게는 다른 생각이 있었다. 그것은 무엇이었을까. 갈석산(碣石山)에 올라 시 한 수를 짓기 위함이었다. 시인 조조가 시 한 수를 짓는데 굳이 갈석산에 올라야만 했겠는가. 하지만 이 산은 평범한 산이 아니다. 중국의 위대한 황제들이 오른 산이기 때문이다. 그러한 산에 올라 개선가를 지음으로써 조조 또한 그들과 다름없는 황제의 자부심을 느끼고 암시하기 위함이었다.

      조조가 오환을 물리친 유성은 현재 요녕성(遼寧省) 조양(朝陽)시다. 조조

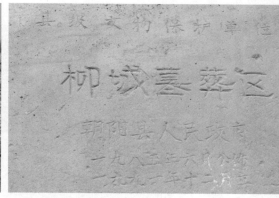

| ▌유성전투가 벌어진 전장터 | ▌유성이었음을 알려주는 표지판 |

는 이곳에서 민심을 다스리고 회군했는데, 발해만 쪽으로 내려오다 올랐다는 갈석산은 지금의 하북성 진황도시(秦皇島市) 창여현(昌黎縣) 북서부에 있는 산이다. 이 산은 695m의 높지 않은 산임에도 불구하고 중국의 역대 제왕들이 갈석 신악(碣石神岳)이라며 중시하였다. 이는 산동성의 태산(泰山)이 그러하듯이 발해만을 굽어보는 평야 지대에 불쑥 솟아 있는 것이 마치 천하에 위압감을 주는 것처럼 여겨졌기 때문이다.

진황도시에는 만리장성의 동쪽 출발점인 산해관이 있다. 만리장성은 발해와 이어지는데 바다와 맞닿은 곳에 노룡두(老龍頭)라는 망대(望臺)가 있다. 만리장성은 명나라 때 대대적인 중건 작업을 벌여 지금의 모습으로 완성된 것이라는 표지석이 우뚝하다. 이처럼 만리장성의 동쪽 끝은 산해관이 분명한데도, 중국의 동북공정은 압록강변의 단동시 호산산성(虎山山城)이 만리장성의 동쪽 끝이라고 우기고 있으니 중국의 역사 왜곡은 비단 『삼국지연의』에서만의 일은 아닌 것이다.

만리장성의 동쪽 끝인 산해관

▌ 만리장성과 발해가 만나는 노룡두

▌ 노룡두 건너편에 있는 해신당(海神堂)

▌ 아홉 황제가 오른 갈석산이라는 안내문

▌ 종 모양의 바위로 이루어진 갈석산의 모습

▌ 창여현 갈석산이 '신악갈석(神岳碣石)'임을 알리는 표지석

진황도시 중심가에서 서북쪽으로 30km 떨어진 창여현에 도착하니 '악산'이라는 이름에 어울리게 바위로 둘러쳐진 갈석산이 보인다. 등산로 입구에는 갈석산의 명성을 알리는 문구가 요란하다.

'신이 내린 갈석산은 바다를 바라보는 명승지. 아홉 명의 임금이 오르신 그 옛날의 수수께끼를 누가 풀 수 있으리오(神岳碣石, 觀海勝地, 九帝登臨, 千古之謎何解).'

중국의 유명한 산들이 모두 그렇듯이 이곳도 돌계단으로 조성되어 있어서 오르기가 쉽지 않다. 조조가 보았던 창해(滄海)는 이곳에서 15km 떨어진 곳인데 지금은 잘 보이지 않는다. 바위에 새겨진 「관창해(觀滄海)」라는 시가 조조의 웅혼한 목소리를 들려주는 듯하다.

동으로 갈석산에 올라 푸른 바다 바라보니	東臨碣石 以觀滄海
바닷물은 출렁이고 산과 섬이 솟아나네	水何澹澹 山島竦峙
울창한 숲 무성한 온갖 풀들	樹木叢生 百草豊茂
소슬한 가을바람 솟구치는 큰 물결	秋風蕭瑟 洪波踊起
밤낮 없는 해와 달이 거기서 나오는 듯	日月之行 若出其中
찬연한 별과 은하 거기서 나오는 듯	星漢粲爛 若出其裏
어와 좋을시고, 우리 소망 노래하자	幸甚至哉 歌以詠志

▍ 갈석산 입구에 있는 수암사

▎ 조조가 갈석산에 올라 시를 읊었다는 곳과 바위에 새긴 '관창해(觀滄海)'

　　조조가 갈석산을 오르기 전에 진시황(秦始皇)과 한무제(漢武帝)가 먼저 이곳에 올랐다. 기원전 215년, 중국 최초로 천하를 통일한 진시황은 자신이 통일한 영토를 몇 차례에 걸쳐 순시하였다. 그리고 동쪽 바다를 바라보며 영원불사의 신선이 되기를 원하였다. 흉노족을 몰아내고 한 제국을 부흥시킨 한무제 역시 기원전 110년에 이곳에 올라 영생을 꿈꾸었다.

　　중원과 하북을 통일한 조조의 입장에서 보면 중국 천하를 호령한 두 제왕이 올랐던 갈석산을 오르는 것은 너무도 당연한 것이었다. 특히 두 제왕은 함양이라는 머나먼 곳에서 왔는데, 오환을 정벌하고 돌아가는 길에 있는 갈석산을 그냥 지나친다는 것은 그들과 동등한 반열에 서는 것을 마다하는 것이나 다름없기 때문이다. 조조는 갈석산에 올라 자신도 두 제왕의 기상과 웅지를 이어받아 더욱 위대한 제왕이 되고자 하였을 것이다. 다만 조조는 냉철한 현실주의자였기에 신선이 되고 싶다는 허황된 꿈은 꾸지 않았다.

수양제(隋煬帝)와 당태종(唐太宗)도 갈석산에 올랐다. 모두가 고구려 정벌의 와중이었다. 하지만 두 황제는 고구려에 대패하였다. 그 결과 국가가 망하거나 고구려 정벌을 금하라는 유언을 남기기까지 하였다. 얼마나 처절하게 패배했으면 그러하였겠는가. 이는 하늘의 자손이라는 천하관을 지닌 고구려 문명이 중화 문명에 맞서는 국력을 가지고 있었기에 가능한 것이다.

사마의(司馬懿)도 요동의 공손연(公孫淵)을 토벌하기 위하여 갈석산에 올랐다. 그리고 토벌에 성공하였다. 하지만 그것은 고구려의 기마병이 후미를 공격하며 연합 전선을 폈기 때문에 가능한 일이었다. 이러한 생각을 하며 갈석산에 오르니 나 또한 감개가 무량하다. 그것은 '고구려'로 인해 이곳에서 웃고 울던 중국 제왕들의 모습이 새삼 떠올랐기 때문이다.

조조는 오환의 중심부인 유성을 급습하여 모돈(冒頓)을 죽이고 항복을 받는다. 그러나 조조가 죽인 것은 모돈이 아니었다. 당시 오환의 추장은 답돈(蹋頓)이었다. 그렇다면 모돈은 누구인가. 모돈은 기원전 209년 스스로 왕이 되어 흉노를 가장 강성하게 만든 영웅이다. 조조가 활약한 시대보다도 400년 전에 한나라를 건국한 유방을 꼼짝 못하게 만들고 한무제 이전까지 중원을 휘저은 영웅이었다. 그러한 모돈이 연의에서는 조조에게 참수당하는 것으로 왜곡하여 문자로 치욕을 갚고 있는 것이다.

■ 갈석산 정상에서 내려다본 모습

　조조는 답돈과 그의 부하를 죽
이면서 20만 명의 죄 없는 양민을 살해
하였다. 하지만 역사는 '항복하였다'는
한 단어로 이를 봉합하였다. 가히 춘추
필법의 새로운 연의판 버전이 아닐 수
없다. 이러하매 사마의가 고구려와의
연합을 통해 정벌에 성공한 요동 지역
이 오로지 사마의의 뛰어난 전술의 결
과인 것으로 묘사하는 것은 너무도 당
연한 일이리라. 그리고 누구에게도 결
코 진 적이 없는 뛰어난 전략가인 사마
의를 무찌르는 단 한 명의 사람. 곧 신
출귀몰한 제갈량을 한껏 치켜세운다.
중원에 이르면 그 어떤 것도 신하가 되
지 않고서는 용납되지 않는 것이다. 비
록 그것이 역사라 하더라도 말이다.

명문가 원소,
천박한 조조에게 패할 수밖에 없는 이유

　　원소의 고조부(高祖父)는 후한 말 군웅 중 한 명인 원안(袁安)이다. 원소 집안은 이때부터 4대 연속 삼공(태위, 사공, 사도)의 지위에 오른다. 삼공은 신하로서는 최고의 자리다. 그러므로 원소는 출생부터 이미 '명문가'로서의 고상한 인품과 교양미가 풍기는 당당한 귀족의 면모를 타고났다. 이러한 까닭에 원소의 중앙 정계 진출은 식은 죽 먹기나 다름없는 것이다. 당시는 가문과 용모, 인품 등을 보고 천거를 하면 우선적으로 벼슬을 할 수 있었기 때문이다.

　　후한 말기 권력을 장악한 동탁이 여포의 손에 죽은 후, 천하를 호령할 최고 유력자는 원소였다. 그러나 원소는 천하를 호령하지 못하고 그 자리를 조조에게 내주었다. 최고, 최대, 최선의 적임자가 바로 원소 자신임을 모두가 인정할 것이라고 자만했기 때문이다. 조조는 원소와는 정반대의 출신이다. 부친은 환관의 양자이고 돈으로 사공 벼슬을 샀기에 귀족이라 하더라도 멸시받는 것은 별반 다름없는 것이었다. 이러한 가문에서 태어난 조조는 고상한 인품은 둘째치고 잔악한 교양미를 갖추었으니 청년 시절을 함께 지낸 원소는 꺼림칙하였으리라.

　　원소가 관도에서 조조에게 패한 것은 조조가 허도로 헌제를 맞이하여 황제의 후견인이 되었을 때 이미 정해진 것이었다. 왜 그런가. 원소가 최고의 귀족 가문으로 명망을 가지고 있다고는 하지만, 어디까지나 신하에 불과하다. 반면 조조는 황제를 모시는 신하로서 대의명분을 구사할 수 있으니, 그 어떤 군웅이라 하더라도 조조의 손아귀에서 자유롭지 못한 것이다. 조조가 정치적으로도 단번에 원소를 능가해 버리자 원소는 심리적으로도 위축될 수밖에 없다. 게다가 성격 면에서도 임기응변과 결단력이 부족한 터라 월등한 군사력과 인기도에도 불구하고 패배할 수밖에 없었던 것이다.

원소와 조조가 방탕한 청년 시절을 보내던 어느 날, 결혼식을 치르는 집에 들어가 신부를 겁탈하고 도망칠 때 원소가 가시덤불에 빠져 꼼짝 못하자 조조가 "도둑이 여기 있다!"라고 고함쳐서 놀란 원소가 필사적으로 탈출에 성공하였다. 여기에서도 알 수 있는 사실이 있다. 원소가 결정적인 순간에 실수를 저지르고 허둥대고 있다면, 조조는 그 와중에도 기발한 타개책을 강구해낸다는 것이다. 이때 이미 조조는 원소가 자신의 적수가 되지 못함을 간파하고 있었을 것이다.

'뜻은 있지만 지모가 떨어지고, 언행과 외모는 사나우나 담이 약하며, 아랫사람이 능력을 드러내는 것을 꺼려해 위세가 적다.'

『후한서』에서도 원소가 조조에게 질 수밖에 없는 원인을 다음과 같이 적고 있다.

'밖으로는 후덕하고 너그러운 마음씨를 가졌으며, 걱정과 기쁨을 내비치지 않았다. 그러나 본성이 교만하고 고집이 강해서 좋은 것을 찾는 데는 많이 부족하였다. 그래서 질 수밖에 없었다.'

원소의 이러한 성격은 자녀들과 집안 단속에도 실패하여 결국은 가문을 멸문지화(滅門之禍)로 이끄는 데 톡톡히 기여하였다. 원소에게는 담(譚), 희(熙), 상(尙)이라는 세 아들이 있다. 막내 상은 후처 유씨의 자식으로, 원소는 막내아들을 가장 사랑하였다. 원소가 죽자 유씨와 그가 낳은 자식인 상이 한 짓이 『전론(典論)』에 전한다.

'유씨는 강샘이 심했다. 그래서 원소가 죽자마자 다섯 명의 애첩을 모두 죽였다. 그러고도 질투심이 사라지지 않아 죽은 자가 저승에서 다시 원소와 있으면 안 된다고 생각해서 첩들의 시신을 삭발시키고 얼굴에는 먹물을 부어 혼이 서로 만나도 모르게 하였다. 또한 아들 상은 애첩들의 식구들까지 모두 주살했다.'

원씨 집안의 행태가 이러함에 원소가 죽고 후계자 자리를 놓고 암투가 벌어지는 것은 필연인 것이다. 이 과정에서 조조에게 멸망하였으니, 어찌 천운만을 한스러워할 수 있으리오. 진수는 원소를 다음과 같이 평하였다.

'밖으로는 관대한 것 같지만 투기가 많고, 모략을 좋아하지만 결단력은 부족하였다. 인재가 있어도 역량을 발휘하게 할 줄 몰랐고, 착한 자를 보듬어 안을 줄 몰랐다. 그리고 장자를 폐하고 첩의 자식을 후계자로 삼음으로써 예법보다 정에 치우친 까닭에 영토가 무너졌다.'

원소에게도 순욱, 곽가, 허유, 저수, 전풍 등 출중한 모사들이 있었다. 그러나 원소의 인간적인 결함이 너무나 컸기 때문에 세 명은 조조에게 가서 그의 참모가 되었고, 둘은 죽임을 당하였다. 원소는 시기와 멸시로 훌륭한 인재를 잃었으니, 이는 곧 야망과 비전을 잃은 것이나 진배없다. 예나 지금이나 훌륭한 인재야말로 든든한 재산이 아닐 수 없다고 하겠다.

제2부

장강은
말없이 흐른다

13. 조조, 승상이 되다

　　208년. 조조는 원소와의 중원 쟁탈전에서 승리하고 한나라의 승상이 되었다. 무수한 군웅들이 할거하는 난세에 신하로서 최고의 자리에 올랐으니, 조조는 바야흐로 정치적으로도 뭇 군웅들을 호령하고 주도할 수 있는 위치에 오른 것이다. 하지만 조조는 승상 자리에 연연하지 않았다. 난세에는 자리보다 무력이 훨씬 더 중요한 것임을 잘 알았기 때문이다. 게다가 자신의 근거지인 허도에서 황제를 보위하고 있으니, 무력만 견고히 하면 언제든지 승상보다 더한 자리도 차지할 수 있는 것이다.

　　조조가 생각하는 무력은 경쟁자들을 제거하는 것이다. 이러한 그였기에 승상 자리에 앉아서 한가롭게 있을 때가 못 되었다. 아직도 평정해야 할 대상들이 많았기 때문이다. 유비와 손권이 제일 경계해야 할 경쟁자였지만, 그들이 손을 잡고 자신에게 대항하고 있는 상황에서 제2의 적벽전투를 벌이는 것은 조조에게도 큰 부담이었다. 게다가 유비는 조조도 인정한 영웅이다. 그런 유비가 지금은 형주를 차지하고 있지만 이에 만족할 자가 아님은 조조도 진즉에 간파하였다. 그렇다면 유비가 천하를 도모하기 위해 날개를 달 곳은 서천 지역이다. 생각이 이에 이르자 조조의 무력은 한중(漢中)의 장로에게로 향하였다.

조조는 유비의 속셈을 알아보기 위하여 30만 대군을 일으켜 합비의 장료와 함께 손권을 공략하도록 하였다. 이 소식을 접한 손권은 형주의 유비에게 도움을 청하였다. 유비가 안절부절 못하고 있을 때, 편지를 본 제갈량이 유비의 근심을 풀어주었다.

"조조는 늘 서량병이 걱정거리입니다. 그런데 지금 조조가 서량의 마등을 죽였습니다. 그의 아들 마초는 아버지의 원수를 갚기 위해 조조놈에게 이를 갈고 있을 것입니다. 이러한 때 주공께서 편지 한 통을 보내시어 마초로 하여금 조조를 공격하게 하소서. 그렇게 하면 조조는 강남을 공격할 겨를이 없을 것입니다."

211년, 조조는 사례교위 종요로 하여금 한중의 장로를 토벌하도록 명령하였다. 종요가 군사를 거느리고 출정하자, 관중(關中)의 여러 군웅들은 자신들까지 위험에 처할 것임을 알고 마초와 한수를 선봉으로 조조에게 대항하기 위하여 동관까지 밀고 들어왔다. 조조는 조홍과 서황에게 군사를 주어 종요를 도와 동관을 군게 지키라고 하면서 반드시 열흘은 지켜낼 것을 명령하였다. 그런데 아흐레 되던 날, 성격이 급한 조홍이 마초의 계략에 빠져 관문을 열고 마초를 공격하였다. 서황이 이를 알고 뒤쫓으며 말렸지만 이미 늦었다. 결국 조홍과 서황은 크게 패하고 동관마저 빼앗겼다. 조조가 이를 알고는 조홍을 죽이려 하였지만 여러 장수가 말리고 조홍도 사죄하는 터라 살려주었다.

　　조조는 다시 전열을 가다듬고 동관을 공략하였다. 하지만 부친의 원수를 갚기 위해 사생결단으로 몰아치는 마초의 무력을 당해낼 수 없었다. 조조는 마초의 공격을 피하기 위하여 자신이 입고 있던 홍포를 벗어던지고 수염을 잘랐다. 그래도 마초가 추격하자 깃발을 찢어 얼굴을 감추고 도망쳤다. 마초의 창 끝이 목숨을 노리자 간담이 서늘해졌다. 절체절명의 순간에 조홍이 마초를 막아섰다. 조조는 조홍이 마초를 상대할 때 안전하게 도망쳤다. 위기를 모면한 조조는 조홍을 살려둔 것에 진심으로 감사하였다. 조조는 예전에 동탁을 뒤쫓다가 패하여 목숨이 위태로울 때, 조홍이 자신의 말을 내어주며 '천하에 이 홍은 없어도 되지만 공은 없으면 안 된다(天下可無洪不可無公)'고 하였던 말을 떠올렸다. 이제 조조는 누가 뭐라 하여도 조홍을 아낄 수밖에 없었다.

　　　　동관에서 패하고 기겁하여 도망칠 때　　　　潼關戰敗望風逃

　　　　조조가 허겁지겁 비단 전포를 벗었구나　　　　孟德愴惶脫錦袍

　　　　칼 뽑아 죽을 둥 살 둥 턱수염 잘랐으니　　　　劍割髭髥應喪膽

　　　　마초의 기상이 온 하늘을 덮었네　　　　　　　馬超聲價蓋天高

　　마초가 부친 마등의 원수를 갚기 위해 조조를 공격한 것은 나관중이 조조를 악인으로 만드는 과정에서 꾸며낸 이야기다. 사실은 소설과 정반대다. 마초가 먼저 조조에게 반란을 일으켰고 이로 인하여 부친 마등과 그 일족 2백여 명이 살해된 것이다. 『자치통감』의 건안 16년(211)과 17년의 내용을 보면 이를 알 수 있다.

"(건안 16년) 조조가 장로를 토벌하자 마초 등은 조조가 자신들을 공격할 것이라고 의심하여 마침내 여러 장수들과 반란을 일으켰다. 동관 등지에서 조조와 싸워 서로 승패를 주고받았지만 끝내 조조에게 패하였다. (건안 17년) 여름 5월, 위위(衛尉) 마등을 죽이고 삼족을 멸하였다."

나관중은 역사적 사실을 뒤바꿔 놓음으로써 조조를 더욱 미워하게 만드는 한편, 마초의 행동에는 모두가 공감하도록 하였다. 조조 입장에서는 여러모로 억울할 뿐이다. 나관중이 마초를 이토록 호의적으로 그린 것은 무슨 까닭일까. 그것은 마초가 유비에게 귀순한 장수이기 때문이다. 게다가 나관중은 마초를 오호상장(五虎上將)으로 만들어 놓았다. 유비 중심의 촉한 정통론에 입각하여 마초를 칭송하였는데, 역사적 사실대로 스토리를 전개하면 가족을 몰살시킨 불효자를 옹호한 꼴이니 유교적 대의명분과도 맞지 않는 것이다.

조조가 마초에게 쫓겨 홍포를 벗어버리고 수염도 자르며 도망친 이야기도 마찬가지다. 그런데 이 이야기는 나관중 이전부터 있어 왔다. 『삼국지평화』에 이미 '조조가 수염을 자르고 옷을 바꿔 입었다'는 장면이 나온다. 또한 진수의 『삼국지』 「마초전」에 '마초란 놈이 죽지 않으면 장차 내가 죽어도 장사지낼 땅이 없겠구나.'라는 조조의 말이 실려 있는데, 나관중은 이러한 내용들을 종합하여 조조가 마초에게 쫓겨 가는 장면을 재미있게 묘사하였던 것이다.

마초가 조조를 공격하고 있을 때 유비와 손권이 허도(許都)를 기습하였다면 조조는 더욱 궁지에 몰렸을 것이고 정치적 타격도 컸을 것이다. 그런데 마초의 공격을 지켜보기만 하였다. 왜 그래야만 하였을까. 모종강이 그 이유를 밝혔다.

"마초가 동관(潼關)에서 조조와 싸울 때 손권과 유비가 빈틈을 타고 허도를 기습했더라면 보통 통쾌한 일이 아니었을 것이다. 그런데 손권은 그렇게 하지 않았고, 유비 역시 그렇게 하지 못하였다.

왜 그랬을까? 동오의 군사는 쳐들어오는 적을 막을 수 있을 뿐 쳐들어가지는 못했다. 작은 합비(合肥)도 함락하지 못하면서 어떻게 허도로 쳐들어갈 생각을 하겠는가? 또한 그들이 갖고 싶어 하는 것은 오직 형주(荊州)일 뿐 중원에는 뜻이 없었다.

유비는 군사력을 키워 오직 서천(西川)을 빼앗으려고만 했기에 동오가 지원을 요청해도 파견하지 않았으니, 어느 겨를에 허도를 기습하겠는가? 그의 뜻이 비록 중원에 있었지만 익주를 얻지 못했으니 감히 중원을 도모하지 못한 것이다. 조조에게는 군사를 이용할 만한 틈이 있었지만 유비와 손권에게는 그 틈을 이용할 군사력이 없었으니, 아! 어찌 천운이 아니겠는가?"

조조는 마초의 공격에 고전했지만 한수와의 사이에 이간질을 성공시키고 협공하여 대승을 거둔다. 마초와 한수는 양주로 도망치고 조조는 장로마저 평정하여 마침내 한중을 차지하였다. 조조는 전투를 할 때면 언제나 자신이 직접 전략을 운용하였다. 많은 참모들이 여러 가지 제안을 하였지만 최종 결정은 조조가 하였다. 전략가로서의 조조의 뛰어난 모습을 볼 수 있다. 조조 악인론의 선봉에 선 모종강조차도 조조가 탁월한 전략가임을 부인하지 않았다.

"손권은 전술과 전략을 대도독에게 맡겼고, 유비는 이를 군사에게 맡겼다. 오직 조조만이 직접 지휘권을 거머쥐고 혼자서 전략을 운용하였다. 비록 많은 모사들이 도움을 주었지만 마지막에 판단하여 결정하는 것은 여러 부하들을 넘어섰다.

유비나 손권에게 비할 바가 아니었던 것이다. 그가 전략을 구사하는 것을 보면 처음에는 장수들도 이해하지 못했고, 뒤에 가서야 깨닫고 탄복하게 된다. 그래서 당태종(唐太宗)은 조조의 무덤에 '한 장수의 지혜로는 남는다더니 과연 그렇도다! 과연 그렇도다!(一將之智有餘, 良然良然)'라고 썼다."

하남성 허창(許昌)은 조조가 헌제를 모셔온 곳이다. 한나라 마지막 황제인 헌제는 동탁에 이어 이각과 곽사의 폭정에 낙양을 떠나 헐벗고 굶주린 피난살이를 하였다. 조조가 순욱의 제안을 받자 곧바로 헌제를 이곳으로 모셔왔다. 이후 조조는 군웅할거시대에 누구보다 유리한 정치적 지위를 획득하게 된다. 즉, 천자의 명령임을 내세워 제후들을 다스릴 수 있었기 때문이다. 이런 까닭에 허창은 당시 낙양에 이어 수도가 될 수 있었다. 조조는 원소를 평정한 후, 하북성 업성에 동작대를 세웠다. 조조는 업성과 허창을 발판으로 천하통일을 진두지휘한 것이다.

허창의 한위허도고성유지 입구 패방

육수대의 예전 모습

헌제가 하늘에 제사를 지내던 육수대 전경

오랜만에 다시 허창을 찾았다. 겨울의 끝자락이어선지 진눈깨비가 오락가락한다. 먼저 조조가 헌제를 모셔와 한나라 말기에 수도가 되었던 허도고성(許都故城) 터를 찾았다. 넓은 평야 한가운데 '한위허도고성유지' 패방이 우뚝하다. 입구를 들어가니 성터는 온통 보리밭으로 푸르다. 패방의 안내가 아니라면 여기가 황궁이었다는 것을 어찌 알 수 있으랴. 역사는 언제나 아는 만큼 볼 수 있고 그만큼만 가르쳐준다.

평지의 고성터에 10여 m의 언덕이 있는데 이곳에 육수대(毓秀臺)가 있다. 이곳은 천자인 헌제가 하늘에 제사를 지내던 곳이다. 천제(天祭)는 황제만이 지낼 수 있는 행사다. 그러므로 황제를 능가하는 권력자인 조조가 허도에서 유일하게 올라가지 못한 곳이다. 예전의 너저분하던 건물들도 정비가 되고 오로지 육수대 유지로만 복원해 놓았다. 그런데 육수대를 소개하는 비석 뒤로 옥황상제를 모셔놓았다. 중국인의 신앙은 다신교다. 내게 복을 줄 것이라고 생각하면 누구에게든지 향을 사르고 기원을 한다. 이제 육수대는 황제만의 자리가 아닌 누구나 소원을 기원하는 자리가 되었다.

육수대에서 바라본 한위허도고성 터

육수대에서 약 2km 떨어진 곳에 장비 사당인 한장공사(漢張公祠)가 있다. 예전에는 '장반고성'이라 불렸는데 이는 장비 사당이 있기 때문이다. 그런데 이곳에 어떻게 장비 사당이 있을까. 유비가 조조에게 몸을 의탁하고 있을 때 아우들을 데리고 와서 헌제를 배알했는데, 이때 삼형제가 머물렀던 곳에 장공사를 지은 것이다. 『삼국지연의』 이전인 『삼국지평화』 시기에는 장비가 주연이었다. 당시에는 서민적이고 불의를 참지 못하는 의협심 강한 장비를 더욱 좋아한 것이다. 이런 까닭에 사람들은 유비나 관우가 아닌 장비묘를 지은 것이다.

장공사 입구에는 삼성백(三姓柏)이 있는데, 이 나무와 관련해 재미있는 전설이 있다. 유관장 삼형제가 이 나무에 말을 묶어 놓았는데, 나중에 이 측백나무 가지에 소나무(松)와 회나무(檜)의 가지가 돋아났다고 한다. 이는 유비 삼

▌ 장비 사당 입구에 있는 삼성백

▌ 동네 아이들의 놀이터가 된 장비 사당

┃ 장공사 전경 ┃ 장공사에 모셔진 장비상

형제의 지혜, 용맹, 충의를 나타낸 것이라고 한다. 빛바랜 노란색의 입구에는 동네 아이들이 떠들썩하다. 시끌벅적 뛰어노는 아이들의 모습이 서민들의 영웅인 장비를 닮은 듯하다. 사당 안에 모셔진 장비는 아이들의 놀이터가 싫지는 않은 모습이다. 사당의 석비들을 살펴보니 명대의 가정 7년에 만들어진 비를 중심으로 청 강희와 건륭 때 세워놓은 것이다. 장공사는 오랜 시간만큼이나 쇠락하였다. 황량한 바람과 먼지, 닭들이 한가롭게 먹이를 찾는 시골집 풍경과도 흡사하다. 하지만 이곳 아이들에게는 유년의 추억을 쌓아가는 더없이 중요한 어울림의 장소임에 틀림없는 것 같다.

조조가 참모들과 집무를 보았던 곳인 승상부를 복원해 놓았다고 하여 다음 목적지로 삼았다. 승상부에 도착하여 입구를 들어서니 우리의 궁전만 한 건물들이 앞을 막아선다. 예전에 왔을 때는 승상부 유적은 찾아볼 수 없었다. 그동안에 이토록 어마어마한 크기의 승상부를 만들어 놓은 것이다.

중국의 개혁·개방 정책이 한참이던 1990년대만 해도 조조는 천하의 악인으로 이름 높았다. 따라서 조조와 관련된 유적이 있더라도 폐허인 채 버려두고 복원하지 않았다. 처음 허창을 찾았을 때인 2,000년 초반에도 마찬가지였

▌ 조조의 승상부 입구

다. 당시에도 승상부의 위치를 알아보려 하였지만 이곳 안내인은 도시가 커져서 알 수 없다고만 하였다. 그러했던 승상부의 위치가 이제는 시내 중심가에 으리으리하게 복원되었다. 업성의 동작대에서 이미 조조에 대한 중국인들의 생각을 살펴볼 수 있었지만, 이곳에 와서 승상부를 접하니 조조 악인론도 정점은 넘어선 듯하다. 그리하여 영웅으로서의 조조의 풍모가 서서히 그리고 조심스럽게 시작되고 있음을 느낀다.

이런 생각은 승상부 입구의 부조에서부터 느낄 수 있었다. 조조가 오환을 정복하고 돌아오는 길에 갈석산에 올라서 지었다는 '관창해(觀滄海)'의 모습을 웅장하게 표현해 놓았기 때문이다. 건물 앞에는 춘절 연휴의 공연 무대가 아직 치워지지 않은 채 있다. 무대 배경을 살펴보니 관우와 조조의 파릉교 이별 장면과 오관참육장이 공연된 듯하다. 『삼국지연의』중 제일 인기 있는 부분이자 조조의 영웅적 면모를 잘 보여주는 장면이니, 이곳에서의 공연에도 잘 어울리는 내용이다.

┃ 조조가 집무를 보았던 승상부

┃ 승상부 건물 앞의 '관창해' 부조

┃ 조조가 참모들과 정책을 논의하던 의사청

승상부 안에는 조조가 참모들과 작전을 모의하던 의사청(議事廳)이 있다. 밀랍인형으로 만든 문무관원들이 조조를 중심으로 좌우로 배치되어 열심히 정책을 토론하고 있는 모습이다. 가까이 다가가 살펴보니 조조의 뒤에는 친위대장 허저가 지켜 섰고, 문관 쪽에는 가후와 곽가가 지도 옆에서 여러 참모들의 의견을 정리하고 있다. 반대편 무관 쪽에는 하후돈과 조인이 서로 의견을 속삭이고 있고, 그 외의 참모들은 모두 앉아서 논의를 듣고 있는 것 같다. 밀랍인형들의 생생함이 마치 당시의 모습을 실제로 보여 주는 듯하여 흥미롭기만 하다.

▌ 승상부의 누각

승상부를 둘러보고 나오는데, 누각 앞마당에 경극용 때 쓰는 가면들이 거대한 크기로 줄 지어 늘어서 있다. 조조의 참모들만 있는 것이 아니라 관우와 제갈량, 조운 등의 가면도 있다. 중국인들이 워낙 경극을 좋아하는 까닭에 만들어 놓았을 것으로 짐작되지만, 느닷없이 울긋불긋한 가면들이 공간을 가득 차지하고 있어서 의사청에서 느꼈던 감흥이 순식간에 사라졌다.

▌조조의 특기 중 하나인 장병동

　　승상부에는 또 하나의 유적을 만들어 놓았는데 장병동(藏兵洞)이 그것이다. 조조의 전략은 기발하기로도 으뜸이어서 상대편의 허를 찔렀다. 이 유적은 병사들을 몰래 이동시키는 통로인데, 불시에 나타났다가 사라지기를 반복한다면 상대방은 마음놓고 움직이기가 어렵다. 이 유적은 바로 조조의 기발한 전략의 하나인 것이다. 그런데 이 유적은 원래 조조의 고향인 박주에 있는 것이다. 이곳은 박주의 지하은병도(地下隱兵道)를 흉내 내어 간략하게 만들어 놓은 것이다. 따라서 그 당시의 퀴퀴한 기운이 느껴진다기보다는 방금 쌓은 벽돌과 회반죽 냄새만이 코끝을 스친다.

　　조조는 참모들과 승상부에서만 정책을 논의하지 않았다. 우리가 야유회를 하듯이 좋은 계절에는 그간의 노고도 풀 겸, 야외에서 산수풍광을 즐기며 보다 여유롭게 정책을 논의하였을 것이다. 다음 날, 조조가 밖에서 정책을 논의하였다는 의사대(議事臺)터를 찾아 나섰다. 허창에서 동쪽으로 40여분을 달려

조조가 야외에서 정책을 논의하였던 곳인 의대촌 | 지금은 초등학교로 변한 의사대 터

마란진(馬欄鎭) 의대촌(議臺村)에 도착하였다. 조조가 참모들과 정책을 논의하였다는 의사대 터에는 소학교가 들어섰다. 이름도 의대학교(義臺學校)다. 그 옛날 조조가 천하 경영의 웅지를 펴던 곳에 학교를 세운 것은 매우 의미 있는 일이다. 아마 이곳 선생님들도 학생들에게 학교의 역사를 소개하며 훌륭한 인재가 되라고 가르치리라.

　　의사대 터였다는 운동장을 돌아보는데, 쉬는 시간인지 학생들이 우르르 몰려나온다. 외지에서 방문한 사람이 신기한 듯 옹기종기 모여든다. 학생들에게 물어보니 모두가 이곳의 역사를 잘알고 있다. 그중에 한 꼬마가 나서더니 자기가 배운 것을 자랑한다.

　　"옛날에는 여기 운동장에 정자도 있었는데 지금은 없어졌어요."

허창의 승상부에서 이곳까지는 직선거리로 대략 40리다. 조조가 참모들과 말을 타고 달려와 쉬기에 적당한 거리다. 게다가 이곳의 지명이 마란진(馬欄鎭)이고 그 옆은 대마진(大馬鎭)이니 말을 키우는 목장도 이 일대에 있었을 것이다. 군사를 출정하려면 군량을 마련하는 것이 급선무다. 조조는 아마도 이곳에서 말을 사육하는 한편, 황무지를 개척하여 둔전을 하였을 것이다. 허창 외곽은 곳곳이 강과 천이 있어 사방으로 물길이 통하기 때문에 전투에 필요한 군마와 군량을 조달하기에도 매우 편리할 것이기 때문이다.

허창으로 돌어가는 길에 모왕촌(毛王村)을 향하였다. 이곳에는 조조의 참모이자 청렴한 선비로 이름 높았던 모개묘가 있다. 그것을 찾아보기 위해서다. 조조가 처음에 모개를 치중종사(治中從事)로 삼았을 때 모개는 조조에게 천하의 형세를 논하고 조조가 해야 할 일에 대하여 진언하였다.

"무릇 전쟁이란 정의를 갖고 있는 자가 승리하고, 재력으로 살고 있는 곳을 지킬 수 있습니다. 응당 천자를 받들고 신하답지 못한 신하들에게 호령하고, 농경에 힘쓰며 군수 물자를 축적하십시오. 이와 같이 한다면 천하를 제패하는 사업은 완성될 것입니다."

이때부터 조조는 모개를 존경하였고 막부의 핵심에서 일하였다. 모개는 중요한 지위에 있으면서도 언제나 베옷을 입었다. 상을 받으면 씨족들에게 베풀어 그의 집안은 언제나 가난하였다. 조조는 이러한 모개를 매우 아꼈다. 어느 날, 신하들이 조조에게 모개가 속한 동조(東曹)를 서조에 합병할 것을 청하였다. 엄격하고 꺼림칙한 모개를 제어하기 위한 방편이었다. 정황을 간파한 조조가 명을 내렸다.

"해는 동쪽에서 나오고, 달은 동쪽에서 가득 차오른다. 무릇 사람이 방향을 말할 때에도 먼저 동쪽부터 말하는 법인데, 무엇 때문에 동조를 폐지해야 된다는 것이냐? 당장 서조를 폐지하도록 하라!"

그야말로 조조의 번뜩이는 지혜를 살필 수 있는 말이다. 모개는 최염과 함께 관리 선발을 담당하였다. 그가 추천하는 사람은 모두 청렴하고 정직한 인물들이었다. 비록 평가가 높아도 진실하지 않은 자는 관리로서 승진하기 어려웠다. 그러자 천하의 선비들이 청렴함과 검소함을 잃지 않으려고 하였다. 조조가 이를 보고 찬탄을 아끼지 않았다.

이처럼 조조에게 총애를 받았던 모개도 조조에게서 미움을 받는 일이 발생하였으니, 그 발단은 조조가 최염을 자살하게끔 만든 것이었다. 모개는 이 일을 매우 불쾌하게 생각하고 조조를 싫어하였는데, 그런 행동이 조조에게까지 알려지게 되자 조조가 모개를 감옥에 가두었다. 모개는 환계와 화흡의 진언으로 죽음은 모면하였지만 결국 파면되어 가난한 집에서 세상을 떠났다. 조조는 모개의 장례비용을 내려주고 그의 아들 모기(毛機)를 낭중에 임명하였다.

모왕촌에 다다르자 그쳤던 진눈깨비가 다시 내린다. 자동차는 모개묘가 있다는 곳에 도착하였는데 묘는 보이지 않고 밭들만 펼쳐져 있다. 사람들에게 물어보기 위해 마을 어귀에 가보니, 시진핑 주석이 주창하는 '중국몽(中國夢)'의 실천방안인 사회주의 핵심 가치관 안내판이 홀로 추위에 떨고 있다. 민주, 자유, 평등, 공정, 법치, 등등, 핵심 가치관은 총 12개인데, 하나하나가 모두 의미 있는 단어들로 이루어졌다. 중국몽이 핵심 가치관을 제대로 구현하는 것이라면, 중국은 모름지기 세계인의 존경을 받는 국가가 되리라. 마침 마을 사람이 지나간다. 반갑게 인사하고 모개묘의 위치를 물었더니 아니나 다를까. 예전에는 이곳에 있었지만 밭을 만들면서 없애버렸다고 한다.

사람들은 모두 사랑받기를 원한다. 살아생전에뿐 아니라 죽어서도 영원히 칭송받기를 원한다. 그런데 그처럼 사랑받고 칭송받을 만한 일을 하고 있는가. 사랑과 존경을 한 몸에 받는다는 것은 그만큼의 막중한 책임과 중압감을 이겨내야 하는 것이다. 그렇지 않으면 존경과 총애를 받았던 자도 저처럼 너른 밭의 티끌로 사라질 터이니 말이다. 진눈깨비가 그쳤다. 잠시 밭도랑을 따라 걷는다. 청렴한 선비였던 모개의 묘는 어느 곳에 있었던가. 넓은 밭두둑엔 다시 봄의 향기만 푸르다.

조조와 유비, 누가 진정한 영웅인가

군웅들이 할거하는 난세는 거짓과 위선이 난무하기 마련이다. 서로가 자신의 야망을 이루기 위하여 아무렇지 않게 살육을 자행하는 시대에 아군인지 적군인지를 판별하는 것은 쉽지 않은 일이기 때문이다. 설령 오늘은 아군이라 하여도 내일은 적군이 될 수 있는 상황에서 진실한 마음을 내보이는 것은 스스로가 야망을 포기하는 일인 것이다. 따라서 난세의 군웅들은 너나없이 거짓과 위선을 생활화하여야만 하였다.

『삼국지연의』는 유비를 인덕을 갖춘 군자로, 조조를 천하의 악인으로 만들어 놓았다. 하지만 유비는 조조를 능가하는 위선자였다. 유비는 어릴 때부터 천자가 되려는 야심을 품었다. 집 앞에 있는 뽕나무를 보며 '반드시 깃털로 장식한 수레를 탈 것'이라고 하였다. 제갈량을 영입하고 나서는 말끝마다 황실인 유씨를 위한다면서 속으로는 흑심을 품었다. 한중왕에 오를 때에도 꾀병을 앓고 있는 제갈량을 찾아와, "내가 거절하지 않으면 천하의 사람들이 뒤에서 수군대지 않겠느냐?"라고 하며 마음과는 달리 단번에 넙죽 받을 수 있는 상황이 아님을 드러내어 제갈량의 도움을 기다렸다. 유비의 음흉한 속내는 아들의 이름에서도 여실히 드러난다.

유비는 친아들 유선(劉禪)이 있었음에도 한 명이라 불안하였던지, 유선보다 나이가 많은 양아들을 맞이하였다. 양아들의 이름은 유봉(劉封)이라고 하였다. 제위를 승계하고자 한다면 친아들만으로도 충분할 터인데, 유비는 어째서 양아들까지 맞았을까. 유비의 두 아들의 이름을 합치면 봉선(封禪)이 된다. 봉선은 고대에 천자가 하늘에 제사를 드리는 행사를 말한다. 고대는 물론 지금도 혈육의 이름은 서로가 조화롭고 행복한 기운이 깃들게 짓기 마련이다. 유비도 아들들의 이름을 통해서 스스로 천자가 되고 싶은 야망을 은밀하게 표출한 것이다. 그렇지 않으면 모든 신하들이 만류한 양아들을 들일 이유가 없는 것이다.

이에 반해 조조는 솔직하였다. 업성에 동작대를 짓고 나서 모두가 조조의 공덕을 치하하였다. 그러자 조조가 술을 한 잔 마신 후 흉금을 토로하였다.

"나는 출신도 좋지 않고 초야에 묻혀 지내며 이름이 알려진 선비도 아니기에, 남들이 나를 업신여기고 있다는 것을 잘 알고 있었다. 그래서 한 군(郡)의 태수가 되어 정사와 교화를 잘 베풀어 명예를 세운 뒤, 세상의 선비들에게 나의 존재를 분명하게 알리고자 하였다. 뒤에 국가가 난리를 만나게 되자, 나는 대장부라면 국가를 위해 힘을 쏟아 공을 세워야 한다고 여겼기에 병사들을 이끌고 전쟁을 하였다. 이때 나는 큰 것을 원하지 않았다. 그저 정서장군(征西將軍)의 임무를 맡아 죽은 뒤 묘비에 '한 정서장군 조후지묘(漢故征西將軍曹侯之墓)'라는 한 줄이 쓰일 수 있다면 매우 만족하리라고 생각하였다."

조조의 그간의 행실과 비교해 볼 때 정말로 숨김없이 솔직한 말이다. 조조가 이처럼 솔직하게 말할 수 있는 것은 그가 원래부터 정직해서는 아니다. 그렇다면 무엇 때문일까. 이는 누구나 생각하고 공감하는 삶을 살아가고 있음을 밝히려는 것이다. 즉, 조조를 비웃거나 욕하는 천하의 용렬한 떠버리들에게 자신의 생각을 명명백백하게 밝혀 더 이상 쓸데없이 떠들지 말라는 것이기도 하다.

"나의 세력이 커질수록 적들도 많아지리라 여겼기에 한 번 승리할 때마다 군대를 줄였다. 이것은 무엇을 말하겠는가? 나의 포부가 유한하다는 사실이다. 그런데 나는 지금 이렇게 큰일을 하게 될 줄을 몰랐다. 이제 야심이 커진 나는 제 환공과 진 문공이 했던 일을 하려고 한다. 현재는 천하가 크게 혼란하고 제후들이 할거하고 있는 상황이기 때문이다. 나는 그저 패자(霸者)를 칭할 뿐, 황제가 되고 싶지는 않다."

이처럼 솔직한 조조의 언행은 도덕과 체면치레를 중시하지 않는 그 만이 할 수 있는 것이다. 인의와 충의로 무장한 위선자 유비는 도저히 할 수 없는 것이다. 그럼에도 『삼국지연의』는 유비는 인덕을 갖춘 군자로, 조조는 천하의 나쁜 악인으로 만들어놓았다. 하지만 아무리 소설이 유비를 칭송하고 조조를 폄훼하여도 영웅 조조의 면모는 사라지지 않는다. 오히려 읽으면 읽을수록 유비보다는 조조가 주인공임을 알게 된다. 1,800여 년을 악인으로 여겨왔던 조조가 이제는 책에서뿐만 아니라 도처에서 영웅으로 부상하고 있는 것이다.

14. 갈 길은 먼데 허벅지 살만 늘어

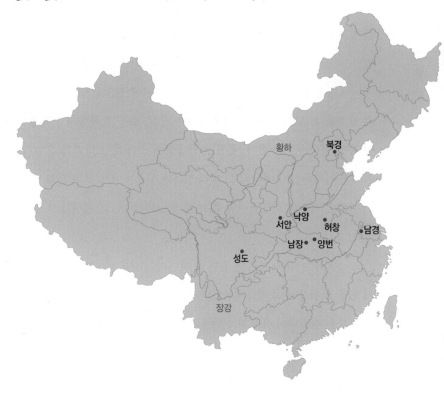

"내 그때 여포가 하는 말을 듣지 않은 것이 한스럽구나. 유비와 함께 있는 놈들은 모두 다 깨끗이 쓸어버려라."

서기 200년. 조조는 관도대전에서 원소를 격파하고 유비가 주둔한 여남성(汝南城)을 공략하였다. 조조는 자신을 배신하고 떠난 유비를 용서할 수 없었다. 특히 유비가 헌제의 '조조제거' 밀명에 참가한 사실만으로도 조조는 이를 갈았다. 관우 또한 미웠다. 그렇게 최고의 대우를 해주었건만 자신을 버리고 떠나

갔으니 말이다. 이제 조조에게는 철저한 복수만 남았을 뿐이다. 조조군의 공격은 무섭고 집요하였다. '자신이 세상을 배신할지언정 세상은 자신을 배신할 수 없게 하겠다'는 난세의 간웅 조조가 배신을 당했으니 어찌 순순히 끝낼 수 있겠는가. 조조군에게 참패한 유비는 형주의 유표에게 급히 몸을 의탁한다.

유표(劉表)는 황손으로 형주목의 지위에 있었는데 젊은 시절부터 명사로 알려졌다. 그는 190년에 형주자사가 된 뒤, 토착 호족들의 지지를 얻어 약 20년 동안 형주를 다스렸다. 유표는 군웅할거 시대에도 학자적 풍모와 중립적인 위치를 견지하였기 때문에 그가 다스리는 형주는 비교적 평온할 수 있었다. 그런 까닭에 전란의 소용돌이인 화북 지역으로부터 많은 인사들이 형주로 피난을 왔다.

유표는 같은 황손인 유비를 맞이하여 융숭히 대접하였다. 유비도 유표의 일을 도와주며 호형호제하였다. 아울러 관우, 장비, 조운 등과 함께 주변의 여러 현을 평정하여 유표의 신망을 얻었다.

유표의 책사로 괴월(蒯越)과 한숭(韓嵩), 채모(蔡瑁)가 있다. 채모에게는 누이가 있는데 유표의 후처가 되었다. 누이 덕에 유표의 최측근이 된 채모는 유비를 별로 좋아하지 않았다. 유표가 중립주의를 표방하며 형주를 지켜온 터에, 야심만만한 유비 일행이 무슨 욕심을 드러낼지 알 수 없었기 때문이다. 유표도 겉으로는 유비를 환대했지만 속으로는 불안하였다. 유비는 유표에게 급변하는 정세를 이야기하고 방안을 제시했지만, 우유부단한 유표는 행동으로 옮기지 않았다. 게다가 후처의 자식인 유종(劉琮)을 후계자로 정해야만 하는 답답한 집안 문제로 고민하고 있었다. 유비는 사사로운 정에 이끌리지 말고 장자를 후계자로 삼을 것을 권하였다. 술자리는 계속되고 유비는 '비육지탄(髀肉之嘆)'의 눈물을 흘렸다.

"전에는 항상 말 위에 앉아 있어서 허벅지에 군살이 생길 겨를이 없었는데 이제는 말을 탄 지가 하도 오래되어 허벅지에는 군살만 생겼습니다. 헛된 세월에 몸은 자꾸 늙어만 가고, 공업은 아직도 요원하기만 하니 이를 슬퍼한 것입니다."

유표가 유비를 위로하고자 말을 건넸다.

"듣자하니 아우가 허도에서 청매를 앞에 두고 조조와 대작하면서 난세의 영웅을 이야기할 때, 아우가 이름 있는 명망가는 모두 나열했지만 조조는 '천하의 영웅은 바로 유비와 조조뿐'이라고 했더이다. 천하를 호령하는 조조임에도 감히 아우를 함부로 하지 못했는데, 어찌 공업을 이룩하지 못할까 걱정하시오?"

"제게 만약 비빌 땅만 있다면 세상의 보잘것없는 무리들이야 안중에 담아두기나 하겠습니까!"

유비는 유표와의 술좌석에서 천하 경영의 야심을 늘어놓아 둘의 관계는 냉랭한 사이가 되었다. 이후 유표는 유비를 형주 북쪽 경계인 신야(新野)현에 기거하며 군마를 훈련하게 하였다. 이는 조조로부터의 급변사태를 방비하기 위함이기도 하였다.

유표의 처남인 채모는 유비를 처치하기 위해 여러모로 궁리를 하던 중, 마침내 한 가지 꾀를 내었다. 유표가 건강이 안 좋은 것을 이유로 각 고을의 목민관을 격려하는 자리에 유비를 초청하고 이를 주관하게 한 후, 연회장에서 틈을 보아 처단하는 것이다. 채모의 계획은 잘 되어가는 듯하였다.

그런데 이적(伊籍)이 채모의 간계를 미리 알려주어, 유비는 위기의 순간에 허겁지겁 말을 타고 줄행랑을 쳤다. 동, 남, 북은 이미 군사가 지키고 있어 서쪽으로 달렸다. 그러나 서쪽은 단계(檀溪)가 가로막았다. 진퇴양난. 유비는 애마인 적로(的盧)에게 힘껏 채찍을 때리며 외쳤다.

"적로야, 적로야! 내 어찌 비육지탄만 하다가 이렇게 죽는단 말이냐?"

"적로야 날아라, 힘차게 날아서 나와 함께 가야 할 곳이 있지 아니하더냐?"

유비는 적로의 갈기에 얼굴을 묻고 눈을 감았다. 운명은 하늘에 맡기는 수밖에 없었다. 살아온 세월이 주마등처럼 스쳤다. 한 황실의 후손으로서 한나라 재건의 웅지를 품은 지 어언 23년. 풍찬노숙도 아랑곳없이 자신을 의지하며 따르는 참모들의 얼굴도 떠올랐다. 그리고 움틀 곳 하나 없이 이제 이곳에서 초라하게 익사해야 한다고 생각하니 47년 삶이 눈물이 되어 바람 속으로 흩어졌다.

명마답게 영리한 적로는 알고 있었다. 모두들 나만 타면 목숨을 잃는다며 흉마(凶馬)라고 꺼려해도 유비만은 그렇지 않았다. 오히려 나를 아껴주셨다. 유비야말로 진정한 나의 주인이시다. 그렇기에 나도 주인을 위해 최선을 다해야 한다.

유비의 채찍에 크게 날아오른 적로는 단계를 헤엄쳐 나갔다. 하지만 아무리 힘센 적로라 해도 급물살을 오래 버틸 수는 없다. 순간 적로의 발굽이 너럭바위에 닿았다. 적로는 다리에 힘을 모으고 용수철처럼 뛰어올랐다. 적로가 연이어 가르는 물살은 포말이 되어 구름처럼 허공으로 흩어지고, 그 사이로 적로가 날아가고 있었다. 유비는 단계의 건너편에 닿아서도 꿈인 듯 몽롱하였다.

"적로야, 진정 네가 날 살렸구나. 진정 네가 날았구나!"

유비는 가쁜 숨을 몰아쉬는 적로의 볼을 부비며 또다시 뜨거운 눈물을 흘렸다.

양양의 연회에서 한 잔 마시는 왕손들	襄陽會上王孫飮
좌중의 현덕이 심히 위태롭구나	座中玄德身將危
목숨을 구하려고 홀로 서문 나서니	逃生獨出西門道
뒤에서 추격군이 또 쫓아오도다	背后追兵復將到
물줄기 출렁출렁 단계를 넘칠 제	一川烟水漲檀溪
황급히 소리치며 말을 몰아 내닫네	急叱征騎往前跳
말발굽에 푸른 물결 영롱히 부서지고	馬蹄踏碎靑玻璃
바람을 가르며 황금채찍 휘두른다	天風響處金鞭揮
귓전을 때리는 천군 기병 발굽소리	耳畔但聞千騎走
홀연 물결 헤치고 쌍용이 날아오르네	波中忽見雙龍飛

유비가 적로를 타고 단계를 건너 목숨을 건진 '마약단계처(馬躍檀溪處)'는 지금의 호북성 양번(襄樊)시에 있다. 양번시 서쪽으로 진무산(眞武山)이 있는데, 단계는 이 산의 북쪽으로 흐른다. 그다지 높지 않은 진무산을 보며 단계를 찾아 나섰다. 오랜 세월이 지났음인가. 단계는 찾을 수 없었고, 정작 단계라고 찾은 곳은 길가의 조그마한 개울이었다. 이렇게 조그만 개울을 건너며 그리 호들갑을 떨었단 말인가. 하지만 개울이 된 데에는 그만한 이유가 있다.

유비가 목숨을 건졌다는 마약단계 터　　　　　　　　　　　　마약단계 터의 너럭바위에서 놀고 있는 아이들

서기 263년. 위나라 마지막 황제인 조환(曹奐) 때, 양양(襄陽) 서문 밖에 노룡제(老龍堤) 공사를 하느라고 한수(漢水)를 막았다. 그 후로 점차 흙과 모래가 쌓여 물길이 좁아지고 없어져서 오늘에 이른 것이다. 기대가 크면 실망도 크다고 했던가. 허전함을 채우기 위해 유적지 주변을 살펴보았다. 개울 옆으로 커다란 바위벽이 있는데 희미하게 '마약단계유지(馬躍檀溪遺址)'라고 새겨져 있다. 바위벽 아래에는 말발굽 자국이 선명한 바위가 있다. 이곳이 적로가 유비를 태우고 단계를 뛰어넘은 자국이라고 한다. 단계는 사라진 지 이미 오래고, 개울에는 흐르는 물조차 말라가고 있으니 인간이 만든 영욕의 역사도 이렇게 속절없이 잊히고 마는 것인가.

단계의 냇물은 오늘도 동으로 흘러가고　　　　　　檀溪溪水自東流

용마와 영주는 지금 어디에 있는가　　　　　　　　龍駒英主今何處

냇가에서 한숨 지며 장탄식 하다 보니　　　　　　臨流三嘆心欲酸

▌개울로 변한 현재의 단계

석양은 쓸쓸히 빈 산만 비추는구나	斜陽寂寂照空山
세발솥처럼 갈라진 일 이제 모두 꿈결인데	三分鼎足渾如夢
부질없는 자취만 세상에 남았어라	蹤迹空留在世間

　　북송 시대의 학자 소식(蘇軾)이 이곳 단계에 들렀을 때만 해도 물이 제법 흘렀던 것 같다. 하지만 그때에도 이미 유비가 적로를 타고 넘던 단계의 모습은 찾아볼 수 없었다. 그런 까닭에 마약단계에서 느끼는 감회는 그때나 지금이나 별반 다를 바가 없는 것이다. 10여 년이 지나 다시 찾은 단계는 여기저기 관광지의 모습을 갖추어 놓았다. 하지만 무성의한 개발이 주는 인상은 오히려 예전의 허름한 단계를 보는 것만 같지 못하다.

　　유비가 탔던 적로(的盧)는 주인을 해치는 흉마(凶馬)다. 남북조 시대의 『상마경(相馬經)』이란 책을 보면, "말의 이마에 있는 흰 점이 입 쪽으로 뻗어 이빨까지 이어진 말을 '적로(的盧)'라고 부른다. 종이 타면 객사하고, 주인이 타면

▌진무산 입구의 패방

기시(棄市)를 당한다."라고 하였다. 하지만 이는 정답이 아니다. 유비도 적로에 대한 이야기를 듣고는 "무릇 사람의 생사는 운명에 달렸거늘 어찌 말을 탓할 수 있는가?"라고 하지 않았던가. 사람과 말이 혼연일체가 되는 것이 무엇보다 중요한 것이고, 유비는 그러한 점에서 말을 다루는 능력이 탁월했던 것이다. 이를 마약단계에서 여실히 보여준 것이다.

마약단계처는 역사적으로 확인된 유적지는 아니다. 진무산 뒷길이 유비가 적로를 타고 수경 선생을 만난 남장(南漳)과 직접 통하기 때문에 이곳 사람들은 말발굽 모양의 바위자국을 발견하고는 유비가 적로를 타고 단계를 넘었던 곳이라고 믿게 된 것이다. 중국을 여행하면 이렇듯 역사적인 유적과는 별개로 후대에 만들어진 유적지가 많다. 자신들이 사는 곳과 관계가 있는 것이면 원래의 유적지와는 상관없이 새로운 유적지가 생긴다. 그리고 그 유적 또한 진짜처럼 여긴다. 유적지가 무수함에도 불구하고 그렇게 하는 이유가 무엇일까. 문화적 자부심도 있을 터이지만, 역사적 편린(片鱗)들을 가까이 두고 그곳에서 삶의 지혜와 교훈을 잊지 않으려는 생각 때문일 것이리라. 게다가 관광객이 찾아오도록 꾸며놓음으로써 경제적으로도 보탬이 되니 그야말로 일석이조가 아닐 수 없다.

채모의 계략으로부터 목숨을 건진 유비는 산속에 은거하는 명사 수경 선생(水鏡先生)을 만난다. 수경 선생은 유비 주위에 천하의 흐름을 읽을 줄 알고 이를 정치적으로 대처할 수 있는 안목을 가진 인재가 없음을 지적한다. 유비가 온갖 전쟁터를 누볐지만 아직도 남의 지붕 밑에서 생활하며 목숨까지 위태로웠던 것도 따지고 보면 천하 경영에 꼭 필요한 정책 참모를 구하지 못했기 때문이다. 수경 선생은 이러한 유비의 안타까운 심정을 해결해주기 위해 와룡(臥龍)과 봉추(鳳雛)를 추천한다. 와룡은 제갈량, 봉추는 방통인 바, 둘 중 하나만 얻어도 천하를 차지할 수 있다는 말에 유비는 이제까지의 고단한 삶에 종지부를 찍어줄 참모를 찾아 나선다.

▌ 수경장 전경

▌ 수경 선생의 은거지를 알리는 비각(碑閣)

수경 선생 사마휘(司馬徽)의 유적지인 수경장(水鏡庄)은 양번에서 남서쪽으로 43km 떨어진 남장의 옥계산(玉溪山) 기슭에 있다. 수경장 앞에는 옥계가 흐르는데 구름다리가 놓여 있다. 다리를 건너가니 검은 기와와 하얀 벽이 신록 속에 빛난다. 수경장에 올라 좌우를 살펴보니 가히 명당이라 할 만하다. 수경 선생은 왜 인물들을 추천만 하고 정작 자신은 출사하지 않았는지 의문이었는데, 이곳에 와서 보니 답이 나온다. 혼탁한 세태에 물들지 않고 자연과 벗하며 천문지리를 논하고, 남이 알아주지 않아도 노여워하지 않는 삶 속에서 군자의 여유와 풍모를 누릴 수 있었기 때문이리라. 게다가 삼국을 호령한 영웅의 모사가 수경 선생의 문하생들이니 이미 수경장에서 천하를 경영하는 것과 다를바 없었다.

▌수경 선생 유지 입구

▌수경 선생 사마휘 초상

▌수경 선생이 유비에게 현인을 천거하는 모습

▌수경 선생이 제갈량을 천거한 내용

수경장은 사마휘와 관련된 여러 유적들로 구성되어 있다. 입구에는 수경 선생이 수염을 쓰다듬으며 멀리서 온 나그네를 환영하고 있다. 조금 들어가니 수경 선생이 은거한 곳이라는 비각이 보인다. 유비가 단계를 넘어 수경 선생을 만나 자문을 구하자 와룡과 봉추를 천거하는 모습의 조형물도 보인다. 비랑(碑廊)에는 수경 선생을 찬양하는 시들과 그가 지도했던 이들을 소개하는 내용이 늘어서 있다. 그중에는 유비에게 제갈량을 천거하는 내용의 비각도 있다. 바위를 파내고 만든 수경 사당(水經祠)은 자연에 은거하며 지내는 수경 선생의 뜻을 잘 반영하여 만든 것 같다.

▌ 수경장의 모습

▌ 수경 선생이 살았다는 초려

　　초려의 앞마당에는 수경 선생이 탄금(彈琴)을 하는 모습의 조형물을 만들어 놓았는데 이는 유비를 만나기 전의 모습이다. 내가 유비가 된 듯 초려 앞에 서서 잠시 수경 선생이 일어나서 나오는 모습을 상상해본다.

　　나관중이 『삼국지연의』에 수경 선생의 와룡과 봉추 이야기를 만들자, 수경 선생은 인재를 발굴하고 이를 육성하는 능력이 뛰어난 사람인 '백락(佰樂)'으로 불리며 많은 사람들로부터 존경받게 되었다. 아울러 그가 거처했던 수경장도 사람들이 찾는 명승지가 되었다. 수경장은 바람마저도 산들하고 온화하다. 바위 속이어서 만은 아닐 것이다. 수경장의 맑은 체취를 느끼며 훌륭한 스승 밑에 훌륭한 제자가 있음을 다시 한 번 되새겨본다. 수경장에서 더위와 갈증을 풀고 제갈량을 찾아가는 유비 삼형제를 따라 융중으로 길을 재촉하였다.

❚ 탄금을 하는 수경 선생의 모습

난세에도 학문을 꽃피운 형주학파

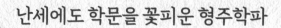

후한 말은 전란의 시대다. 난세를 활보하는 군웅들의 각축은 중원의 모든 도시들을 폐허로 만들었다. 아홉 왕조의 도읍이었던 낙양이 전란에 휩싸여 잿더미가 되었고, 낙양에 버금가는 장안 또한 마찬가지였다. 도시는 영토 확장의 거점으로서, 수성(守成)의 발판으로서만 존재할 뿐, 도시의 기능인 새로운 문화 창조와 활기찬 생명력은 사라진 지 오래였다.

삼국 시대의 형주(荊州)는 중원의 배꼽이자 사통팔달한 요충지여서 누구나 차지하고 싶은 땅이었다. 삼국 시대의 각축은 한마디로 요약하면 형주를 차지하기 위한 것이라고 하여도 지나친 말이 아니다. 조조가 그러하였고, 유비가 그러하였으며, 손권 또한 형주를 차지하기 위하여 많은 노력을 기울였다. 예로부터 형주를 가리켜, '부유함이 천하의 으뜸이고 명성은 구주를 능가한다.'는 말이 있으니, 병가필쟁지지(兵家必爭之地)란 이를 두고 하는 말이다.

이러한 까닭에 형주는 언제나 영웅들의 눈독을 피하기 어려웠다. 전란의 시기에는 더욱 그러하였다. 그럼에도 불구하고 유표가 형주를 다스릴 때에는 중원의 인재들이 전란을 피하기 위하여 형주로 모여들었다. 모두가 차지하려고 노리는 요충지가 전란을 피하는 장소가 되었다니 무슨 말인가. 형주목(荊州牧) 유표는 어떻게 형주를 다스렸기에 전란의 회오리를 피하고 평화를 구가할 수 있었는지 궁금하지 않을 수 없다.

형주도 유표가 다스리기 전에는 매우 불안한 지역이었다. 『후한서』에 전하길, '형주의 민심은 혼란을 좋아하고, 게다가 세상은 두려움에 놀라 떨고, 외적은 서로 부추기고 꾀어내어 온갖 곳에서 들끓고 있다.'고 하였다.

서기 190년, 형주자사로 부임한 유표가 살펴보니 이러한 원인이 '종적(宗賊)' 때문임을 알았다. 종적이란 바로 일족으로 구성되어 한 마을이나 한 지역을 단위로 못된 짓을 일삼는 도적단인 것이다. 이에 유표는 괴월의 계책을 이용하여 종적의 수령 55명을 의성(宜城)으로 불러내어 일거에 주살하였다. 종적의 수령들이 아무것도 모르고 너나없이 으스댈 때 번개처럼 몰살시킨 것이다. 체제를 재정비한 유표는 양양(襄陽)을 치소로 삼고 10만 명의 군사를 갖추어 외적의 침공에 대처하고 밖으로는 침략을 하지 않았다. 군웅할거에 중립을 지키면서 내정에 치중하여 형주가 전란에 휩싸이지 않고 백성들이 편안하게 지낼 수 있도록 하였다.

유표가 다스리는 형주가 이처럼 변하자 전화(戰火)를 피해 주변지역의 유민들이 형주로 몰려들었다. 10만 호가 넘는 유민들이 왔고 그 속에 300명이 넘는 망명 지식인이 있었다. 유표는 이들을 위하여 학교를 세우고 학문과 교육을 장려하였다. 이로 인해 형주의 문화는 비약적으로 발전하였고 유명한 학자와 지식인은 물론 지식욕에 불타는 젊은 인재들도 이곳으로 몰려들었다.

대표적인 인물로는 건안칠자의 한 사람인 시인 왕찬(王粲), 후주 유선의 사부인 춘추학자 윤묵(尹黙), 유비에게 제갈량과 방통을 추천했던 사마휘(司馬徽), 제갈량이 제일 존경했던 인물인 방덕공(龐惠公), 제갈량의 벗들인 최주평(崔州平), 서서(徐庶), 석광원(石廣元), 맹공위(孟公威), 마량(馬良) 등 다양하였다. 젊은 인재들의 대표는 단연코 제갈량이었다. 그는 동서고금의 학문을 익혀서 학식도 출중하였지만 형주로 모인 많은 지식인들과의 토론과 냉철한 사색을 통해 당대 최고의 정치적 식견을 체득할 수 있었다.

수경 선생 사마휘가 제갈량과 서서 등의 인재를 기르며 형주에 은거할 수 있었던 것도 유표의 이러한 학문우대정책 때문이었다. 학문적 경향도 선진적이었다. 즉 이제까지의 학문은 훈고장구(訓詁章句)라 하여 경전의 정독을 통한 뜻풀이에 치중하였다면, 형주의 학문 경향은 자구에 억매이지 않고 본질을 읽어내는 것으로서 다양한 현상의 배후를 이해하고 정곡을 파헤치는 것이었다. 이는 후한의 대유학자 정현(鄭玄)의 학문을 계승 발전시킨 것으로 호화로운 말을 쓰지 않고 너저분한 중복을 제외하는 것이었다. 이러한 학문 방법은 형주목인 유표가 직접 참여하여 완성한 오경 주석집인『후정(後定)』에서 나타나는 바, 제갈량의 독서법도 바로 이러한 학문적 경향에서 비롯된 것이다.

형주는 병가필쟁의 중심지였다. 유표는 조조와 손권 그리고 유비 등이 형주를 노리는 와중에도 이곳을 인재들의 요람으로 만들었다. 이에 대해 유표는 우유부단함과 시기심 많은 성격으로 원대한 비전과 전략을 갖추지 못했기 때문이라고 하지만, 그것은 유표가 추구했던 세계관이 그들과 달랐기 때문이다. 유표는 모름지기 학문과 교육을 통한 인간의 자유 정신을 구가하고 싶었던 것이다. 하지만 공자가 그랬듯이 유표 또한 난세였기에 그의 생각은 통할 수 없었다. 유표가 추구한 세계관은 왕필(王弼)이라는 천재를 거쳐, 다음 시대에 현학(玄學)으로 이어지는 사상사적 계보의 기틀을 마련했으니, 그의 정신은 난세가 지나서야 빛을 본 것이다. 물질은 영원히 차지할 수 없지만 학문적 업적은 영원히 남는다. 올곧은 정신은 난세에 주춤거리기는 하지만 결코 사그라지는 법이 없다. 인간이 '만물의 영장(靈長)'인 것도 이와 같이 끊임없는 자유 정신의 모색에 있는 것이리라.

15. 유비, 천하 경영의 웅지를 펴다

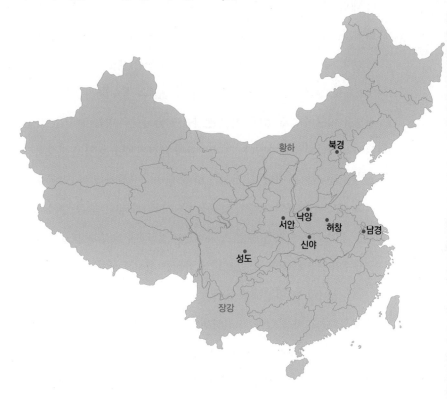

세상이 뒤집혔네	天地反復兮
타던 불길도 꺼져가네	火欲殂
나라가 무너지려 하는데	大厦將崩兮
기둥 하나로 받치기 어렵네	一木難扶
산골에 훌륭한 사람이 있어	山谷有賢兮
현명한 주인을 찾으려 하는데	欲投明主
현명한 주인은 훌륭한 이 구하면서	明主求賢兮
결국 나를 몰라보시네	却不知吾

유비는 형주 북쪽 경계인 신야(新野)현에서 7년을 살았다. 신야는 조조와 대립하는 최전선이지만 조조가 원소의 잔당을 격퇴하기에 바쁜 시기여서 유비에게는 다행이었다. 유비는 이곳에서 군사를 모으고 훈련을 하며 군세를 가다듬었다. 아들 유선도 비교적 평온하던 이곳 신야에서 태어났다. 유비에게는 무엇보다도 정책적 참모가 필요하였다. 일당백의 장수들은 있었지만 그것만으로 전쟁을 이길 수는 없었다. 적의 전략을 꿰뚫고 승리하는 전술을 구사할 수 있는 책사가 더없이 절실하였다. 그러던 차에 갈건에 베옷을 입고 저잣거리에서 노래를 부르는 서서를 만났다. 서서는 한때 형주의 유표를 만나 그를 주인으로 모시려고 했으나, 유표의 그릇이 작음을 알고 포기하였다. 그 후, 자신을 알아 줄 주인을 찾기 위해 노래를 불렀고, 유비는 이 노래에 솔깃하였다. 서서는 유비에게 구세주와 같은 존재다. 그런 까닭에 유비는 서서를 군사(軍師)로 삼았다.

원소군을 평정하고 돌아온 조조는 이제 중원의 노른자위와도 같은 형주를 공략하고자 하였다. 그리하여 조인(曹仁)과 몇몇 장수들에게 3만의 병력을 주어 형주를 점령하도록 명하였다. 여광(呂曠)과 여상(呂翔)이 5천의 군사를 이끌고 신야를 공격하였다. 하지만 서서의 계략에 빠져 조조군은 참패를 당하고 두 장수는 목숨을 잃는다. 조인은 나머지 병사들을 이끌고 신야를 공격하지만 이번에도 서서의 계략에 걸려 패배하고 근거지인 번성(樊城)까지 빼앗기는 수모를 당한다. 이 사실을 들은 조조가 참모인 정욱에게 서서에 대해 묻자 정욱은 자신보다 열 배는 뛰어난 인물이라고 말한다. 조조가 걱정하자 서서의 노모를 허도로 데려오고 아들을 부르면 극진한 효자인 서서가 반드시 올 것이라고 귀띔하였다. 서서는 정욱이 노모의 필체를 베껴 쓴 거짓편지에 속아 유비를 떠나 허도로 가고 싶어 하였다. 장수들이 서서를 보내지 말라고 했지만, 유비는 불인(不仁)과 불의(不義)라며 서서를 보내기로 결심한다.

"늙으신 어머니께서 붙잡혀 계시는 것을 알고부터는 비록 금파옥액(金波玉液:아주 좋은 술)이라 해도 마실 수가 없습니다."

"서공이 간다는 말을 들으니 내 몸이 쪼개지는 것만 같아 용간봉수(龍肝鳳髓:매우 진귀한 음식)인들 쓰기만 하답니다."

유비는 서서를 보내기 전날, 밤새워 서서와 이별주를 마셨다. 진정으로 잡고 싶었던 서서였기에 진정으로 보내주어야만 하였다. 유비는 서서의 몸과 마음이 자신에게 있기를 바랐지만 그렇게 하지 못할 형편을 잘 알고 있는 지라, 서서의 마음을 잡는 것이 필요하였다. 역설적으로 조조를 잘 섬기라고 말한다. 이에 감복한 서서는 노모 때문에 이별하는 자신의 처지를 밝히며, 죽을 때까지 조조에게 계책을 베풀지 않겠노라고 대답한다. 떠나는 자의 마음을 잡았으니 유비는 성공한 것이다. 한편 서서를 맞이한 조조는 어떠한가. 조조의 신하들은 서서가 계책을 베풀지 않는 것을 보고 엄벌에 처할 것을 요구하지만, 조조는 그가 이곳에 있어서 유비가 계략을 펴지 못하게 하는 것만으로도 족하다고 하였다. 가히 영웅의 기상이 아닐 수 없다.

이른 아침임에도 무더위가 기승이다. 허창에서 여독을 달래고 신야로 향하였다. 지난번 허창 여행 때는 신야를 가보고 싶었으나 그러지를 못하였다. 일정이 촉박했기 때문이다. 하지만 이번은 그렇지 않다. 신야를 보기 위해 허창을 들른 것이기 때문이다. 허창에서 신야까지는 231km로 중국에서는 그다지 멀다고 할 수 없는 거리다. 신야는 남양(南陽) 분지의 남부로, 후한 말기에는 유표가 다스리던 형주에 속해 있었다. 신야는 유비가 7년 동안 힘을 길러 촉한을 세울 수 있도록 해준 발상지와도 같은 곳이다.

▌ 한상성학교 안에 있는 신야 한상성 터

　　한산한 시골거리를 연상케 하는 신야에 도착하여 제일 먼저 찾은 곳은
한상성학교(漢桑城學校)였다. 이곳에는 유비가 기거했다는 한상성(漢桑城)이 있
다. 성의 이름이 그대로 학교명이 되었다. 학교에 들어서니 수업이 시작되는지
운동장에서 뛰어놀던 순박한 초등학생들이 우르르 교실로 들어간다. 그중 몇
몇 아이들은 운동장 가운데에 있는 한상성을 보러온 이방인을 신기한 듯 바라
본다. 한상성은 높이가 3m도 채 안 되어 보이고, 둘레도 장정 예닐곱 명이 팔을
벌리면 감싸 안을 수 있는, 그야말로 아주 작은 성이다. 말하자면 성 안에 있는
성인 셈인데, 관우가 손수 심었다는 뽕나무 한 그루가 성을 다 차지하고 있다.

사진을 찍으려고 모여든 학생들에게 성에 대해 물으니 이구동성으로 알고 있다고 대답한다. 1,800여 년을 지나며 부서지고 흩어진 유적이 셀 수 없이 많을 터이다. 그런데 유비를 생각하는 이곳 신야 사람들은 한상성에 학교를 세우고, 매년 한 그루 고목에 피어나는 새싹을 보며 아이들에게 유비의 정신을 가르치고 있다. 평생 사람을 키우는 것이 제일 중요하다는 관자의 '종신지계 막여수인(終身之計 莫如樹人)'을 직접 실행에 옮기고 있는 것이다.

신야현의 검찰원 안에 있는 한의사대(漢議事臺)는 유비가 제갈량을 맞이하여 군정을 논의하였던 곳이다. 팔각 모양의 2층 누각인 이 건물은 지붕에 여덟 마리의 용이 있다. 이는 제갈량이 화재에 대비하여 만든 수룡(水龍)으로, 건물에 불이나면 그 방향의 용이 자동으로 물을 뿜어내어 불을 끈

▌ 제갈량이 화재에 대비하여 만든 수룡의 모형

다고 한다. 그래서인가. 조조가 신야를 쳐들어왔을 때 제갈량이 공격을 차단하기 위하여 신야에 불을 질렀는데 마을이 폐허가 되었어도 이 의사대만은 멀쩡했다고 한다.

"사군, 이렇게 멀리까지 나오시지 않아도 됩니다. 저는 여기서 그만 하직인사를 올려야겠습니다."

"선생, 이제 가면 서로가 먼 곳에 있어야만 하니 언제 다시 만나게 될지 모르겠구려."

말을 마치자 유비는 눈물을 비 오듯 흘렸다. 서서 역시 울면서 떠나갔다. 현덕은 숲 가에 말을 세우고 서서가 가는 모습을 지켜보았다. 그러다 숲에 가려 서서가 잘 보이지 않자 유비가 말하였다.

"서공을 보지 못하게 막고 서 있는 저 나무를 모두 베어내도록 해라!"

▌유비와 서서가 이별한 사언 초점촌의 거리

신야에서 북쪽으로 15km 지점에 사언(沙堰) 초점촌(焦店村)이라는 오래된 시골이 있다. 이곳이 유비가 서서를 조조에게 보낼 때 더 이상 가지 못하고 눈물로 배웅한 곳이라고 한다. 마을 촌로는 이곳을 지나면 남양시라고 했다. 그러고 보니 이곳이 경계인 셈이다.

▌서서가 허창의 노모에게 간 옛길

유비는 서서와의 이별을 진정으로 아쉬워하여 "조금만 더, 조금만 더!"를 외치며 현의 경계까지 온 것이니, 훌륭한 참모를 보내야 하는 유비의 안타까운 마음을 족히 헤아리고도 남는다. 더 이상 배웅할 수 없게 되자, 유비는 서서가 떠나는 뒷모습을 조금이라도 더 보기 위하여 나무를 베라고 한다. 정말로 구슬픈 이별의 모습이 아닐 수 없다.

어진 인재 언제 또 보리요, 한스럽고 원통하여   痛恨高賢不再逢
눈물 강 돌아서는 두 마음 애달파라   臨岐泣別兩情濃
돌아와 전하는 말, 봄날 천둥소리만 같아서   片言却似春雷震
남양의 와룡을 벌떡 깨워 일으키네   能使南陽起臥龍

서서는 이러한 유비의 심정을 아는지라 다시 되돌아와 제갈량을 추천한다. 관중과 악의를 함께 아우르는 현사인 제갈량의 천거가 이처럼 극적인 상황 속에 전개되는 것은 이후 전개될 이야기에서 제갈량이 지혜의 화신으로 묘사되는 것을 시사하고 있다. 『삼국지연의』 가정본에는 이를 증명이라도 하듯, 한 편의 시가 더 나온다.

온 세상 백성들 목숨 경각에 달렸는데   四海蒼生在倒懸
어머니를 속여서 서서를 부르네   豫州天下謾求賢
서서가 이별하며 제갈량을 천거하지 않았다면   不因徐庶臨岐荐
어찌 서천 사십 년을 얻을 수 있었겠는가   怎得西川四十年

유비와 서서가 서로의 아린 가슴을 저미며 이별하던 당시를 회상해 볼

겸, 경계선상의 도로를 따라 걷는다. 온통 너른 들판과 밭뿐인 사이로 드문드문 나지막한 언덕이 있는데 그곳에는 나무들이 촘촘하다. 그 언덕에 올라 유비와 서서를 다시 생각한다. 자신의 발등에 불이 떨어졌건만 먼저 상대방을 배려하여 인덕을 베푸는 사람. 자신이 목적한 바, 그 뜻을 이루려 하지만 부모에게 효도하는 것이 우선인 사람. 연인들의 이별 장면을 어찌 이들의 이별에 비교할 수 있으며, 어찌 왕유(王維)의 위성곡(渭城曲)이 이보다 더 구슬프다 할 수 있겠는가.

'벌수망원직(伐樹望元直)'이란 고사(故事)가 있다. 가려진 나무를 베어내고 서서[원직은 서서의 자(字)]를 바라본다는 뜻이다. 유비가 서서를 보내고 싶지 않으나 보낼 수밖에 없는 안타까움에 그가 떠나가는 모습을 가리는 숲을 모두 베어버리라고 했다는 이야기에서 나온 것으로 인재를 아끼고 사랑하는 전고(典故)가 되었다.

▌ 서서 어머니의 묘

허창에는 서서가 유비를 떠나 조조에게 귀의하도록 한 어머니의 묘가 있다. 묘가 있다는 마을을 찾았으나 마을 사람들 태반이 모른다고 대답한다. 여러 번을 헛걸음하고 겨우겨우 물어서 찾아간 곳은 헐마전(歇馬展). 이곳은 관우가 파릉교에서 조조에게 작별인사를 하고 두 형수를 모시고 형님 유비에게 가던 중, 서서 어머니의 묘를 참배하며 말을 쉬게 한 곳이라고 한다. 그렇다면 이 부근 어디엔가 묘지가 있을 법하여 둘러보니, 쓰레기 더미 옆으로 몇 개의 무덤이 보인다. 삼국지 기행을 할 때면 쓰레기더미 뒤지는 것을 마다하지 않았다. 그 속에서 삼국지의 보물들을 만났기 때문이다. 이번에도 보물을 찾아 나섰는데 헛되지 않았다. 서서 어머니의 묘는 밭둑 가운데 다소곳하다. 청나라 건륭 21년(1756)에 만든 비석이 세월의 풍상을 이겨내고 서 있다.

 남장에 있는 서서고리와 서서의 초상

자그마한 묘의 앞에 서 있자니 불현듯 한줄기 생각이 스쳐간다. 서서가 정욱의 가짜 편지에 속아 어머니를 뵈었을 때, "이 치욕스런 자식아! 여러 해 동안 강호를 떠돌며 공부한 놈이 충성과 효도는 똑같이 잘할 수 없다는 것을 아직도 모르고 있었더냐. 이제 광명을 버리고 악명을 취하려 하니 무슨 면목으로 너를 보며, 무슨 면목으로 조상들을 뵐 수 있단 말이냐!"라며 호통을 치던 노모의 결기가 오롯이 느껴지는 듯하다. 자식에 대한 어머니의 사랑은 동서고금을 막론하고 한결같은 것이니, 어찌 자식이 그 크나큰 사랑을 알 수 있겠는가. 부모가 돌아가시고 스스로 어버이가 되어서야만 겨우 느낄 수 있는 것이 부모의 마음인 것을.

▌ 혈마전 안의 관공전

▌ 혈마전 입구

관우가 두 형수와 함께 서서묘를 참배하고 가는 모습

관공전의 관우상

헐마전은 관우가 적토마에게 물을 마시게 했다는 연못 옆에 시골 가정
집처럼 꾸며놓았다. 입구를 들어서니 엉성하게 만든 관우의 소상(素像)이 있고,
그 옆으로는 마차를 타고 있는 두 형수의 소상도 있다. 이곳은 마을 사람들의
기복신앙 장소인 것 같다. 옥황상제를 모시는 옥황전, 서서 어머니를 모시는 서
모전 등 관우 말고도 여러 신에게 소원을 빌었는지 향불을 지핀 흔적이 시꺼멓
다. 둘러보고 나오는데, 구석에 오래됐음 직한 비각이 깨진 채 나뒹굴고 있다.
살펴보니 명나라 만력 연간에 만든 것이다. 약 500년 전에 만든 황제의 비각은
풍비박산 나고, 최근에 만든 신상들만이 주민들에게 사랑받고 있다. 이는 중국
인들의 현실적인 신앙관을 보여주는 것으로, 건강, 재물, 소원성취 등을 빌며 삶
의 위안을 받는 것이다. 반면 역사적 사실인 황제의 비각은 현실의 삶에서 크게
중요하지 않다. 경제에 도움도 안 되고 삶의 위안도 못 되기 때문이다. 문화유
산을 말하기엔 아직 갈 길이 먼 것만 같다.

▎ 서서의 모를 모신 서모전과 서모상

▎ 헐마전 안에 부서진 채로 버려진 각종 비석들

▍관우가 적토마에게 물을 먹였다는 음마지

서서는 구름같이 많던 모사들의 시대에 평범한 존재에 불과하였다. 인격도 고상하지 않았고 공적도 별로 없었기에 그저 그런 평범한 인물로 묻힐 수도 있었다. 그러나 나관중은 서서를 독특한 인물로 재탄생시켰다. 서서를 효자로 만들고 인재를 갈망한 유비의 첫 번째 참모가 서서임을 독자들에게 각인시켰다. 그리하여 서서는 오히려『삼국지연의』로 인해 더욱 훌륭한 인물로 알려져 있다. 사관의 필봉에 위인여부가 판가름 나는 법인데, 나관중의 필치에 서서가 위인이 되고 사람들이 이를 그대로 믿으니, 이 정도면『삼국지연의』가 사서(史書)의 반열에 우뚝 서서 뻐기는 것도 당연하지 않겠는가.

서서, 불량배에서 효자로 거듭나다

서서가 신야에서 유비를 만나 군사(軍師)가 되었을 때 그의 이름은 '단복(單福)'이었다. 『위략(魏略)』에 따르면 서서는 젊었을 때 무예에 정통한 불량배였는데, 특히 장검을 잘 쓰는 자로 소문났다. 어느 날 사람을 죽이고 도망치다가 잡혔는데, 관리가 저자거리에다 세워놓고 제보자를 기다렸다. 그런데 워낙 못된 불량배였기에 아무도 나서지 않았다. 후환이 두려웠던 것이다. 동료에게 구출된 것을 계기로 서서는 그간의 못된 짓거리에서 손을 떼고, 잘못을 뉘우치며 학문에 힘썼다. 하지만 그가 예전에 사나운 불량배였음을 알고 아무도 가까이 하지 않았다. 서서는 아침 일찍 일어나 청소하고 경학을 읽으며 몇 년을 묵묵히 수양에 매진하였다. 그야말로 개과천선한 것이다. 어느 정도 수양을 끝낸 서서는 학문에 전념하고 싶었다. 형주는 난세에도 학문의 분위기가 자유로워 많은 지식인들이 모여들었다. 서서는 형주로 가서 제갈량을 비롯해 많은 친구들과 사귀고 유비를 돕는다.

서서의 벼슬은 위나라의 어사중승(御使中丞)까지 오르는데, 이때도 줄곧 그의 이름은 '복'이라고 하였다. 그러다 말년에 서(庶)로 나온 것을 보면, 그즈음에야 이름을 바꾼 것으로 보인다. 그런데 서서가 어째서 '단복'이 되었을까. 그것도 서복이 아닌 단복이 되었으니 궁금하지 않을 수 없다. 이는 나관중이 연의를 만들면서 『위략』의 「서서전」에 '원래 단가의 자식이다(本單家子)'라는 문구를 잘못 이해했기 때문이다.

후한 시대는 가문이 중시된 사회였다. '단가'란 보통 집안 또는 서민의 집안을 뜻하는 말인데, 이렇게 하찮은 집안에서 자기 능력만으로 고관이 된 사람들을 일컬어 '단가 출신'이라고 하였다. 이를 나관중이 『삼국지연의』를 만들면서 잘못 이해하여 성을 단씨로 만든 것이다. 청나라 때 대학자인 전대흔(錢大昕)도 '단가(單家)라고 한 것을 성으로 생각한 것은 심히 무지한 일'이라고 평하였다.

서서는 효성이 지극한 사람으로 이름이 높았다. 조조가 서서의 노모를 데려온 것은 유비가 조조군의 추격을 받아 무리를 이끌고 남쪽으로 가던 중, 당양에서 조조군에게 패배하고 사로잡힌 때였다. 이에 서서가 유비를 이별하고 조조를 알현하였으니 서서는 스스로의 결단으로 조조를 찾아간 것이다. 연의에서 서서는 유비에게 함께 천하의 패업을 이루고 싶지만 노모를 잃은 마음이 어지럽고 쓸모가 없어서 이별한다고 하였다. 그러면서 죽을 때까지 조조에게 계략을 베풀지 않겠다고 말한다. 그러나 이 말은 소설에서나 나오는 것이다. 서서는 훗날 위나라의 우중랑장, 어시중승 등을 맡았기 때문이다. 제갈량이 북벌을 단행할 때도 서서가 여전히 직책을 맡고 있자 제갈량도 서서를 경멸했다고 한다.

그렇다면 서서에 대한 나관중의 효행담은 무엇 때문인가. 이곳에도 조조 악인 만들기의 은밀한 전략이 배어 있다. 즉, 조조가 서서의 노모를 잡아와 유비를 험담하자 노모는 한나라의 도적은 조조라고 호통 치며 벼루로 때렸다거나, 모사인 정욱이 가짜 편지를 썼다거나, 노모가 자신을 찾아 온 서서를 보고 '바보 같은 놈!'이라고 노하며 목매어 자살한 것 등은 모두 조조 악인론의 장치들인 것이다.

역사적으로 서서는 유비와 헤어지고 나타나지 않지만, 연의에서는 두 번 더 등장한다. 조조가 남하하기 전 유비에게 항복을 권유하는 사자로 나오고, 적벽대전 때

촉오 연합군이 화공(火攻)으로 나올 것을 알고 방통을 다그쳐 마초의 장안 습격을 빌미로 전장터를 빠져나오는 장면이다. 하지만 연의에서조차도 서서의 행동에 무리가 따른다. 서서가 조조에게로 오자 모친은 아들을 꾸짖고 자살을 했는데 어째서 조조를 도와야 하는지 모를 일이다. 효자 서서의 이야기가 오히려 서서를 부끄럽게 만든 꼴이 되었다. 모종강도 이 부분에서 『삼국지연의』를 비평하여 말하기를 '허도에 노모의 묘가 있으니 조조를 모른 척할 수는 없었을 것이다.'라며 둘러대고 가까스로 넘어갔다.

16. 큰 꿈을 누가 먼저 깨었는가

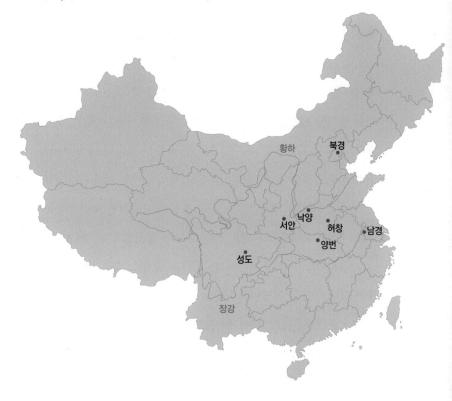

눈보라 뚫고 어진 이 찾아갔다가	一天風雪訪賢良
보지 못하고 돌아오니 마음만 상하누나	不遇空回意感傷
개울 다리는 꽁꽁 얼고 산길은 미끄러운데	凍合溪橋山石滑
추위는 말안장 후벼들고 갈 길은 아득하여라	寒侵鞍馬路途長
머리 위엔 배꽃 같은 송이눈 무수하고	當頭片片李花落
얼굴에는 어지럽게 함박눈만 부딪히네	撲面紛紛柳絮狂
말채찍 부여잡고 고개 돌려 먼 곳을 바라보니	回首停鞭遙望處
찬연한 은빛 세상 와룡강에 가득하구나	爛銀堆滿臥龍岡

엄동설한 겨울이 가고 신야에도 다시 새 봄이 왔다. 유비는 좋은 날을 잡고 몸과 마음을 깨끗이 했다. '이번에는 복룡을 꼭 만나야 하는데⋯⋯.' 지난 해 겨울, 유비는 아우들과 함께 제갈량을 참모로 영입하고자 융중에 있는 제갈량의 초가를 두 번이나 찾았지만 만나지를 못하였다. 이제 세 번째 제갈량을 찾아가는 길이다. 유비는 그동안의 방랑 세월을 끝내고 조조에 대항하는 천하 경영의 웅지를 펼치고 싶었다. 그래서 모두가 추천하는 제갈량의 도움이 절실하였다. 유비는 제갈량을 내 사람으로 만들 수만 있다면 열 번이라도 찾아가리라고 다짐하고 있었다. 하지만 이러한 유비의 급박한 마음과는 달리 관우와 장비는 부아만 끓었다. 주군으로 모시는 윗분이 아들뻘인 백면서생을 몸소 여러 차례 찾아가서 고개를 조아리는 것이 영 맘에 들지 않았던 것이다.

유비도 두 아우의 이러한 생각을 잘 알고 있었다. 20여 년을 수족처럼 붙어 다니며 온갖 전쟁터를 누빈 아우들이 글공부만 한 어린 제갈량을 어떻게 생각하고 있겠는가. 그래서 유비는 더더욱 아우들을 데리고 다녔다. 유비가 제갈량을 나이와 상관없이 진심으로 존경하는 모습을 보임으로써 관우와 장비도 제갈량을 따르게 하기 위함이다. 제갈량도 유비에게 「양보음(梁父吟)」이라는 노래를 빌려 먼저 관우와 장비에 대한 단속부터 해줄 것을 부탁해 놓았던 터다. 당나라 때 간행된 『예문유취(藝文類聚)』에 실려 있는 내용을 보자.

걸어서 제나라 성문을 나서면	步出齊東門
멀리 탕음리가 보이네	遙望蕩陰里
마을에 무덤 세 개가 있으니	里中有三墳
옹기종기 비슷하게 모여 있네	累累正相似
누구 집 무덤인가 물어보았더니	問是誰家子

공손접과 전개강과 고야자라네	田疆古治氏
힘으로는 남산을 뽑아버리고	力能排南山
글로는 지리를 꿰뚫을 정도였네	文能絶地紀
하루아침에 참소 한마디	一朝被讒言
복숭아 두 개로 세 장사를 죽였네	二桃殺三士
누가 이 계책을 냈는가	誰能爲此謀
제나라 재상 안자라 하네	相國齊晏子

안자(晏子)는 춘추 시대 경공을 보좌하여 오패(五覇)의 한 사람인 제환공 (齊桓公)을 만든 사람이다. 안자는 당시 외적의 침입으로부터 제나라를 지키기 위해 사마양저(司馬穰苴)를 발탁하고 싶었다. 그러나 조정에서는 경공의 총애를 받고 있던 공손접(公孫接), 전개강(田開彊), 고야자(古冶子)라는 세 명의 장수가 있었다. 그들은 경공의 총애를 믿고 안하무인으로 행동하였다. 안자는 이들을 제거하지 않고는 사마양저를 발탁해 보았자 소용이 없으리라는 것을 알았다.

제나라를 방문한 노나라 군주를 환영하는 연회장에서 안자는 복숭아 두 개를 내놓고 자기가 세운 공을 자랑하면서, 스스로 공이 높다고 생각한 자가 복숭아를 먹도록 하였다. 세 사람은 서로 공을 다투었고, 복숭아를 먹지 못하게 된 전개강이 자결하자 나머지 두 사람도 뒤따라 자결하였다. 안자는 곧바로 시골에서 은거하며 농사를 짓고 살던 사마양저를 불러 제나라의 군권을 맡겼다.

제갈량이 「양보음」을 부르며 유비를 세 번씩이나 초가로 오게 한 까닭은 무엇인가. 바로 유비의 의형제인 관우와 장비에 대한 조치를 먼저 해줄 것을 노래로써 말한 것이다. 유비는 이를 간파하고, 곧장 아우들을 데리고 손수 제갈량을 따를 수 있도록 사전 교육에 들어간 것이다. 그런데 장비는 그렇다손 치고,

『춘추』에 정통했던 관우는 「양보음」의 뜻을 왜 몰랐을까? 충의를 중시한 장수로서 전적(戰績)에만 관심이 있었던 걸까. 아님 『춘추』를 즐겨 읽었다는 것도 관우신앙을 위한 한낱 도구에 불과한 것인가.

　　세 번째 방문에서도 유비는 봄잠에 빠진 제갈량을 부동의 자세로 기다린다. 관우와 장비는 유비를 이해하지 못하였지만 따를 수밖에 없었다. 유비는 속으로 쾌재를 불렀다. '내가 이토록 존경하는 제갈량이니 너희도 나처럼 제갈량을 따라야 한다.' 현장 교육이 서서히 효과를 나타내고 있었다. 돌아누웠던 제갈량도 이제 때가 되었음을 알고 일어나 앉으며 시 한 수를 읊었다.

큰 꿈을 누가 먼저 깨었는가　　　　大夢誰先覺

평생을 나 스스로 알았노라　　　　平生我自知

고융중 입구의 패방

| 초당에서 봄잠을 흡족히 잤건마는 | 草堂春睡足 |
| 창밖의 해는 더디기만 하구나 | 窓外日遲遲 |

제갈량이 10년간 농사를 지으며 지낸 융중(隆中)은 양번(陽樊) 시내에서 서쪽으로 13km 떨어진 곳에 있다. 아침이어서인지 햇살이 맑고 공기도 청정하다. 융중의 풍경은 『삼국지연의』에 묘사된 것과 흡사하였다. 산은 높지 않지만 병풍처럼 아름답고, 물은 깊지 않지만 맑고 유유하다. 넓지 않은 땅이지만 평탄함과 완만함이 조화를 이루고 크지 않은 숲이지만 소나무와 대나무가 무성하다. 융중을 둘러싼 산의 주봉인 융중산도 해발 306m다. 눈에 보이는 융중의 모습이 이러하니, 마음은 벌써 융중의 산수(山水)가 되었다. 융중산과 마주보고 있는 산은 악산(樂山)인데 제갈량이 이 산을 오를 때마다 「양보음」을 즐겨 불러서 붙은 이름이다.

입구에 들어서니 붉은 글씨로 '고융중(古隆中)'이라고 쓴 돌 패방이 제일 먼저 눈에 띤다. 좌우 기둥에는 두보가 지은 「촉상(蜀相)」의 시구가 붉다.

| 세 번을 찾아가 청함은 천하를 위한 것이었고 | 三顧頻煩天下計 |
| 두 조정을 섬김은 늙은 신하의 충성심이었어라 | 兩朝開濟老臣心 |

삼고초려(三顧草廬)하여 제갈량을 맞아들이는 모습을 손수 보여주었음에도 불구하고 투덜거리는 관우와 장비에게 유비는 "내가 공명을 얻은 것은 물고기가 물을 만난 것과 같다."라며 힐책하였다. 두보의 시구를 음미하고 있노라니 유비와 제갈량의 '수어지교(水魚之交)'다운 돈독함을 보는 것 같다.

▌ 융중서원 입구의 패방과 청년 제갈량

▌ 제갈량 사당

▌ 사당 안의 제갈량상

▌제갈량 전시관의 제갈량상

      비스듬한 길을 10분쯤 걸어가니 연꽃이 가득한 연못이 보인다. 연못 가운데에 정자도 있다. 연못 뒤쪽으로는 만든 지 얼마 안 되어 보이는 아치형의 소홍교(小虹橋)가 있다. 유비가 제갈량을 찾아왔다가 장인 황승언(黃承彦)을 만나 제갈량의 명성을 재확인했던 곳이다. 제갈량이 몸소 밭을 갈고 농사를 지었다는 궁경전(躬耕田)은 소홍교 뒤에 있었다. 궁경전 주위에는 제갈량과 관련된 유적들이 흩어져 있는데, 밭을 갈다가 앉아서 휴식을 취했던 바위인 포슬석(抱膝石), 「양보음」을 불렀다는 바위인 양보암(梁父岩), 동굴의 샘물을 끌어다가 관개했다고 하는 노룡동(老龍洞), 달을 즐겨 감상했던 개울인 반월계(半月溪), 오후에 휴식을 취했던 곳인 와룡심처(臥龍深處) 등, 제갈량을 사랑하는 중국인답게 융중을 제갈량의 성지로 만들어 놓았다. 10년 만에 다시 찾은 융중은 더욱 크고 화려해졌다. 관광지로서의 색깔이 완벽하게 물들었다.

오늘날과 같은 교통과 통신이 없는 시절, 제갈량은 어떻게 융중에 칩거하며 세상 돌아가는 형세를 정확하게 읽고 난세를 헤쳐 갈 방향을 잡을 수 있었을까. 융중은 그가 은거하면서 현실을 도피했던 장소가 아니라, 실타래처럼 꼬인 난세의 갈등과 충돌, 급변하는 정세와 그 결과를 연구하고 스스로 해답 찾기에 몰두하기 위한 장소였던 것이다. 그렇다고 하더라도 세상사를 어떻게 그처럼 속속들이 잘 알 수 있었겠는가.

원나라 때의 도사 조도일(趙道一)이 쓴 『진선통감(眞仙通鑒)』에는 제갈량의 향학열에 대한 내용이 있다. 제갈량이 융중에 칩거하던 시절, 수경 선생인 사마휘가 훌륭한 스승 밑에서 더욱 정진하라면서 여남(汝南) 영산(靈山)에 은거하는 풍구(酆玖)를 소개해주었다. 제갈량은 그곳에서 1년을 머물렀지만, 풍구는 아무것도 가르쳐주지 않았다. 그래도 제갈량은 풍구를 스승의 예로 대하였다. 제갈량의 향학열이 진심임을 안 풍구는 그제야 공부할 책을 주었다. 『삼재비록(三才秘錄)』, 『병법진도(兵法陳圖)』, 『고허상왕(孤虛相旺)』이었다. 제갈량은 백 일 동안에 세 권의 오묘한 진리를 모두 깨우쳤다. 책을 백 번 읽으면 저절로 뜻을 알 수 있다고 했듯이 제갈량은 수준 높은 독서와 연구를 통해 난세의 흐름을 읽을 수 있었고, 그로부터 해결책을 찾았던 것이다.

당시 양양은 지리적으로 삼국의 접경 지역이자 정치, 경제, 문화가 교차하는 지역이었기에 뜻있는 지식인들이 많이 모인 곳이다. 제갈량도 최주평, 석광원, 맹공위, 서원직 등과 왕래하며 천하가 돌아가는 일에 대해 이야기했을 것이다. 제갈량은 친구들과의 대화 속에서 스스로 자신의 마음을 깨우치고자 초려 기둥에 대련을 하나 써놓았다.

'욕심 없이 깨끗하게 마음을 가꾸고, 조용함 속에 깊은 이치에 도달한다.'

제갈량이 쓴 「계자서(誡子書)」에 보면, 다음과 같은 내용이 나온다. "무릇 군자의 품행은 고요함으로 몸을 닦고, 검소함으로 덕성을 길러야 한다. 담담하고 과욕을 부리지 않으면 지향하는 바를 명확히 할 수가 있고, 마음을 고요히 하지 않으면 원대한 경지에 이를 수 없다. 배움은 모름지기 고요한 마음에서 가능하며 재능은 모름지기 학습해야 가능하다. 배우지 않으면 재능을 넓힐 수 없으며, 목표를 세우지 않으면 학문을 이룰 수 없다."

초려 기둥의 글귀는 바로 이러한 내용을 두 구절로 요약해 놓은 것이다.

융중에서의 10년은 제갈량 스스로가 지식과 지혜를 기르기 위함이었다. 그리고 천시(天時)를 기다리며 유비로 하여금 세 번이나 찾아오게 만듦으로써 유비의 진정성을 확인함과 동시에 자신의 정치적 몸값을 높였다. 타고난 두뇌뿐만 아니라 오랜 시간의 노력과 이를 통해 얻은 지식이 삼국이 난립하는 정치 무대를 주름잡게 만든 제갈량의 진정한 모습인 것이다.

▌ 융중의 삼의전

▌ 삼의전 안의 유비

융중의 주요 유적은 삼고당(三顧堂)과 무후사(武侯祠)다. 소홍교를 지나면 나타나는 삼고당은 유비가 삼고초려하여 제갈량이 출사(出仕)하게 된 것을 기념해 청나라 강희 59년(1750년)에 지은 것이다. 삼고당에 이르니 족히 천 년은 됨 직한 세 그루의 측백나무가 있다. 유비 삼형제가 여기에 말을 매어두고 초가를 찾았다고 한다. 안으로 들어서니 정면에 곽말약(郭沫若)이 쓴 '제갈초려(諸葛草廬)' 편액이 보인다. 중국의 주요 유적지마다 곽말약의 글씨가 빠짐없이 있는데 그도 역사 기행을 무척 좋아하였나 보다. 정원을 둘러싸고 있는 벽면과 공간은 제갈량을 칭송한 역대 문인들의 글과 비석들로 빼곡하다. 듬성듬성한 울타리 안으로 집 안이 훤히 보이는 제갈초려는 10년 전에 비하여 몇 배나 넓어졌다. 그런데 제갈량이 청렴한 선비로서 명사와 함께 학문을 교유했던 거처로서는 오히려 예전의 작고 아담한 초가가 더욱 그럴 듯하였다.

융중의 초당에서 유비와 제갈량이 마주앉았다. 전략적 판단력을 갖춘 정책참모를 갈구해 온 유비, 자신을 관중과 악의에 비교하며 주군을 패왕으로

▎유비가 제갈량을 세 번 찾아간 삼고당

▎유비에게 천하삼분계책을 설명하는 제갈량

┃ 삼고당 앞에서 유비를 기다리는 관우와 장비

등극시키려는 야심찬 젊은 선비 제갈량. 이들의 만남에 마흔일곱 살과 스물일곱 살이라는 나이는 중요하지 않았다. 오직 천하 경영의 계책과 이에 맞는 전술이 관심사였다. 제갈량은 유비에게 천하의 형세를 치밀하게 분석하고 천하 경영의 계책을 말한다. 첫째, 강자인 조조와 혼자 싸우지 말고 손권과 군사 동맹을 맺어 조조의 군사력을 분산시킨다. 둘째, 형주와 익주를 기반으로 삼고 한 황실 부흥의 대의명분을 앞세워 삼국을 정립한다. 셋째, 서쪽과 남쪽의 세력을 다독여 후방의 염려를 없애고, 조조의 약점을 노려 오와 함께 공략한다. 그런 후에 오를 처치하여 패업을 달성하고 한을 부흥시킨다.

"조조는 백만 대군과 함께 황제를 등에 없고 제후에게 명령하고 있으니, 그에 맞붙어 싸우는 것은 불가합니다. 손권은 3대째 강동을 다스리고 있는데 지세가 험난하고 그곳 백성들이 따르고 있으니, 우리의 지원 세력은 되어도 차지하기는 힘듭니다. 형주 지역은 북으로 한수와 면수가 가로 질러 흐르고 있기에 남쪽의 물산을 모두 차지할 수 있으며, 동으로는 오군 회계와 가깝고, 서로는 파촉과 통하니 반드시 이곳을 발판으로 삼아야 합니다. 정해진 주인이 아니면 지킬 수 없는 곳이니 이제 하늘이 장군께 주신 것과 같습니다. …… 장군은 인화(人和)를 내세우셔야 합니다. 우선 형주를 차지하여 안방으로 삼고, 곧이어 서천을 차지하여 공업을 연 후 정족지세(鼎足之勢)를 이룬다면 머지않아 천하를 얻을 수 있습니다."

청년 제갈량의 거침없는 계책에 유비는 10년 묵은 체증이 꺼지고 자욱하던 안개가 걷히는 것 같았다. 그야말로 귀가 뜨이고 눈이 밝아지는 것이 유비 자신도 모르게 저절로 가슴이 복받쳐 올랐다. 두보가 '물고기와 물이 세 번 만에 만나니, 천하에 풍운이 일어났구나(魚水三顧合, 風雲四海生)'라고 읊었듯이, 유비는 이날부터 이 계책을 필생의 전략으로 삼고 제갈량을 극진히 대접한다.

"나는 이름도 없을 뿐더러 덕망도 없으니, 선생이 부디 나와 함께 산을 내려가 도와주기를 바라오. 선생이 이곳에만 있으면 저 가엾은 백성들은 누가 돌본단 말이오?"

"장군께서 그렇게 말씀하며 저를 생각해 주시니 견마지로(犬馬之勞)를 다하겠습니다."

제갈량은 유비와 함께 융중의 초려를 떠났다. 친구들이 자사나 태수 정도의 직위로 족할 때, 제갈량은 천하 경영의 웅지를 가슴에 담아왔다. 이제 그 웅지를 펼치기 위해 길을 떠난다. 얼마나 가슴 벅차고 기다려 왔던 시간이었던 가. 지난 10년은 제갈량에 있어서 외롭고 힘든 시기였다. 든든한 후원자였던 제 갈현(諸葛玄) 숙부마저 잃고 홀로 농사를 지으며 공부했기 때문이다. 제갈량은 힘들 때면 맹자의 말씀을 떠올렸다.

"하늘이 그 사람에게 큰일을 맡기려고 할 때면 반드시 그 사람의 정신을 힘 들게 만든다. 그 다음으로 육신을 힘들게 하여 모든 힘을 소진하게 한다. 또한 모든 것을 잃게 만들고, 이루고자 한 일도 헛된 노력이 되게 한다. 이는 그 사람의 마음을 한층 부추겨 불굴의 인내심을 체득하게 하기 위함이다. 사람은 잘못을 해보아야 이 를 바로잡을 수 있고, 고통을 느껴보아야만 더욱 분발하게 된다. 괴롭고 힘든 표정 이 나타나고, 고통에 겨운 소리가 입으로 나와야만 진실로 잘못을 깨우치게 된다."

제갈량은 항상 이 말을 곱씹으며 10대의 아픔과 고통을 이겨냈다. 그리 고 이제 훨씬 향상된 기량과 정신으로 세상에 나서는 것이다. 유비 또한 '떠돌이 군소집단'이라는 비아냥거림과 모욕을 감내하며 오늘에 이르렀던 바, 이러한 불명예를 떼어내고 본격적인 대업 달성을 향한 가슴 벅찬 기상으로 산을 내려 왔다. 그러하매 제갈량과 유비가 스스로의 과거를 되새기고 남몰래 새로운 각 오를 다지며 흘린 감격의 눈물이 융중의 초려와 입구에 흥건하게 배어 있는 듯 하다.

천하삼분(天下三分) 계책의 역사

서기 207년. 형주 교외에 있는 융중에서 제갈량은 유비에게 천하 경영의 계책을 말한다. 바로 유명한 '융중 대책'이다. 이는 국가의 장기 전략이다. 한 뼘 비빌 땅조차 없는 유비에게 있어서 급박하게 필요한 것은 '조조군의 남하에 어떻게 대처할 것인가.' 하는 당면과제를 해결하는 전술이었다. 제갈량은 형주의 호적을 조사하여 병사를 징발하면 군세가 증가할 것이라고 제안하고, 유비는 그대로 실행하여 군사력을 강화시켰다. 유비는 이를 계기로 공명이 뛰어난 책략가임을 믿게 된다.

그런데 공명은 어찌하여 유비에게 조조와 손권이 차지하고 있는 땅이 아니라 한 황실의 자손인 유표와 유장이 다스리는 두 지역을 차지하도록 하였는가. 유표와 유장이 비록 두 지역을 다스리고 있지만, 결국 주인은 조조와 손권이 될 것임을 간파하고 있었기 때문이다.

융중 대책의 요점은 중원 진출의 편리성으로서의 형주와, 장강을 이용할 수 있는 천혜의 요새 익주를 차지하고, 오나라와 동맹하여 위나라에 대항한다는 것이다. 천하의 등뼈와 같은 형주를 얻으면 동남을 함께 아우를 수가 있고, 동남을 얻고 나면 서북을 도모하는 것이 가능하다는 공명의 계략은 지정학에 근거한 전략이었다. 또한 형주와 익주의 차지는 유비가 자립하고 그 정권을 이어가기 위해서도 반드시 이룩해야 할 필수 과제였다.

공명이 설파한 '천하삼분계략'인 융중 대책은 공명의 생각대로 진행되었다. 그러나 한편으로 보면 위, 촉, 오 삼국의 다툼은 형주와 익주를 차지하기 위한 전쟁이었다. 공명은 이러한 형세를 전략적 안목으로 예상했던 것이다. 하지만 천하삼분계략도 공명이 처음 주장한 것은 아니었다. 진한(秦漢) 시대의 책사인 괴통은 한신에게 제나라의 산동성을 탈취하여 유방과 항우에 대항할 제3의 세력으로 자립할 것을 권하면서 '천하를 셋으로 나누어 정족한다.'라고 하였다.

삼국의 각축기인 서기 200년, 오나라의 노숙이 손권을 만났을 때 그 역시도 오나라가 취해야 할 전략으로서 이 계책을 말하였다. 또한 오나라의 감녕과 주유, 형주의 방통, 익주의 법정 등도 비슷한 전략을 구상하였다. 천하삼분계책은 당시의 선진적인 사고력을 갖춘 지식인들 사이에서는 누구나 공감하는 정치적, 군사적 전략이었다. 그리고 이러한 전략은 전란을 피해 형주로 모여든 선비들의 지혜이기도 하였다. 모두가 생각하는 천하삼분계책을 보다 체계적으로 분석하여 이를 현실에 반영하고 자신이 생각한 바대로 역사를 추진하였던 사람은 오직 제갈량뿐이었다. 바로 이러한 점이 제갈량의 탁월함이었고, 그러기에 수경 선생이 그를 일컬어 '천하를 얻을 수 있는 자'라고 평하였던 것이다.

전략의 성공과 실패여부는 철저한 준비에 있다. 그러나 완벽한 전략이라도 실행에 옮기지 않으면 소용이 없다. 또한 실행에 옮긴다 하여도 목적을 벗어나면 의미가 없다. 뛰어난 전략에는 뭇사람들이 믿고 따르는 혼이 살아있어야 한다. 이러한 전략은 혼신의 힘을 다하기에 실패해도 아름답다. 모름지기 전략에도 인의(仁義)가 충실히 반영되어야 하기 때문이다.

17. 완성(宛城)이 어디메뇨?

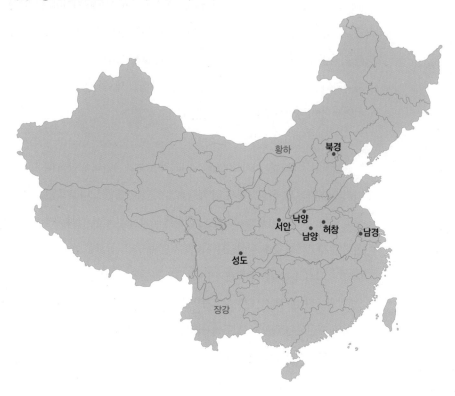

　　유비는 신야에서 많은 것을 얻었다. 병력을 모아 훈련시키며 군사력을 신장시켰고, 폭넓은 교류를 통해 장차 촉한 건국 시 형주의 유명 인사들이 참여할 수 있는 기틀을 다졌다. 무엇보다도 커다란 수확은 제갈량을 맞이한 일이었다. 유비는 전략과 전술에 탁월한 참모를 얻음으로써 그가 소망하던 천하 경영의 웅지를 펼 수 있었다. 한편 '비육지탄'의 일화가 말해주듯이 전쟁터를 숨 가쁘게 떠돌던 유비가 오랜만에 편안한 세월을 보낸 시기이기도 하였다. 그러므로 유비가 신야에서 보낸 7년은 소멸하던 유비 집단이 회생할 수 있는 기회를

얻은 시간이었고, 나아가 도약의 발판을 다지는 시기이기도 하였다. 유비에게 신야의 생활이 없었다면 천하삼분도 촉나라도 건국할 수 없었을 것이다. 흔히 유비에게는 인덕(仁德)이, 조조에게는 천시(天時)가 따른다고 한다. 그러나 유비의 신야 생활도 천시가 따라준 것이다. 조조가 원소의 잔당과 북방의 오환 정벌을 하지 않았다면 신야에서의 7년은 존재할 수 없었기 때문이다.

신야(新野)에서 남양(南陽)으로 길을 잡았다. 하남성의 드넓은 평야가 매운바람을 가르고 봄을 맞을 채비에 바쁘다. 남양은 삼국 시대에 완현(宛縣)이라고 하였다. 형주의 북방 기지로 37개 현을 관할하는 중요 거점이었다. 『삼국지연의』에서 남양은 중요한 사건이 많은 곳이다. 먼저 유비가 황건적 소탕에 참가하여 공을 세우고 처음으로 안희(安熹)현의 위(尉; 경찰서장)란 벼슬을 받게 해준 곳이다. 하지만 현위 자리에 만족할 유비였던가. 못마땅하지만 참고 지내던 차에 순찰관인 독우가 유비에게 뇌물을 요구하며 백성을 닦달하자, 불같은 성미의 장비가 이를 못 참고 독우를 매질하고 유비는 미련 없이 관인을 벗어던진 곳이다.

"형님! 많은 전공을 세웠음에도 고작 현위 자리뿐인데 이렇게 독우란 놈에게까지 능멸을 당해야 하니, 정말이지 가시덤불에 어찌 봉황이 깃들 수 있답니까. 저 독우 놈을 쳐 죽이고 관인도 내던지고 고향으로 갑시다. 고향으로 가서 보다 원대한 계획을 세웁시다."

"백성을 못살게 구는 네 놈 죄를 따지자면 죽어 마땅하나 살려 주는 것이니 그리 알아라."

연의에서는 장비가 독우를 매질했지만, 사실 독우를 매질한 것은 유비였다. 호협과 어울리기를 좋아한 유비인데 어찌 성깔이 없겠는가. 게다가 매관매직으로 백성의 고혈을 빨아먹는 독우와 같은 벼슬아치 때문에 황건적의 난이 일어난 것이니 어찌 인자한 풍모만을 내세울 수 있겠는가. 하지만 연의에서의 유비는 언제 어디서나 인자하고 덕이 넘치는 군자의 모습이다. 관우는 충의의 전형이다. 하지만 장비는 불의를 참지 못하여 주먹부터 나가는 급한 성격이다. 주인공 삼형제의 전형(全形)이 확고하게 만들어졌기 때문에 악역은 항상 막내인 장비의 몫이다. 삼형제의 특징적인 인물상 속에 은폐된 위선과 허울을 찾아내는 것도 『삼국지연의』를 제대로 읽는 것이 될 것이다.

남양은 또한 조조가 혼쭐이 난 곳이기도 하다. 서기 197년. 유비가 여포에게 서주와 소패를 빼앗기고 조조에게 몸을 의탁하였을 때다. 조조가 유비를 대신하여 여포를 치려고 하는데, 완성(宛城)에 있던 장수(張繡)가 이를 노리고 허도로 쳐들어온다는 것이었다. 이에 조조는 15만 군사를 소집해 먼저 완성 정벌에 나선다. 장수는 전쟁에서 이길 수 없음을 알고 참모인 가후(賈詡)의 권고대로 조조에게 항복하였다. 조조는 완성에 주둔하며 장수가 베푸는 잔치에 참석했다가 장수의 숙모 추씨(鄒氏)가 미녀인 것을 알고 그녀와 정을 통하였다. 오래지 않아 이 사실을 알게 된 장수는 짐승만도 못한 조조를 없애고 싶었다. 이에 그는 가후의 계략대로 움직여 조조의 근위대장인 전위(典韋)를 사살하였다. 조조는 추씨와 있다가 화살을 맞고 허둥지둥 몸을 피했는데 그사이 애마인 절영이 죽었다. 조조는 큰아들 조앙(曹昻)이 준 말을 타고 겨우 목숨을 건졌지만, 전위와 큰아들 조앙 그리고 조카인 조안민을 잃어야만 하였다. 남의 부인을 탐한 죄로 조조는 혈족과 수족을 잃는 아픔을 당했던 것이다.

서기 198년. 장수가 세력을 뻗쳐 남양의 여러 현을 점령하였다. 조조는 다시 토벌 길에 올랐다. 지난번의 치욕을 되갚아 주려는 속셈이었다. 남양에 다다르자 길가에는 온통 황금색 물결의 보리밭이었다. 백성들은 조조의 군사가 무서워 어느 누구도 감히 보리를 베려고 하지 못하였다. 이에 조조는 백성들의 마음을 사기 위해 전군에 군령을 내린다.

"보리밭을 밟는 자는 누구든 목을 베겠다."

조조군은 보리밭을 피해서 행군했고 백성들은 조조군을 칭송하였다. 그런데 조조가 탄 말이 비둘기에 놀라 보리밭을 헤쳐놓았다. 조조는 즉각 자신의 목 대신 머리털을 잘라 군령을 다스렸다.

군사가 십만이면 마음 또한 십만 가지	十萬貔貅十萬心
한 사람 호령으로 다스리기 어려워라	一人號令衆難禁
칼로 머리털 잘라 목숨을 대신하니	撥刀割髮權爲首
조조의 술수가 심히 대단하도다	方見曹瞞詐術深

장수는 형주를 지키는 유표와 연합하여 조조군을 무찌르고 방어에 성공한다. 이는 모두 장수의 참모인 가후의 뛰어난 계략 덕분이었다. 조조의 계책을 꿰뚫고 있는 가후는 두 번에 걸친 완성 전투를 승리로 이끈다.

"조조군을 추격하지 마십시오. 지금 추격하면 반드시 패하고 돌아올 것입니다."

"공의 말을 안 듣고 추격했다가 진짜 패하고 왔소."

"이제 군사를 몰고 다시 추격하면 반드시 승리하실 것입니다."

"정예군으로 퇴각하는 군대를 공격했는데 공은 패한다 했고, 뒤이어 패전군으로 그들을 공격하는데 이때는 이긴다 했소. 그리고 공의 말이 모두 맞았소."

지피지기는 전략의 기본이다. 가후는 상대방 뿐 아니라 자신을 잘 알고 있었다. 조조의 계책을 잘 알고 있으니 이기는 것은 당연한 것이고, 자신의 계책을 알아낸 자가 누군지 궁금한 조조에게 '가후'라는 이름을 확실하게 인지시키는 것 또한 당연히 알고 있었다.

조조가 여포를 제압하고 원소와 중원통일의 승부점인 관도대전을 앞두고 있을 때, 조조에게 뼈아픈 상처를 안긴 장수와 가후가 조조에게 귀순한다. '가후가 온다고?' 조조는 아마도 귀가 번쩍 뜨였을 것이다. 원소와 사생결단의 싸움을 앞두고 열세로 고민하고 있던 조조에게는 장수와 가후의 귀순이 너무도 고마운 일이 아닐 수 없기 때문이다. 흔히 과거 자신의 혈족과 수족을 죽인 원수를 어찌 용서할 수 있겠느냐고 생각한다. 그럼에도 불구하고 조조는 용서한다. 나아가 가후를 집금오(執金吾)에 임명한다. 가히 조조이기에 해낼 수 있는 일이다, 이를 통해 엄격한 현실주의자요 냉정한 합리주의자로서의 영웅 조조의 모습을 볼 수 있다.

생각이 여기에 미칠 즈음, 내가 탄 차는 남양 시내 백하(白河)를 건너고 있다. 백하는 삼국 시대 '육수(淯水)'라 불렸다. 백하는 조조가 수족과도 같이 여기던 세 사람의 목숨을 잃어가면서까지 장수의 공격을 피해 도망간 곳인데 그 자리가 어디쯤일까. 오늘도 백하는 잠잠하고 사람들만 그 위에서 분주하다. 세상의 역사를 지켜보면서 지금도 묵묵히 흐르는 강물을 바라보니 문득 김용택의 시 한 수가 떠오른다.

꽃이 핍니다
꽃이 집니다
꽃이 피고 지는 곳
강물입니다
강 같은 세월입니다

정말 세월은 강 속에 있는 것 같다. 흐르고 또 흐르고, 다시 흘러가는 강물. 우리의 삶도 저와 같이 흐르는 강물 위에 피었다 지고 또 피고 지는 것이리라. 수없이 많은 삶들이 저마다 아름답게 피었다가 질 때면, 강물은 산그림자 사이로 조용히 다가와 낮은 곳으로 더 낮은 곳으로 아름다움을 데려간다. 가장 낮은 곳에 가장 숭고한 아름다움이 있음도 이러한 까닭이리라.

▌남양 시내를 흐르는 백하

백하를 건너 남양 시내에 들어서자 제일 먼저 완성을 찾아 나섰다. 남양서 오래 살아온 노인들에게 물었으나 고개만 갸웃거린다. 중천에 있던 해가 어느덧 뉘엿뉘엿 지는데 아직도 완성은 오리무중이다. 옛날의 완성에 와서 완성 터를 찾지 못하니 이를 어찌한단 말인가. 조급한 생각 뒤로 꼭 찾고야 말리라는 오기도 생긴다. 그나저나 마을에서 수십 년을 산 노인들도 모른다고 하니 걱정이 태산이다. 길목 어귀마다 물으며 가기를 또 한 시간. 이제 포기하고 돌아가야 하는가 하는 생각이 들 즈음, 증손자인 듯한 꼬맹이에게 세발 자전거를 태워주는 꼬부랑 할아버지가 "아주 옛날 성터가 있긴 한데……."하며 말끝을 흐린다. 할아버지가 안내해 준 곳을 묻고 찾아가기를 또 30여 분. 드디어 찾았다는 기대 벅참도 잠깐, 완성 터는 시내 변두리, 그것도 차 한 대조차 지나가기 어려운 쓰레기장 옆에 있었다.

어디에 성터가 있지? 성터는 간곳없고 저마다 일궈놓은 채마밭만 가지런하다. 이곳이 완성 터임을 안 것은 호떡을 팔고 있는 아주머니가 가리킨 구

▮ 남양의 완성유지 팻말

▮ 채마밭으로 변한 완성 터

인 안내판을 보고 나서였다. 시멘트로 대충 만들어 놓은 표지판에 덕지덕지 붙은 구인 광고를 떼어내자 조그마한 글씨로 '완성유지(宛城遺址)'라고 쓰여 있다. 삼국의 영웅들이 저마다의 목숨으로 차지하려 했던 완성은 흔적조차 없어진 지이미 오래고, 이제는 이를 기억하고 말하는 이조차 없으니 역사는 한낱 여유로운 자들의 사치품에 지나지 않는 것인가. 그야말로 '황성 옛터'란 노래를 떠올리기에 부족함이 없다.

　　머물 시간도 없지만 살펴볼 유적도 없는 터라 다시 골목길을 돌아 나오는데, 좁은 길에 고철 더미까지다. 좌우를 돌아보며 천천히 나오다 보니, 고철 더미 너머로 유적 표지석이 보인다. '와방장 한대 야철유지(瓦房庄漢代冶鐵遺址)'. 이곳이 한나라 때 제련소였음을 알리는 표지석이다. 이곳에서 철광석을 제련하여 무기나 농기구를 만들었을 터. 고철 더미가 이곳에 있는 것도 다 충분한이유가 있다는 생각에 이천년의 시공을 오가는 기운을 느낀다.

　　완성도 중요하지만 남양에 오면 꼭 보아야 할 곳이 있다. 바로 와룡강

남양의 와룡강 전경

(臥龍崗)이다. '제갈량이 농사지으며 산 곳은 융중인데 이곳에서도 살았나?' 의문
이 든다. 하지만 분명히 와룡강도 제갈량이 농사를 지으며 살았다는 유적지이
다. 이른바 '제갈량의 궁경지(躬耕地) 논쟁'이 붙은 곳인데 그렇다면 도대체 어느
곳이 진짜란 말인가. 어떻게 같은 소재로 두 곳에서 유적지를 만들어 놓을 수가
있는가. 하긴 중국을 여행하다 보면 같은 이름의 유적지가 비일비재하거늘, 중
국인이면 누구나 존경하는 제갈량과 관련된 유적일진대 오죽하겠는가.

▌ 와룡강 입구에 있는 제갈정

▌ 제갈량이 농사를 지었다는 궁경처

와룡강의 선인교와 와룡담 　　　　　　　　　와룡강의 무후사 입구

　　관광객들로 붐비는 와룡강을 찾았다. 이곳은 당나라 때 무후사가 세워
진 이후 많은 사람들이 왕래한 명승지이다. 와룡강은 찾기가 수월하였다. 정문
앞 넓은 주차장에 차를 세우고 계단을 올라 들어가니 '천고인룡(千古人龍)'이라
쓴 돌 패방이 제일 먼저 반긴다. 왼쪽으로는 제갈량이 농사지은 곳임을 알리는
비석이 우뚝하다. 무후사 앞에는 아치형의 선인교(仙人橋)를 품은 와룡담(臥龍
潭)이 분위기를 한껏 북돋운다. 뒤쪽으로는 초려, 삼고당, 소흥교 등, '융중10경'
과 같이 '와룡10경'이 있다. 유적지 대부분이 그렇듯이 오래된 건물 몇 채 빼고
는 최근 대대적인 보수 또는 확장공사를 하였는데, 이제는 그러한 전경도 생경
하지가 않다. 너무도 많이 보았기에 눈도 그러려니 하고 식상하게 지나칠 수 있
는가 보다. 건물들이 이렇게 동서남북으로 조밀하게 지어졌을 리가 만무한데,
온갖 것을 기념하여 그곳에 건물을 지어놓으니 마치 어느 것이 진짜 유적인지
알기가 쉽지 않다. 삼국지와 관련된 유적은 특히 심한데, 볼 때마다 자세히 살
펴볼 일이다. 홍밋거리 유적지를 둘러본 후 무후사를 찾았다. 건물 안팎으로 편
액과 주련이 널려 있고, 제갈량과 관련된 비석들이 별도의 회랑에 빼곡하다. 그

❙ 악비의 출사표 비랑

중에서 눈길을 끈 것은 남송의 명장인 악비(岳飛)가 썼다는 전후 출사표이다.

남송은 북방 이민족인 금의 침입에 중원을 빼앗기고 지금의 항주(杭州)로 쫓겨났다. 악비는 나라의 존망이 기로에 선 때, 군대를 이끌고 연전연승하여 금의 간담을 서늘케 한 장군이다. 그러한 악비가 하루는 남양을 지나다 비가 내려 무후사에서 묵어가게 되었다. 사당 안을 둘러보다가 현인들이 쓴 제갈량의 출사표를 읽은 후, 눈물로 밤을 지새우고 단숨에 출사표를 썼다. 당시 악비의 마음을 읽어 보자.

"무오년(1138년) 가을, 팔월 열나흘. 남양을 지나다가 무후사를 참배하게 되었는데, 비가 내려 사당에서 묵게 되었다. 밤이 깊어 초를 켜들고 옛 현인들이 공명을 칭송한 글과 시가 있는 회랑을 둘러보았다. 사당 앞 비석에는 그가 쓴 전후 출사표가 새겨져 있는데, 이를 읽고 있으매 빗물처럼 눈물이 솟구쳐 밤새 뒤척이며 잠을 이루지 못하였다. 아침녘, 차를 담아 온 도사가 종이를 꺼내놓고 한 자 적어 달라 하여 다시 눈물을 훔치면서 붓을 들었다. 거친 구석을 생각지 않고 가슴 속 슬픔을

붓이 가는 대로 따라 적는다.”

악비는 주전파(主戰派)였다. 하지만 조정은 주파화(主和派)인 진회(秦檜)가 장악하고 있었다. 악비는 진회가 자신에게 누명을 씌워 애국충정도 물거품이 되어가는 상황에서 제갈량을 떠올렸다. 여섯 차례의 북벌로 위나라를 공략하던 제갈량이 간신들의 말에 속은 후주 유선의 ‘돌아오라’는 명을 받들어 촉한을 지키지 못한 것이 자신이 처한 상황과 다를 바 없다고 여겼으리라. 악비가 쓴 출사표의 필체에는 이러한 악비의 비분강개하는 마음이 그대로 나타나 보인다.

출사표를 다 쓴 악비는 자신의 가슴 속 외침을 별도의 글씨로 남겼다. ‘환아하산(還我河山)’. 우리의 산하를 되찾자. 중국 각지의 무후사에는 악비가 쓴 출사표가 있는데, 이곳의 악비 글씨는 후세 사람들의 손에 의해 새겨지고 전해져 묵보(墨寶)가 되었다. 악비의 비분강개한 마음의 표현인 ‘환아하산’ 글씨도 이곳에서만 볼 수 있다. 그러하기에 악비의 이 글씨는 남양의 와룡강 무후사를 더욱 빛나게 하고 있다.

남양의 와룡강은 옛 모습 그대로다. 워낙 잘 복원해 놓았던 터라 추가로 복원할 것이 없었던 모양이다. 예전의 모습들을 둘러보고 악비가 쓴 출사표를 보기 위해 비랑을 찾았는데, 그곳에 악비가 강강한 마음으로 출사표를 쓰는 장면을 새로 꾸며놓았다. 악비가 출사표를 쓰던 당시의 모습을 실감나게 표현해 놓아 회랑의 글씨가 더욱 진하게 메아리친다.

악비의 ‘환아하산’은 청나라 말기인 1900년, 중국에서 특권을 누리는 서구 열강과 만주족이 세운 왕조인 청을 몰아내기 위해 결성된 의화단 운동의 단원들 사이에서도 슬로건으로 불렸는데, 그런 의미에서 본다면 악비는 중국인들의 애국충정을 결집시키는 데 있어서 최고의 지도자인 셈이다.

악비가 호쾌한 필치로 쓴 '환아하산'

출사표를 쓰는 악비의 모습

와룡강의 제갈량 초려

와룡강 후원의 제갈량상

우리 국토를 되찾자 우리 주권을 되찾자	還我江山還我權
칼산 불바다라도 우리는 뚫고 나아가리니	刀山火海爺敢鑽
어찌 황제인들 겁내며 어찌 외세에 굴복하리오	那怕黃上服了外
서양 놈들 박살내지 않고는 맹세코 끝나지 않으리라	不殺洋人誓不完

제갈량은 어디에서 농사를 지었는가

2000년대 초반, 중국의 개혁·개방 정책이 점차 활발해지면서 국내외의 관광객이 많이 찾게 되자, 중국 각지에서는 특정 명사나 현인, 그리고 그들과 연관된 명승고적지를 만들기에 분주하였다. 이는 관광객 유치를 통한 지역 경제 살리기 사업의 일환인데, 서로가 무리하게 진행하다 보니 역사적 사실에 입각하기보다는 야사나 전설 등에 의존하는 경우가 많았다. 전국 시대의 명의였던 편작의 본적(本籍)이 어디인가, 춘추 시대 월나라의 미인으로 '중국 4대 미인'의 하나인 서시의 고향이 어디인가 등이 그것이다. 그중에서도 제갈량이 주경야독(晝耕夜讀)하며 살았던 곳이 어디인가 하는 이른바 제갈량의 '궁경지(躬耕地)' 논쟁도 이러한 논쟁의 최고 쟁점이었다. 이 논쟁은 원나라 때부터 근 800년 동안 계속된 논쟁으로, 중국인들이 제갈량을 얼마나 존경하고 있는지를 보여주는 것이기도 하다. 또한 제갈량에 관한 것은 한 치의 양보도 하지 않는 중국인들의 심리를 알려주는 것이기도 하다.

제갈량의 고향은 지금의 산동성 기남(沂南)이다. 일찍 부모를 여의고 숙부를 따라 형주의 양양현 융중으로 왔다. 따라서 융중은 제갈량에게 '제2의 고향'인 셈이다. 그런데 제갈량이 융중에서 보낸 10년은 그의 생애에서 매우 중요한 시기였다. 천하가 존경하는 제갈량이 천하 경영의 웅지를 구상한 곳이라면, 그곳에 살고 있는 후대인들 또한 자부심이 대단할 터이다. 이러한 생각에서 논쟁이 시작되었고, 지금의 호북성 양양과 하남성 남양이 맞붙은 것이다.

양양 측은 '제갈량은 남양의 등현에 살고 있는데, 등현은 남군 양양성 서쪽 20리 되는 곳에 있으며 이름을 융중이라고 한다'는 『한진춘추』의 기록에 근거하여 제갈량이 융중에서 농사를 지었다고 하였다. 반면 남양 측은 '신은 본래 평민의 신분으로 남양에서 직접 농사를 짓고 있었습니다.'라는 제갈량의 「출사표」의 구절을 인용해 남양이 틀림없다고 주장한다. 실제 장소로 양양은 고융중(古隆中)을, 남양은 와룡강(臥龍崗) 무후사를 내세운다.

남양군은 전한 시기부터 존재하였다. 후한 시기에는 형주에 속하였는데, 치소(置所)는 완현(宛縣)이라 하여 지금의 하남성 남양에 있었다. 융중은 당시 남양군 등현에 속한 한적한 산촌이었다. 그 위치가 남군의 양양현과 가까워서 양양성을 기준으로 설명한 것이다. 이는 지금의 호북성 양번시의 서쪽 13km 지점에 있는 고융중이다. 지금의 남양시는 후한 시기에 완현으로 불렸기 때문에 당시의 남양과는 다르다. 그리고 당시의 완현은 조조의 영토였다. 와룡강도 한 역사서에 있는 지명이 아니다. 사람들이 제갈량을 '와룡'이라 부른데서 생겨난 지명이다.

이토록 확연한 사실이 있음에도 불구하고 오랜 세월 동안 소모적인 궁경지 논쟁을 펼친 이유는 무엇일까. 여기에는 남송의 주희로 대표되는 성리학자들이 '촉한 정통설'을 앞세워 전국 각지에 제갈량의 사당을 세우기 시작한 것과 깊은 관련이 있다. 원대 이전까지는 현재의 남양시를 궁경지로 여긴 적이 없었다.

청나라 때 고가형(顧嘉衡)이란 관리가 남양지사로 왔다. 양양과 남양의 사람들이 제갈량의 궁경지로 어느 쪽이 맞는지를 확실하게 설명해 달라고 청원하였다. 고가형은 두 지역 사람들이 오랫동안 첨예하게 말다툼을 벌인 논쟁에 종지부를 찍고 싶었다. 그리하여 순간적인 기지를 발휘하여 다음과 같은 대련(對聯)을 썼다.

마음이 이미 조정에 있는데 선주와 후주를 논하여 무엇 할 것이며,

이름이 이미 천하에 높은데, 양양이다 남양이다 굳이 정할 필요가 있겠는가.

心在朝廷 原無論先主後主, 名高天下 何必辯襄陽南陽

제갈공명을 칭송하며 두 지역의 상호 공존을 꾀하였으니, 가히 지혜로운 관리라 아니할 수 없다. 이후로는 두 지역이 나름대로 제갈량을 추앙하며 오늘에 이르렀고, 제갈량의 족적을 찾는 사람들이 모두 둘러보아야 할 명승지로 발전하였다. 그러니 지도자의 리더십이 얼마나 중요한가를 이곳에서도 새삼 확인할 수 있다.

18. 수어지교, 강호를 호령하다

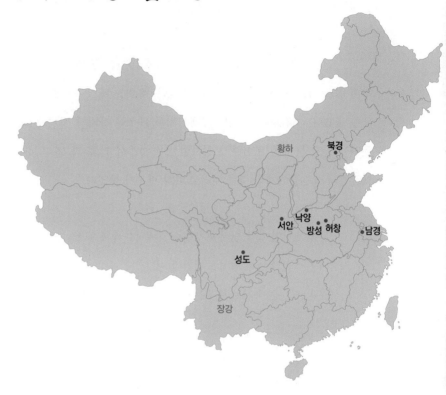

"하후돈이 군사들을 이끌고 이곳으로 쳐들어온다는데 어찌 싸워야 하겠느냐?"

"아니 형님! 형님이 애지중지하는 훌륭한 물이 있잖소. 그 물에게 알려달라고 하면 될 것 아닙니까?"

못마땅함이 가득했던 장비가 일갈했다. 관우도 말없이 장비의 말에 동조하였다.

"한두 번도 아니고 형님이 직접 세 번씩이나 찾아가서 영접한 뛰어난 사람 아닙니까? 공명에게 앞장서서 싸우라고 하세요."

유비가 나직하지만 힘 있게 타일렀다.

"지혜가 필요할 때는 공명이 도와주겠지만 용기가 필요할 때에는 너희들이 앞장서야지 왜 책임을 피하려 하느냐?"

건안 13년(208년), 조조는 하후돈에게 10만의 군사를 주어 유비가 은거하며 힘을 기르는 신야를 점령토록 하였다. 유비는 제갈량에게 이를 무찌를 계책을 물었다. 제갈량은 계책도 계책이지만 관우와 장비가 명령에 따르지 않을 것임을 알고 군사를 지휘하기 위하여 유비에게서 검(劍)과 인수(印)를 빌린다. 제갈량이 장수들에게 군령을 내리고 나자 관우가 물었다.

"우리 모두가 적을 맞아 싸우면 군사께서는 무엇을 합니까?"
"나는 이곳에 남아 현성을 지킵니다."
"우리 모두는 죽기로 싸우는데 이곳에 가만히 틀어 앉아 여유롭게 즐기시겠다고요?"

장비의 냉소가 유비의 다그침으로 진정되었지만, 모두가 제갈량의 전술에 의혹을 품었다. 그러나 제갈량의 매복, 유인 및 화공 작전은 정확하게 맞아떨어져 하후돈의 군대를 박망파(博望坡)에서 대파하였다. "역시 공명 선생은 지모가 뛰어난 분이시구나!" 관우와 장비가 진심으로 고개를 숙였고 유비는 너무너무 기뻤다. 백성들 또한 제갈량을 칭송하였다.

박망파에서 맞붙어 화공으로 공략하니	博望相持用火攻
담소 중에 지휘한 일이 그대로 이루어지네	指揮如意笑談中
조조의 간담이 철렁하고 놀랐으니	直須驚破曹公膽

초가를 나온 뒤 첫 공을 세웠네　　　　　　初出茅廬第一功

　　제갈량의 전략이 맞아떨어지면서 유비군은 제갈량을 인정하게 된다. 그야말로 '새파랗게 젊은 녀석이 뭘 안단 말인가?' 하며 시답지 않게 여기던 많은 사람들의 모습을 일시에 바꿔놓은 것이다. 그만큼 제갈량은 몇몇 인사들에게서만 유능한 인재로 알려졌을 뿐, 일반적으로는 알려지지 않았던 것이다.

　　유비의 진영에서조차 이러했는데, 조조군에서의 제갈량은 그야말로 콩나물시루를 가득 메운 한 가닥 콩나물에 불과했던 것이다. 유비가 제갈량을 참모로 영입했다는 정보를 들은 조조가 서서에게 제갈량이 어떤 사람인지 물었다.

　　"천하를 능히 다스릴 만한 솜씨와 귀신같은 지략을 갖고 있습니다. 이 세상에 둘도 없는 기사(奇士)입니다. 결코 하찮은 인물이 아닙니다."

　　"공과 비교하면 어떻소이까?"

　　"제가 어찌 제갈량에 비교될 수 있겠습니까? 제가 반딧불이라면, 제갈량은 저 하늘에서 빛나는 보름달입니다."

　　"제갈량쯤은 지푸라기에 불과하오. 하룻강아지일 뿐이오. 내가 나가 싸워 유비를 사로잡지 못하면, 제갈량이라도 잡아서 그 수급을 승상께 바칠 것이오."

　　하후돈이 신중하지 못한 채 겁 없이 깔본 것이 결국 박망파에서의 패배로 귀착된 것이다. 지피지기 없이 큰소리만 쳤으니 결과는 너무도 당연한 것이다. 아무런 전략과 전술 없이 무조건 '나를 따르라!'는 식의 행동은 인해전술 시대라 해도 위험천만하다. 하물며 지식정보 시대에서야 더 말해서 무엇 하랴. 한 명의 주군을 따르는 것도 중요하지만, 그보다 먼저 올바르고 현명한 주군을 모시는 것이 필수적인 것이다. 조직이나 국가의 운명이 바로 이곳에서 좌우되기 때문이다.

신묘한 전술을 펼치며 혜성과 같이 등장한 제갈량으로 인해『삼국지연의』는 본격적인 막이 오르고, 기다리던 유비 군단에 초점이 맞추어진다. 이제 유비군도 반격을 꾀할 수 있게 된 것이다. 하후돈이 패하고 돌아오자 조조는 50만 명의 군사를 동원하여 남방정벌을 시작한다.

이때 형주의 수장인 유표가 병사한다. 후처인 채부인은 장자인 유기를 제치고 자신이 낳은 둘째 아들 유종이 승계하도록 계략을 꾸민다. 그 와중에 참모 괴월, 한숭, 부손 등이 조조에게 항복할 것을 권한다. 방금 수장을 맡은 어린 유종이지만 마음이 답답할 수밖에 없다. 가업을 이어받은 지 얼마나 되었다고 남에게 내준단 말인가. 결국 자신은 형주를 내어주는 역할을 맡게 되었으니, 선조들의 얼굴을 어찌 볼 것인가. 그리하여 다시 한 번 참모들에게 묻는다.

"나는 지금처럼 여러분과 함께 형주를 차지하고, 선친이 물려주신 이곳을 다스리며 천하의 형편을 살펴보고 싶은데 그것이 어렵단 말이오?"

"순리를 거역함에도 기본적인 도리가 있고, 굳셈과 여림도 정해진 형편대로 움직여야 합니다. 신하의 지위에 있으면서 군주에게 대항하는 것은 곧 역모를 꾀하는 것입니다. 이제 자리를 물려받은 형주를 가지고 황제에게 항거하는 것은 그 형편이 옳지 못한 것입니다. 또한 유비를 믿고 조조에게 저항하는 것 또한 올바르지 못합니다. 이처럼 세 가지 모두가 부족한데도 황제의 군대에 항거한다면, 이는 곧 멸망으로 나가는 지름길과 같습니다."

어린 유종은 부손이 강경하게 말하자 마음이 흔들렸다. 그래도 믿을 사람은 유비인 듯싶었다. 유비가 형주를 지켜준다면 얼마나 좋을까. 하지만 그러한 생각도 잠시, 곧바로 생각을 접어야만 하였다.

"모든 것이 미약한 유비가 조조를 이기지 못하면 주군의 힘으로 형주는 보존시키기는 어려울 것입니다. 설사 유비가 조조에게 대항하여 지켜낸다 하여도 그는 주군의 밑에 있지 않을 것입니다. 주군께서는 결코 의심하지 마십시오."

결국 유종은 조조에게 항복함으로써 형주를 지키기로 한다. 조조는 피한 방울 흘리지 않고 병가필쟁(兵家必爭)의 요충지인 형주를 얻자 너무도 기뻤다. 천하통일의 야망이 입가에 가득하고, 장강을 넘어가는 자신의 모습이 눈앞에 선하게 보였다.

뒤늦게 형주의 항복 사실을 안 유비는 노발대발했지만, 이미 돌이킬 수 없는 시간이었다. 유비는 제갈량의 말대로 신야성을 비웠다. 텅 빈 신야성을 차지한 조조군은 제갈량의 화공에 말려 혼쭐이 났다. 놀라서 성을 빠져나온 조조군은 매복해있던 조운과 미방, 유봉의 군사에게 또 한 번 크게 패하였다. 백하(白河)로 피신하여 전열을 가다듬을 즈음, 상류에 있던 관우가 강물을 트고 공격해왔다. 화공과 수공에 당한 조조군은 도망가기에 바빴다. 이번엔 장비가 부릅뜬 눈으로 장팔사모를 치켜들고 길목을 지키고 있었다. 유비는 후퇴하면서도 이렇게 조조의 선봉을 대파하였다. 이 모두가 제갈량의 계책이었으니, 제갈량의 전술은 그야말로 '신출귀몰' 그 자체였다.

박망파 유적지를 보기위해 남양에서 방성(方城) 쪽으로 접어들었다. 남양의 북동쪽에 위치한 박망파는 그렇게 멀지 않은 거리임에도 불구하고 길이 많이 막혔다. 길도 제법 잘 닦여 있고 차도 그다지 많지 않은데, 차들이 움직이지를 않는다. 알고 보니 교통체증 이유가 상행선 도로를 막고 검문을 하고 있기 때문이었다. '중국에 답사를 올 때마다 길 위에서 한 번씩은 사건이 터져 지체되곤 했는데 이번에도 여지가 없군.' 하고 생각하며 어떻게 해야 어두워지기 전에 도착할 수 있을까를 궁리하였다. 그런데 막상 검문소라는 곳에 도달하니 경찰은 물론 철책도 없다. 대신 난데없이 노끈을 든 사람들 수십 명이 도로를 막고 돈을 받고 있는 게 아닌가. '참, 대로에서 이 무슨 검문이냐?' 하며 어이없는 표정을 짓자, 안내자는 가끔씩 있는 일이라며 자초지종을 이야기한다.

교통사고를 내고 달아난 뺑소니 차에 동네 어린아이가 치여 죽었는데, 뺑소니차는 잡지 못했고 집은 가난하여, 동네 사람들이 모여서 아이의 장례 비용을 모금하고 있는 것이란다. 그러고 보니 도로 한 가운데 달구지가 있고 그 위에 조그만 목관이 있다. 그리고 엄마인 듯 한 사람이 달구지 앞에 주저앉아 슬프게 울고 있다. 길을 가는 자동차를 붙잡고 인정에 호소하고 있으니 안 줄

박망파가는 길에 보이는 환영 문구

장건의 봉읍지였음을 알리는 비석

수는 없지만, 도로를 막고 있는 사람들의 얼굴빛은 사뭇 무섭게 굳어 있어 적선을 하면서도 그다지 선뜻 마음이 내키지 않는다.

여러 번 길을 물었다. 그리고 30km를 달려 도착한 박망파는 박망진이라는 편벽한 마을을 종단하여 맨 끝에 위치하고 있었다. 늦은 점심을 먹고 출발했는데, 어느덧 해가 서산 위에 걸렸다. 박망(博望)이라는 지명은 '끝없이 넓은 곳을 우러러보길 희망한다(廣博瞻望)'는 뜻을 줄여서 부르는 말이다. 이러한 지명은 전한 시대 한무제가 서역에 사신으로 보냈던 장건을 '박망후'에 봉하고, 이곳을 봉읍으로 주면서 생겨났다.

10년 만에 다시 찾아간 박망파는 엄청 변해 있었다. 예전에는 도로 안내판도 찾기 힘든 편벽한 마을이었는데, 지금은 마을을 관통하는 넓은 길이 뚫렸다. 집들도 새롭게 단장되었다. 마을 전체를 새롭게 개조한 듯하다. 하지만 막히는 건 매한가지다. 예전에는 비좁고 울퉁불퉁한 흙길 때문이었지만, 지금은 대로변으로 시장이 들어서서 사람과 차들로 북새통을 이루기 때문이다. 이곳 박망파를 지나는 길은 예로부터 남북교통의 대동맥이었다. 따라서 서로가 먼저 차지하기 위해서 싸워야 했던 병가필쟁의 땅이기도 하다. 새롭게 넓힌 길에는 이 지역을 빛낸 인물의 이름을 따서 '장건로(張騫路)'와 '공명가(孔明街)'로 불린다. 특히 중국이 야심차게 추진하는 신(新)실크로드 사업인 일대일로(一帶一路)를 알리기 위해서인지 '실크로드를 개척한 장건에게 봉읍으로 준 곳'이라는 안내석도 삼국지 못지않게 홍보해 놓았다.

▌ 박망촌의 장건로

▌ 박망파 유적지의 표지석

▌ 섬서성 한중의 장건 묘에 있는 장건상

　　박망촌은 개벽을 하였지만 박망파 유적지는 변함이 없다. 거의 평지 같
은 언덕에 이르니 이곳이 박망파임을 알리는 갈색 비석이 여전하다. 비석에는
작은 글씨로 진수의 『삼국지』 중에서 『선주전』에 있는 박망파 전투의 기록을 옮
겨놓았다. 『삼국지연의』만 읽고 신출귀몰한 전략가인 제갈량에 빠져있는 사람
이 비석의 내용을 본다면 실망하겠지만, 역사적 사실을 기록해놓은 점에서 반
가웠다. 역사적 사실은 이러하다.

　　"유표가 유비를 의심하여 비밀리에 그를 견제하기 위해 박망에 주둔시키
고, 하후돈과 우금 등을 막도록 하였다. 유비는 미리 복병을 설치하고, 어느 날 아침
에 갑작스레 주둔지를 불태우고 도망가는 척하였다. 하후돈이 추격했지만 복병에
게 격파되었다."

▌박망파 전투에서 유일하게 남았다는 삼국수　　▌뿌리도 세 줄기인 삼국수

　　대부분의 삼국지 유적은 『삼국지연의』에 의거하여 설명하는 경우가 많다. 사실과 다른 경우에도 마찬가지다. 그런데 이곳은 역사적인 사실을 적어 놓았으니 이 비석을 세운 사람은 역사적 사실을 중시했던 것 같다.

　　비석이 있는 곳에서 200여 m 떨어진 곳에 '자자수(柘刺樹)'라는 고목이 한 그루 있다. 이 나무가 그 옛날 이곳에서 화공전이 벌어졌을 때 유일하게 남은 것이라고 한다. 그래서 일명 '삼국수(三國樹)'라고 부른다. 자세히 살펴보니 불에 타서 반은 검게 말라버렸다. 남쪽 가지만이 살아남아 가지를 쳤다. 커다란 둥치에 여기저기 옹두리가 있는 것이 이 나무의 수령을 알려주는 듯하다. 엄청난 유적도 아니고 그 당시 전쟁을 지켜본 나무라는 입증도 없건만, 덩그러니 밭 한가운데 있음에도 베어내지 않고 이를 대대로 보호해 온 이 지역 사람들의 마음씨가 대단하게 느껴진다. 유비와 제갈량이 관련된 곳이면 너도나도 유적지를 만드는 터에 이곳 사람들도 박망파에서의 승리를 기념하기 위한 유적 하나쯤은 잘 보존해 두어야 하지 않았을까. 그래야 멀리 한국에서 온 나그네가 10년 만에 또 이곳을 찾아와서 허허벌판의 삼국수를 보며 삼국지를 이야기하고 동서 1,300m, 남북 400m 크기로 있었다는 그날의 박망성을 회상할 수 있을 테니까 말이다.

▌옛 박망성 터

　한편 이곳에서 서남쪽으로 5km 떨어진 곳에 매림포촌(梅林鋪村)이라는
작은 마을이 있다. 이곳은 조조가 남양의 장수를 공격하러 갈 때 병사들이 목말
라 진군을 못하고 있자 매실나무 숲이 있다고 외쳐 이 말을 들은 병사들이 갈증
을 이겨냈다는 곳이라고 한다. 이 이야기는『삼국지연의』에서 조조의 순간적 기
지에 의한 것으로 표현되었다. 그런데 이곳에 와서 보니 매림포촌은 한나라 때
부터 있던 촌락으로, 역참이 있던 도로 옆에 있었고, 부근에는 진짜로 매실나무
숲이 있었다고 한다. 이로써 유추해본다면 조조는 매실나무 숲을 보고 병사들

을 다독여서 갈증을 풀게 한 것이다. 『삼국지연의』가 촉한 정통론의 입장에 서 있기 때문에 유비 집단에는 없는 것도 만들어가며 선의적으로 기록하는 반면, 조조집단에는 있는 것도 없었다며 악의적인 기록만 남겼다. 조조의 '망매지갈(望梅止渴)' 고사는 거짓 사실로 실제 욕망을 충족시킨다는 의미로 쓰이지만, 이 또한 『삼국지연의』가 조조 악인론에 근거하여 고착화시킨 여러 사건 중 하나의 사례에 지나지 않는다.

역사적 사실보다 주관적 사실을 중시한
『삼국지연의』

역사 소설인『삼국지연의』는 이야기의 전개를 위해 역사적 사실을 재구성한 경우가 많다. 실재 사실의 순서를 바꾸는 것은 아주 쉬운 방법이다. 전혀 상관없는 인물과 사건을 일치시킨다든지, 사건의 일부를 다른 사건으로 꾸미는 것도 수준급이다. 동시대에 일어나지 않은 일들을 끼워맞추거나 필요한 경우에는 사실이 아닌 이야기도 아주 감동적인 사실로 만든다. 그러니 있었던 사실을 과장, 확대 또는 재창조하는 것은 지극히 정당한 작업이 된다.

유비가 삼고초려하여 영입한 제갈량이 등용되자마자 조조의 대군을 맞아 박망파에서 화공으로 무찔렀다는 것도 앞에서 설명한 두 번째에 해당된다. 즉, 역사적으로 제갈량은 박망파 전투에 참가한 적이 없다. 이 전투는 제갈량이 출사하기 5년 전에 이미 유비가 주도한 것이었기 때문이다. 그런데 왜 제갈량이 주도한 것으로 바뀐 것일까.

제갈량이 박망파에서 화공으로 조조군을 무찌른 내용은 원나라 때의 잡극(雜劇) '제갈량박망소둔(諸葛亮博望燒屯)'에서부터 나타난다. 즉, 나관중이『삼국지연의』를 완성하기 전부터 제갈량의 전공(戰功)으로 유포되어 있었다. 유비를 따라 평생을 희생한 제갈량의 모습을 '신출귀몰한 지략가'로 만들고 싶어 한 유비 마니아들의 욕구가 반영되기 시작한 것이다. 이는 자연스럽게 유비에게로 이어지기 때문이다.

나관중은 당시의 이러한 사회적 분위기와 사서를 참고하여 불필요한 부분을 삭제하고 필요한 부분을 새로 넣음으로써 '뛰어난 전략가'로서의 제갈량의 이미지를 창조하였다. 『삼국지연의』에서 전형화된 제갈량의 이미지는 '신기(神技)' 그 자체다. 이러한 제갈량이 출사하여 첫 전투에서부터 완벽히 승리하는 것은 제갈량 이미지에 걸맞은 당연한 결과이어야 한다. 그리하여 제갈량이 출사하기 5년 전에 있었던 사건이 열화와 같은 성원과 희망 그리고 바람에 의거하여 제갈량의 첫 전과(戰果)로 탈바꿈한 것이다.

신야에서의 전투 또한 사실이 아니다. 건안 13년(208년) 가을에 조조가 형주를 공략할 때 유비는 번성(현재의 양번)에 있었다. 유표가 죽고 차남인 유종이 조조의 침공소식에 항복하자 유비는 번성에서 백성들을 이끌고 남하하였다. 그러므로 제갈량이 신야성을 불태워 조조군을 무찌른 '제갈량화소신야(諸葛亮火燒新野)' 이야기 역시 나관중의 손에서 만들어진 것이다.

그렇다면 나관중은 무엇을 근거로 이야기를 만들었을까. 유비가 신야에서 철수하기 전에 하후돈을 무찌른 사실을 나관중은 둘로 나눠 박망파와 신야에서의 각기 다른 전투로 변형시켜 놓았다. 그리고 모두다 제갈량의 뛰어난 전략으로 대승을 거둠으로써 제갈량을 지혜의 화신으로 만든 것이다.

제갈량은 출사 이후 적벽대전까지 유비와 줄곧 철수와 후퇴만을 반복하였다. 그 어떤 전투에서도 이긴 적이 없다. 나관중은 제갈량의 보잘 것 없는 전력을 신출귀몰한 이미지로 바꿔 독자들로 하여금 천하제일의 전략가로 각인시킴과 동시에 제갈량의 눈부신 마력(魔力)에 빠져들게 하였다, 천하의 재담꾼인 나관중에게는 자신의 입지를 다지기 위해서도 꼭 필요한 작업이었을 것이다.

『삼국지연의』는 역사적 사실보다는 주관적 사실을 중시하고 있다. 주관적 사실이란 중화주의에 이로운 창조 작업을 의미한다. 『삼국지연의』에는 모든 인간군상의 백화난만한 삶을 그려냄으로써 후세로 하여금 삶의 경전이 되도록 하였다고 하지만, 이는 어디까지나 『삼국지연의』의 겉모습일 뿐이다. 『삼국지연의』의 내면에는 중화주의로 표방되는 이민족 역사에 대한 불신과 편리한 예단주의, 그리고 대국적 기질의 고취를 통한 중화민족의 세계적 통일이 숨 쉬고 있다. 우리가 『삼국지연의』를 허구적 소설일 뿐이라고 대수롭지 않게 여기면서 삶의 지침으로써 편하게 대하고 있는 사이에도, 연의의 내면은 쉬지 않고 마약처럼 우리의 마음을 움직이며 파고들고 있는 것이다. 그러하기에 '칠실삼허(七實三虛)'라 할 수 있는 연의를 제대로 알고 읽어야만 하는 것이다.

19. 장판파의 두 영웅, 조자룡과 장익덕

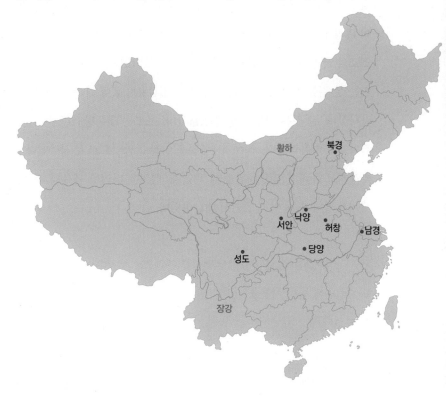

슬픈 만가 속에 고향은 멀어지고

송곳바람만 우우우 뼈 속을 파고든다

십만 목숨 어지럽게 눈물 흘리는데

앞길은 아스라이 보이지 않는구나

전장터 아닌 곳은 그 어디인가

길섶엔 새로 생긴 무덤길만 빼곡하다

주린 배를 움켜쥐고 흙물을 핥노니

고향 텃밭 묵은 김을 다시 뽑기 위함이다

서기 208년, 천하통일을 위한 조조의 50만 대군이 남하를 시작하였다. 형주는 전란의 소용돌이에 빠지고, 유종의 항복으로 조조군은 무혈입성하였다. 이 과정에서 유종의 가신들은 제 한 몸 지키기에만 바빴다. '파죽지세(破竹之勢)' 조조의 군영은 사기충천 그 자체였다. 중과부적(衆寡不敵). 조조에게 쫓기는 유비는 살 길을 찾아야만 하였다. 유비군이 강릉으로 후퇴하니 10만의 백성이 따라나섰다. 갈 길은 멀고 하루해는 짧았다. 조조는 배은망덕한 유비를 반드시 척결하려고 마음먹었다. 정예기병 5천을 이끌고 밤낮으로 추격하였다. 사태는 급박해지고 유비의 장수들은 몸이 달았다. 백성을 버리고 몸부터 피하는 것이 상책이라 말하자, 유비가 울면서 대답하였다.

"큰일을 할 사람은 항상 백성을 근원으로 삼는다. 이렇게 백성들이 나를 믿고 따르는데 어찌 이들을 버린단 말이냐! 차라리 이 자리에서 죽더라도 그렇게는 할 수 없다."

유비의 이 말에 온 백성이 울고 온 산천이 울었다. 유비는 당양(當陽)에서 조조군과 부닥쳤다. 2천의 군사로 어찌 기세등등한 조조군을 막을 수 있겠는가. 장비와 함께 쫓겨 달아나 겨우 몸을 숨겼다. 그 사이 가족과 장수들은 물론 따르던 백성들도 보이지 않았다. 유비의 비통함은 통곡으로 이어졌다.

조운은 유비의 가솔을 보호하였는,데 유비의 두 부인과 아들 아두(阿斗)를 잃은 죄책감에 정신이 혼미해졌다. 그는 병사 수십 명과 함께 다시 적진으로 달려들었다. 간옹과 감부인을 구해내고 포로로 잡힌 미축도 살렸다. 하지만 아직도 할 일이 남아 있었다. 조운은 혈혈단신이었지만 죽을 각오를 하니 오히려 편안하였다. 마침내 미부인과 아두를 찾아냈으나 미부인은 상처가 깊어 아두를 부탁하고 우물로 뛰어들었다. 조운이 아두를 갑옷 속에 품고 말을 달리자 조조의 정예군이 막아섰다. "나는 상산의 조자룡이다. 길을 비키지 않는 자, 모두 죽으리라!" 조운의 눈에서 섬광이 일고 창검을 쥔 손은 번개와 같았다. 조조도 감탄하며 조운을 사로잡으라고 하였다. 그러나 상산의 호랑이는 잡히지 않고, 조조의 장수 50여 명을 말에서 떨어뜨리며 적진을 빠져나왔다.

전포에 핏자죽 넘쳐 갑옷까지 붉게 스며드니	血染征袍透甲紅
당양에서 누가 감히 그와 대적하겠는가	當陽誰敢與爭鋒
예로부터 적진 뚫고 주인을 구한 이는	古來衝陳扶危主
오직 상산의 조자룡뿐이었네	只有常山趙子龍

▌장판파 공원의 전경과 조자룡상

조운이 무아지경의 무예를 선보이며 아두를 구한 장판파(長板坡)는 호북성 당양(當陽)에 있다. 옛날 장판파 자리에는 상수리나무가 울창했다고 한다. 그래서 옛 이름도 '역림장판(櫟林長板)'이었다. 하지만 청나라까지 계속된 벌목으로 민둥산이 되었다. 이제는 장판파 공원만 시내 중심가에 자리 잡고 있다. 공원 앞 삼거리 한복판에는 아두를 품에 안고 말을 탄 채 긴 창과 청룡검을 들고 있는 조자룡의 동상이 늠름하다. '상산의 호랑이' 조자룡의 무대인 당양에 온 것이 실감났다.

10여 년 만에 다시 찾은 장판파는 많이 변하였다. 새롭게 단장한 공원에 들어서니 3층 누각인 자룡각이 고풍스럽다. 자룡각을 돌아 공원의 중앙 뜰로 나오니 힘찬 필치의 '장판웅풍(長板雄風)' 비석이 예전의 모습 그대로 우뚝하다. 조운의 무용담은 이곳 사람들로부터 많은 사랑을 받았는데, 이미 명나라 만력 10년(1582년)에 '장판웅풍' 비석을 세울 정도로 오래되었다. 현재의 비석은 중일전쟁 때 파괴된 것을 1947년에 다시 만든 것이다. 장판파 공원은 이 비석을 중심으로 1980년대에 조성한 것이다.

▌ 새롭게 단장한 장판파 공원 입구 패방

▌ 장판파 공원 안의 비랑(碑廊)

▌ 조자룡의 무용담을 알리는 '장판웅풍' 비석

▌ 단신으로 아두를 구하는 장면을 묘사한 자룡상

공원 뜰에는 백마를 탄 채 창을 들고 에워싼 조조군을 무찌르는 조운의 석상만이 우뚝하다. 예전에 왔을 때는 그의 용감무쌍한 무예에 넋이 빠진 듯 바라보는 조조, 장판교를 막고 호령하는 장비, 아두를 땅바닥에 던지는 유비 등, 장판파 전투 현장을 생동감 있게 표현해 놓은 소상들이 있었다. 그런데 이제는 조운의 용맹한 모습만 표현해 놓았다. 장판파 전투 장면을 상상하기에는 예전의 모습들이 훨씬 즐거울 듯하다.

장판파 공원은 당시의 전투에서 승리한 유비 집단을 기념하기 위해 조성한 것으로, 실질적인 전투는 공원을 중심으로 사방 10리에 걸쳐 벌어졌다고 한다. 공원 주위의 상점이나 가게 그리고 호텔은 변함없이 '장판파'니, '자룡'이니 하는 상호를 자랑스럽게 사용하고 있다. 가히 조운의 고향보다도 더 조운을 사랑하는 도시임에 틀림없는 것 같다.

▌아두를 구해낸 태자교 터의 과거와 현재 모습

장판파 공원에서 북서쪽으로 1km 떨어진 지점에 낭랑정(娘娘井)이라는 우물이 있었다. 미 부인이 조자룡에게 아두를 부탁하고 투신한 곳이다. 후세 사람들이 우물 옆에 미후사(靡后祠)라는 사당을 지어 그녀의 넋을 위로했다고 하는데, 10년이 지난 지금은 우물도, 사당도 흔적이 없다. 대신 우물이 있었을 곳에는 작은 정자만 덩그렇고, 미 부인이 아두를 껴안고 숨어 있었다는 태자교(太子橋)는 소상은 없어지고 그 터만 정비해 놓았다. 10여 년 동안의 삼국지 유적을 살펴보노라면 자잘한 소상과 건물들은 사라지고 한결 같이 웅장하고 상업적인 건물들로 바뀌고 있음을 알 수 있다. 중국이 세계적인 경제대국이 되면서 문화 사업에도 관심을 가지고 지원하기 때문일 터인데, 사료적인 고증과 문학적인 흥미가 조화를 이루는 관광지 조성이 무엇보다 필요할 듯하다. 역사적으로 미 부인은 장판파 전투 이전에 죽었으니 조운에게 아두를 부탁한 것은 미 부인이 아닌 감 부인이었다는 설명이 있다면 삼국지를 여행하는 재미가 더욱 쏠쏠할 것이기 때문이다.

▌ 아두를 살린 미 부인

▌조조가 장판교 전투를 지켜보았다는 경산

장판파 주위를 동서로 1km 정도 뻗은 낮은 산이 있다. 병풍을 둘러친 것 같다하여 '금병산(錦屏山)'이라고 하는데 소설에서는 '경산(景山)'이라고 하였다. 이곳은 조조가 전투를 지휘한 곳인데, 조운이 겹겹의 포위망 속에서도 종횡무진 용맹을 떨치는 모습을 보고 그를 생포하라고 한 곳이다. 이 덕분에 조운은 화살을 맞지 않고 탈출할 수 있었다. 인재에 욕심 많은 조조의 눈에 들어 화를 면한 셈이니, 인재는 아군이든, 적군이든 어느 곳에서도 환영을 받는 법이다.

진수는 조운이 '장판파 전투에서 아두와 감 부인을 재난에서 면하게 하여 아문장군으로 승진했다'고 간단하게 기록하고 있다. 나관중은 이러한 기록과 구전을 바탕으로 문학적 상상력을 최대한 발휘하여 관우, 장비와는 또 다른 조운의 이미지를 창조하였다. 그리하여 '조자룡이 아두를 구해낸 일(子龍單騎救阿斗)'을 천고의 아름다운 이야기로 만들었다. 이는 잡극과 경극에까지 이어져 오늘날도 '상산 조자룡'이란 이름을 흠모하게 하였으니, 나관중이야말로 천부적 재질을 타고난 작가임에 틀림없는 것 같다.

"내가 연인(燕人) 장익덕이다. 누구부터 목숨을 바치겠느냐!"

조운이 조조군의 진영을 헤집고 단신으로 아두를 구해 나올 때, 그의 몸은 이미 기진맥진한 상태였다. 뒤쫓는 조조군을 피해 장판교에 이르렀을 때, 지키고 섰던 장비가 조운을 피신시키고 조조군을 맞이한다. 또 한 명의 '장판파의 영웅'이 탄생하는 순간이다.

장비가 말을 타고 장판교 어귀에서 벽력같은 고함을 질러 대자, 달려오던 조조군이 멈칫하였다. 호랑이 수염을 곧추세우고 고리눈을 부릅뜬 채 장팔사모를 뻗쳐들고 노려보는 모습이 너무도 당당하였기 때문이다. 게다가 가만히 살펴보니, 다리 건너편 숲속에는 흙먼지가 자욱하다. 매복한 병사가 있는 것이 틀림없다. 그렇지 않고서야 어찌 저토록 당당할 수 있겠는가. 조조의 5천 정예 기병은 진격할 수 없었다. 조조가 확인하러 현장에 도착하였다. 장비가 한층 더 큰 목소리로 호통을 쳤다. 쩌렁쩌렁함이 마치 호랑이가 포효하는 것 같았다. 조조는 관우가 한 말이 떠올랐다.

"나의 아우 장비야말로 백만의 적군을 무서워 않고 들어가 장수들의 수급을 식은 죽 먹듯이 따옵니다."

조조가 장수들에게 각별히 주의시킨 그 장비가 지금 앞에 서 있었다. 조조는 장비의 위세가 등등함을 보고 일단 뒤로 물러났다.

장판교 어귀에 살기가 등등하니	長坂橋頭殺氣生
창 비껴들고 말 세운 채 고리눈 부릅뜬다	橫槍立馬眼圓睜
한 마디 호통소리 천둥처럼 진동하니	一聲好似轟雷震
조조의 백만 대군 혼자 물리치도다	獨退曹家百萬兵

유비는 조조의 추격에 손 한 번 쓰지 못하고 달아나야만 하였다. 관우와 제갈량이 도움을 청하러 갔지만 소식은 없이 애간장만 타고, 조운은 아두를 구하느라 피범벅이 되었다. 추격군은 거리를 더욱 좁혀오고 구원병이 올 때까지 시간이 필요하였다.

이제 믿을 사람은 장비뿐이다. 장비는 20여 기의 기병을 이끌고 추격해오는 조조군을 저지해야만 하였다. 장비가 꾀를 내었다. 말꼬리에 나뭇가지를 묶고 숲속에서 먼지를 일으키게 하였다. 적을 속이지 않고는 제아무리 천하의 장비라 하더라도 시간을 벌 수 없었기 때문이다.

조조군이 물러나자 장비는 다리를 끊었다. 조조의 추격에서 어느 정도 시간을 벌기 위해서였다. 하지만 전략적이지 못한 장비의 생각은 순진하였다. 조조군은 복병이 없음을 알고 다시 추격하였다. 그래도 유비는 장비의 분전으로 시간을 벌어 한수(漢水) 방면으로 달아날 수 있었고, 관우가 이끌고 온 수군과 합류하여 지금의 호북성 악주(鄂州)의 서북쪽인 번구(樊口)로 피할 수 있었다.

▌ 장비가 단신으로 조조군을 무찌렀다는 장비횡모처

　　장판파 전투의 패배는 유비의 일생에서 가장 위험한 시기였다. 이러한 시기에 용맹과 지략을 갖추고 장판교에서 조조군을 무찌른 장비야말로 『삼국지연의』가 만들어낸 문제아(問題兒)적 인물'이라는 전형을 단숨에 깨뜨리고 진정한 영웅의 모습을 유감없이 보여준 것이기도 하다.

　　장비의 호쾌한 무용담이 서린 장판교는 당양(當陽)에서 북동쪽으로 4km 지점인 패릉촌에 있다. 장판교는 원래 패릉교(覇陵橋)라고 불렸는데, 옛날에는 당양의 관리들을 이곳에서 영접하거나 배웅했기 때문에 '관교(官橋)'라고도 불렸다. 장판파와 가깝기에 장판교라고도 부른 것이다. 패릉촌은 산을 등지고 있는 아담한 마을로 앞에는 넓은 평지로 논들이 펼쳐져 있다. 우리의 시골 풍경을 보는 듯하다. 논에서 서쪽 끄트머리인 삼거리에는 '장익덕횡모처(張翼德橫矛處)'라고 쓴 비석이 있는 정자가 있다. 이곳이 장비가 조조군을 무찌르며 영웅의 기개를 드높였던 장판교가 있던 자리라고 한다. 이곳에는 물의 흐름을 조절하는 봇둑과 다리가 있었으며, 장판파의 두 영웅인 장비와 조운을 제사지내는 장조사(張趙祀)라는 사당도 있었다고 한다. 원래의 다리 이름인 패릉교도 바로 봇둑(覇)과 사당(陵)을 의미하는 것이다.

지금은 다리도 사당도 없다. 흐르던 물길도 사라졌다. 장판교 밑을 흐르던 저하(沮河)의 흐름이 남쪽으로 이동하였기 때문이다. 오직 '장익덕횡모처'라는 비석 하나만이 당시의 치열하였던 상황을 알려주고 있다. 이제는 지나가는 나그네의 휴식처이거나 바쁜 일손들이 비를 피해 잠시 숨을 돌리는 장소로 존재할 뿐이다. 그러고 보니 당양 8경 중 하나가 '패릉연우(覇陵煙雨)'인데, 비 그친 후에 이곳 정자에서 마을 쪽을 바라보는 모습이 꼭 그와 같을 것만 같다. 지금의 저하는 당양 시내 북쪽으로 흐른다. 이곳에는 길이 500m의 현대식 당양교가 있는데 양쪽 난간에는 장판파 전투에서 용맹을 떨친 조운과 장비의 이야기가 조각되어 있다.

패릉촌도 어디가 어딘지 알 수가 없게 변하였다. 장비의 호쾌한 무용담의 상징인 '장익덕횡모처' 비석이 있는 정자만 빼고는 모든 곳이 10년 전의 패릉촌이 아니다. 중국의 경제 발전 속도가 얼마나 빠른가를 이곳에서도 충분히 느낄 수가 있다.

조조군이 당양교에서 물러난 것은 장비의 대갈일성(大喝一聲)과 매복의 두려움 때문만은 아니었다. 5천의 정예 기병이 어찌 장비의 목소리에 모두가 하나같이 주눅들 수 있겠는가. 무리한 추격에 따른 피로감과 적진 깊숙이 침투한 선발대의 위험성, 점령지 양양에 대한 대책마련 등이 우선적으로 고려되어야 했기 때문이다. 하지만 이 모두를 고려한다고 해도 추격군이 도망자와 마주치고도 싸움 한 번 없이 거꾸로 물러난다는 것은 어딘지 모르게 석연찮다. 정녕 이유가 없는 것일까. 그렇지 않다.

장판교는 조조군이 도착하기 전에 장비가 미리 끊어놓았다. 다리가 끊어졌으니 진격이 불가능하다. 게다가 장비의 처는 하후패의 사촌 여동생이었다. 건안 5년(200년)에 땔나무를 구하던 열서너 살의 처녀를 장비가 욕보였는데, 양가집 규수임을 알고는 처로 삼았다. 장비답게 혼인식을 올린 셈이다. 하후패는 조조의 친척이자 심복인 하후연의 차남이다. 어찌되었거나 장비는 하후연의 당질녀와 결혼하였으니, 그 또한 5촌인 셈이다. 조조의 부친인 조숭은 대환관인 조등의 양자인데, 본가가 하후씨(夏侯氏)였다. 조숭은 하후씨의 아들이고 하후돈의 숙부였다. 그러므로 조조는 하후돈과 사촌형제 사이이고, 하후연과도 가까운 사이인 셈이다.

아무리 전쟁터라 하여도 가까운 친인척이 사생결단으로 싸울 수는 없는 노릇이다. 특히 왕래가 가능하던 삼국 시대에는 더욱 그러하였다. 장판교까지 추적해온 조조군의 장수는 하후돈, 하후연, 조인 등이다. 따지고 보면 장비와는 인척인 장수들이다. 장비의 무예가 출중한 것도 있지만, 이러한 친척 사이의 정의(情義)가 작용했기 때문에 장판교에서의 전투는 일어나지 않았던 것이다.

장비와 조조 그리고 하후씨 집안과의 관계가 역사적 사실임에도 불구하고 나관중은 일체 언급하지 않았다. 간략한 역사적 사실을 가지고도 한 편의 장황한 이야기를 만들던 그가 어찌하여 침묵을 지켰을까. 그 이유는 촉한 정통론에 있다. 유비 집단이 주인공이고 조조 집단은 쳐부수어야 할 적인데, 유비의 심복인 장비가 이러한 악인 집단과 가까운 인척 관계라는 것을 작품 속에 표현한다면 어찌되겠는가. 그야말로 일취월장하는 『삼국지연의』의 열기에 찬물을 끼얹는 결과가 발생할 것은 뻔한 이치다. 대의명분(大義名分)을 중시하는 비판적이고 엄정한 춘추필법 사관이 『삼국지연의』에도 그대로 적용되어 나타나 있는 것이다.

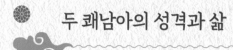

두 쾌남아의 성격과 삶

『삼국지연의』를 몇 번 읽은 사람들이라면 관우와 장비보다도 조운을 좋아한다. 소설에서뿐만 아니라 역사적으로도 관우와 장비의 활약이 더 용감무쌍하였다. 또한 조운은 마초, 황충, 위연에게도 미치지 못하였는데, 어째서 그를 더 좋아할까? 그것은 조운이 진솔하기 때문일 터이다.

조운의 자는 자룡(子龍)이다. 상산(常山) 진정현(眞定縣) 출신으로 현재의 하북성 석가장(石家庄) 근처의 정정(正定) 사람이다. 180cm가 넘는 훤칠한 키에, 무인으로서의 웅장함과 위엄을 지니고 있었다. 생각이 올바르고 행동도 단정하였다. 주민들이 원소를 따르고 있던 시기에 조운은 용병을 이끌고 공손찬에게로 갔다. 공손찬이 '모두 원소를 따르는데 어찌하여 나를 따르느냐'고 그를 떠보았다. 이에 조운은 자신의 생각을 말하였다.

"천하가 흉흉하여 어느 누가 맞는지 알 수 없기에 백성들은 보이는 것만을 따르는 실정입니다. 우리 고을은 어진 정치를 하는 분을 따르는 것이지, 원공(袁公)을 멀리하매 장군을 따르는 것은 정녕코 아닙니다."

조운의 삶의 철학은 어진 정치를 펴는 인물을 주인으로 모시고, 도탄에 빠진 백성을 구하는 것이다. 그래서 난세에 자신의 주인을 찾기 위해서 원소를 생각했었고,

공손찬에게도 갔지만 조운의 생각에는 미치지 못하였다. 반면에 유비야말로 자신의 세계관에 부합되는 주군임을 알고 평생 유비를 위해 헌신하였다.

조운은 '온몸이 담덩어리'인 '범 같은 장군'이다. 그는 연의 전편에 걸쳐 많이 등장함에도 불구하고, 장판파에서 유선과 감부인을 구해낸 것 외에는 커다란 전과(戰果)는 없다. 이는 조운이 유비나 제갈량의 신변을 보호하는 일을 수행하느라 독자적인 작전을 맡을 기회가 적었기 때문이다.

조운이 유비와 제갈량의 신변경호를 전담한 것은 뛰어난 무예를 갖추었기 때문만은 아니었다. 조운은 무장들에게서 나타나는 일반적인 특성과는 다르게, 대의(大義)를 인식하고 이를 우선시하였다. 일을 처리함에 있어서도 겸손하고 신중하며 공정무사(公正無私)하였다. 또한 항상 충직하였으며 대의에 어긋나는 일에 대해서는 자신의 생각을 직간(直諫)할 줄 알았다. 유비가 익주를 차지하고 성도(成都) 주변의 땅을 장수들에게 주려고하자 민심을 얻는 것이 중요하다고 주장한 것이나, 오를 정벌하려 할 때에도 전략적인 정세를 설명하며 적극 만류한 것도 조운의 충직함에서 비롯된 것이다.

조운의 이러한 특성이 호위 업무에 적격이었지만, 보다 중요한 이유는 다른 곳에 있었다. 유비의 시작은 '도원결의'로 대변되듯 유협심으로 뭉친 일군의 불량배 집단 수준이었다. 그러다 보니 지휘 체계나 군신 관계의 질서는 유명무실하였다. 삼국정립을 통한 한나라의 부흥을 꾀하는 유비가 조직의 확장에 따른 국가 제도의 정비를 앞두고 관우와 장비에게 본보기를 보여줄 필요가 있었다. 그리하여 항상 '불효보다 불충이 더 큰 죄'라고 외치며 군신관계로 깍듯이 대하는 조운이 필요했던 것이다. 정의(情義)로움은 꿀이 넘친다. 그래서 꿀맛에 빠져 꽃잎이 시드는 것도 모르다 함께 떨어진다. 정의(正義)로움은 가시가 많다. 그래서 일이 다 틀어진 후에야 그 뜻의 진정(眞正)함을 안다. 전자는 달지만 오래가지 않고, 후자는 쓰지만 영원하다.

장비는 고기를 파는 푸줏간 주인이었다. 신분적으로 하층민인 셈이다. 힘은 천하장사이고, 성격은 불같이 사나워서 망나니와 다름없었다. 하지만 난세인지라 망나니 장비의 힘도 써먹을 때가 있었다. 그리하여 유비, 관우와 함께 삼국 시대의 주인공이 되었다. 장비는 자가 익덕(益德)이고, 하북성 탁주 사람이다. 탁군이 연(燕)나라 지역이었기에 '연인 장비'라고 불렀다.

팔척 신장에 표범 같은 머리, 고리눈에 호랑이 수염을 한 장비는 험상궂은 외모와 함께 목소리 또한 우렁차서 마치 뇌성벽력이 치는 듯하였다. 한마디로 무식하고 거칠며 잔인해보이기까지 하는 장비의 성격은 교양과 도덕적 품성을 중시하는 귀족 사회에는 어울리지 않는 것이었다. 그래서 장비는 일반 백성층에서 인기가 높았다. 일희일비(一喜一悲)하고 단순 쾌활하며 솔직담백한 성격에 끌렸기 때문이다.

하지만 이는 작가에 의해 가공된 점이 없지 않다. 『삼국지연의』의 주인공인 유비, 관우, 장비는 각각 최상위 계층과 중간 계층 그리고 하위 계층을 형상화한 것이기 때문이다. 장비도 무식하지만은 않았다. 당양교에서 20여 기의 기병에게 매복 전략을 꾸미게 하여 5천의 조조군을 물리친 것이나, 파군태수 엄안을 진심으로 굴복시킨 일 등은 장비의 지혜로운 모습의 일면이다.

원나라 때에는 『삼국지연의』 전 단계 작품인 『전상삼국지평화(全相三國志平話)』가 유행하였다. 이 작품은 장비의 무용담과 제갈량의 지략이 이야기의 중심이 되고 있다. 하지만 전기적(傳奇的)인 성격이 강하다. 더불어 불한당 장비의 모습이 곳곳에 나타난다. 그럼에도 불구하고 당시 서민들이 장비를 가장 좋아하였던 것은 그들이 생각하는 영웅호걸의 모습이 바로 장비와 같은 이미지였기 때문이다.

이러한 이미지는 나관중의 『삼국지연의』로 오면서 전기적 색채가 사라졌다. 그와 함께 장비는 이야기의 중심에서 한 발짝 옆으로 비켜났다. 그렇지만 장비는 오늘날까지도 여전히 사랑을 받는다. 사람을 대함에 있어 지위고하가 아닌 시비와 선악으로 대하고, 정치적인 이합집산이나 가식적인 행동을 할 줄 모르기 때문이다. 특히 불의를 참지 못하는 성격은 그것이 최고의 권력자라 해도 변하는 법이 없다. 장비가 항상 서민층에게 인기가 있는 것은 그들이 바라는 인물의 이미지를 대변하고 있기 때문이다.

한편 장비는 '두주불사(斗酒不辭)'의 술꾼이었다. 술로 인해 여포에게 서주성을 빼앗기기도 했지만 술로 인해 장합을 무찌르기도 하였다. 또한 장비는 윗사람에게는 유순했지만 부하들에게는 엄하였다. 장비의 행동거지를 걱정하던 유비가 "매일 병사들에게 채찍질을 하면서 그들을 측근에 임용하는 것은 화를 초래하는 일"이라고 타일렀다.

유비의 조언을 깨우치지 못하였던 장비는 급기야 유비와 함께 오나라를 공격하려 할 때 부하 장수들에게 살해되고 말았다. 술과 채찍질이 결국은 장비의 죽음을 재촉하였으니, 폭주를 좋아하고 매사에 덕을 베풀지 못하는 자치고 그 화를 면하지 못하는 것은 예나 지금이나 마찬가지라 하겠다.

20. 장강에 폭풍이 일다

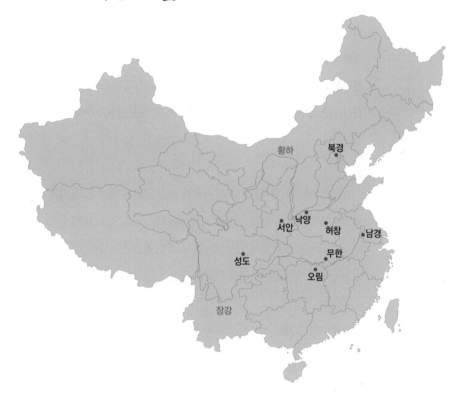

　"형주는 우리와 맞닿아 있습니다. 강물은 북쪽으로 흘러, 장강과 한수를 에두르고 안으로는 높은 산과 언덕이 있어 성은 튼튼하며 기름진 땅이 만 리에 펼쳐 있어 관리와 백성 모두가 후덕합니다. 그러하매 이곳을 차지하면 제왕의 근거지가 될 것입니다. 지금 유표는 죽고 두 아들은 사이가 좋지 못하며, 모시는 장수도 둘로 갈라져 있습니다. 또한 천하 영웅인 유비가 조조와 마찰이 벌어져 유표에게 의지하고 있지만 유표는 유비의 재능을 경계하여 자리를 마련해 줄 수 없었습니다. 그럼에도 불구하고 유비가 두 아들과 힘을 합쳐 일사분란하게 움직인다면 당연히 동맹을 맺을 것이지만, 그렇지 않다면 당연히 따로 계획을 세워 대사를 완수할 것입니다.

신은 명을 받들어 이제 곧 형주로 건너가 두 아들에게 조문하고, 힘 있는 자들을 위로하며 유비에게는 그 사람들과 일치단결하여 조조와 싸우도록 설득할 것입니다. 유비는 기뻐하며 기꺼이 따를 것이며, 이렇게 된다면 천하 평정도 어렵지 않을 것입니다."

유표 사후, 형주를 물려받은 유종은 조조군의 파죽지세에 겁을 먹고 항복하였다. 유비는 당양에서 조조에게 패배하고 장강으로 쫓기는 신세가 된다. 시세는 급박하게 흐르고 유비는 갈 곳이 없었다. 유비는 유표가 죽기 전에 형주를 맡길 때 받지 않은 것이 후회스러울 정도였다. 이제 오나라의 손권과 동맹을 맺어 조조에 대항하는 방법밖에 없다.

이러한 때 노숙이 유비 진영에 나타난다. 그야말로 유비에게는 구세주와 다름없는 노숙의 등장이다. 하지만 노숙도 위의 진언처럼 나름대로의 생각이 있었다. 제갈량이 유비에게 융중 대책을 설파하기 이전에 노숙도 손권에게 이를 먼저 이야기하였다. 그는 형주의 사태가 급변하자 이를 직접 확인하고 유비와 동맹을 맺어 노숙판 융중대를 시행하고자 한 것이다. 제갈량과 노숙이 서로가 속셈은 달랐지만 큰 뜻은 같으니 일단 급한 불은 끄게 된 셈이다. 그리하여 동맹을 확정하기 위해 손권에게로 간다.

유비 집단의 생사존망이 걸린 동맹의 결정권은 손권의 생각에 달려 있었다. 손권은 조조와 유비를 놓고 결정하기가 쉽지 않았다. 참모들도 주화파와 주전파로 분리되었는데, 주화파 쪽이 보다 강하였다. 주화파의 요지는 대세로도 조조를 대적할 수 없고, 조조에게 항복하면 전쟁 없이 강남을 보전할 수 있다는 것이었다. 이러한 때 제갈량이 등장하여 오나라 참모들과의 설전에서 보기 좋게 승리함으로써 주전파에게 힘을 실어 주고, 손권은 유비와 동맹을 맺어 조조에 대항하기로 결심한다. 제갈량이 오의 참모들과 벌인 설전군유(舌戰群儒)는 외교술이 뛰어난 제갈량의 모습을 보여주는 것이기도 하다.

제갈량이 강동에 가서 손유 동맹을 맺고 조조에게 대항하자고 설득한 것은 역사적 사실이다. 하지만 손권의 모사들과 현안에 대해 논쟁을 펼쳤다는 기록은 없다. 더구나 제갈량과 논쟁을 폈던 오의 사람들은 모두 적벽대전 이후에 임용된 사람들이다. 따라서 제갈량의 '설전군유(舌戰群儒)'는 나관중이 지어낸 이야기이다.

설전군유 이야기는 원나라 때 나온『삼국지평화』에서 이미 허구화되었다. 이곳에 보이는 제갈량의 성격은 강경하고 조급하여 몹시 서두르는 경솔한 인물로 그려졌다. 이를 나관중이 온화하고 점잖은 풍격과 높은 학식을 겸비한 명사로 바꿔놓았다. 아울러 침착한 태도와 뛰어난 언변까지 보태놓았다. 우리가 중국 최고의 재상이라고 믿는 제갈량은 이렇듯 나관중이 만든 제갈량의 인상(印象)이 크게 한 몫을 한 것이다.

나관중은 제갈량을 '신기묘산(神機妙算)'의 인물로 만들기 위해 제갈량만이 할 수 있는 몇 가지 능력을 보여준다. 전략적 안목인 '융중 대책', 군사적 능력을 보여주는 박망파 전투의 승리, 뛰어난 외교술을 보여준 '설전군유'가 그것이다. 적벽대전을 앞두고 십만 개의 화살을 구하는 '초선차전(草船借箭)'도 마찬가지다. 융중 대책은 동오의 노숙이나 참모들이 먼저 주장했고, 박망파 전투의 승리는 유비의 것이며, 초선차전은 손권의 것이다. 설전군유도 제갈량과 거리가 멀다. 하지만 나관중은 이러한 사실들을 모두 신묘한 제갈량을 만드는 도구로 사용하였다.

조조와의 일전을 앞둔 손권의 마음은 참모인 노숙이 진언할 때 이미 결

정이 되었다. 하지만 평소 사이가 좋지 않던 형주 지역을 대표하여 온 제갈량의
말을 들어볼 필요가 있었다.

"나라 안[海內]이 크게 어지러워 장군께서는 강동에서 군사를 일으키셨
고, 우리의 유 장군께서는 한남에서 힘을 모으셨으니, 조조와 함께 천하를 다툴 것
입니다."

제갈량의 간단한 이 말은 유비와 손권을 동일한 위치에 놓으면서 한편
이 되게 하고, 조조와는 적대적인 자리에 있으면서 천하삼분을 이야기하는 고
도의 화술이 아닐 수 없다. 이를 간파한 손권이 되물었다.

"유 장군은 왜 투항하지 않는가?"
"옛날 제나라 장사 전횡은 일개 필부임에도 끝까지 투항하지 않았는데, 어
찌 유 장군이 투항하겠습니까? 우리 장군께서는 한 황실의 자손으로 재모와 지혜
가 이미 세상에 알려진지라 많은 사람들이 우러러 따르고 있습니다. 우리는 결단
코 저항할 것입니다. 만약 실패한다면 그것은 하늘의 뜻이지 투항은 절대 없을 것
입니다."

사실 손권은 조조와 사돈지간이었기에 그에게는 조조가 유비보다도 가
까웠다. 동생 손광(孫匡)은 조조의 조카딸과 혼인했고, 손권의 조카딸은 조조의
아들인 조창(曹彰)의 아내가 되었기 때문이다. 하지만 손권은 유비를 택하였다.
동등한 사돈지간은 가능할지언정 조조에게 항복하여 복종하기에는 손권의 자
존심이 허락하지 않았으리라. 또한 조조를 도와 유비를 없애는 것은 순망치한

(脣亡齒寒)의 경우처럼 다음 상대가 자신이라는 것도 알았으리라. 그러니 유비와 연대하여 조조에게 대항하는 것은 손권이 취할 수 있는 최선의 선택인 것이다. 이러한 때, 손권의 생각을 확고하게 결정짓는 사건이 발생한다. 조조가 손권에게 편지를 한 통 보냈는데, 그 내용이 자못 불쾌하고 걱정스러운 것이었다.

'요사이 황제의 명을 받들어 유종의 죄를 추궁하고자 정모(旌旄, 천자의 깃발과 장식)를 앞세게 하고 남으로 내려오니 그는 꼼짝도 못하였다. 내 이제 수군 80만 명을 이끌고 장군과 더불어 강동에서 사냥을 할까 한다.'

항복하라. 그렇지 않으면 80만 수군을 이끌고 가서 오나라를 쑥대밭으로 만들겠다는 뜻이니 선전포고나 다름없는 말이다. 손권은 사실 조조와 유비의 싸움을 관망하고 있었다. 그러던 중에 전달된 조조의 편지가 손권의 마음을 바꾸게 한 것이다. 조조는 어째서 유비를 치다가 손권에게 편지를 보냈을까? 당양의 전투에서 유비를 무찌른 조조는 너무나 득의양양해졌다. 형주를 차지하고 유비군을 박살내었으니 말할 것이 없다. 이에 조조는 더욱 욕심이 생겼다. 이번 원정에서 손권이 차지하고 있는 장강 이남 지역까지 무릎을 꿇게 하고 싶었다. 게다가 형주의 수군까지 모두 손안에 있으니 못할 것도 없다는 판단이었다. 군사의 사기도 높고 그 기세 또한 천지를 진동시키니, 이참에 천하통일을 달성하고 싶었던 것이다. 조조의 마음이 이토록 달떠 있는데, 가후가 회유 정책을 쓰라고 진언하는 것은 이미 그의 안중에도 없는 것이었다.

『삼국지연의』에서는 유비와 손권의 동맹이 제갈량의 화려한 활약에 힘입어 결정된 것처럼 묘사하고 있다. 설전군유는 물론이고 교묘한 말로 손권을 설득하는 '교설손권(巧說孫權)', 주유의 심기를 꾀를 내어 격화시키는 '지격주유

(智激周瑜)' 등이 그것이다. 이들 역시 나관중이 제갈량을 띄우기 위한 소설적 장치인 것이다.

손권이 유비와의 동맹을 결정하기까지는 노숙과 주유의 행동이 결정적인 역할을 하였다. 노숙은 제갈량과 마찬가지로 두 나라의 동맹을 견고히 함으로써 위나라에 대항할 수 있음을 공유하고 이를 손권에게 주지시켰으며, 주유 또한 강동의 군대를 통솔하는 뛰어난 장수로서 조조와의 일전에 강한 자신감을 보였기 때문이다.

제갈량이 유비 집단의 이익을 위해서 동맹의 필요성을 역설한 것과 마찬가지로 손권 역시 동오 집단의 정치적 득실을 철저하게 고려하여 결정한 것이다. 그러나 손유 동맹의 최대 수혜자는 누가 뭐라고 해도 유비임에 틀림없다. 조조에게 미움받은 유비는 항복할 수 없었다. 항복은 곧 죽음이기 때문이다. 이를 잘 아는 유비인지라 필사의 탈출을 시도하여 손권과의 동맹에 매달렸고, 이를 통해 구사일생하였기 때문이다. 가진 것 없는 하찮은 사람이 참으로 억세게 운이 좋으니, 그가 곧 유비인 것이다.

유비와 손권의 연합군은 조조군에 대항하기 위하여 장강을 거슬러 올라 삼강구(三江口)에 진을 친다. 연합군은 동오의 도독 주유가 진두지휘를 맡는다. 조조는 적벽대전을 앞두고 탐색전에서 동오의 감녕에게 패한다. 청주와 서주 군사들이 수전에 익숙하지 못하기 때문이다. 이에 조조는 장윤과 채모로 하여금 수군 훈련을 시키도록 한다. 장윤과 채모는 형주 사람인데, 조조에게 항복한 자들로 수전에 익숙한 장수들이다. 이들에 의해 실시되는 수군 훈련은 절묘하고 깊이가 있었다. 게다가 주야를 가리지 않고 위세를 드높이고 있었다. 주유가 이를 엿보고 크게 걱정하였다. 그대로 두었다가는 승리를 장담할 수 없었기 때문이다.

한편 조조는 기분이 언짢았다. 탐색전의 패배로 사기가 꺾였는데, 주유에게 수군 영채까지 정탐을 당하였기 때문이다. 이때 조조의 막빈으로 있던 장간이 공을 세우고자 스스로 세객을 자청하였다.

"저는 어릴 때부터 주유와 함께 공부하며 아주 친하게 지냈습니다. 제가 강동으로 건너가서 세 치 혀로 항복하라고 설득하겠으니, 승상께서는 편안하게 보고만 계십시오. 제가 가서 반드시 성공시키겠습니다."

심기가 불편하던 조조는 매우 기뻐하며 흔쾌히 수락한다. 한편 주유도 장윤과 채모를 처치해야만 전쟁에서 승리할 수 있다는 것을 알고 고민하던 차에, 동문수학한 친구 장간이 조조의 세객이 되어 오자 천재일우의 기회임을 알고 부하들에게 장간을 역이용하는 계략을 지시한다. 그리하여 장윤과 채모가 손권 쪽과 긴밀히 연결을 취하고 있는 가짜 편지를 만들고 술이 취해서 자는 사이, 장간이 이를 훔쳐 달아나게 한다. 조조는 장간이 가져온 편지를 보고 격분하여 장윤과 채모를 죽인다. 순간 조조는 자신이 감정에 휩싸여 처리한 일이 주유의 계략임을 알고 후회하나 모른 척한다. 간웅의 전형을 보여주는 대목이다.

주유는 자신의 계략대로 장윤과 채모가 처형되자 기뻤다. 그런데 자신의 생각을 부처님 손바닥 보듯이 하고 있는 제갈량이 있기에 걱정거리는 끊이지 않았다. 주유는 오나라를 위해 제갈량 또한 살려두어서는 안 된다고 생각하였다. 그러나 일은 뜻대로 되지 않았다. 조조군의 군량을 기습하게 하여 그들로하여금 제갈량을 죽이도록 하려 했으나, 결국은 제갈량의 논리에 밀려 취소하고 말았다. 주유는 다시 제갈량에게 십만 개의 화살을 열흘 이내에 만들라고 하며 목숨을 옥죄었다. 제갈량은 태연자약한 표정으로 한 술 더 떠 사흘 안에 만들어 주겠다고 받아쳤다. 사흘째 되는 날, 안개가 자욱한 새벽녘에 그는 노숙과 함께 짚단을 쌓은 20척의 쾌속선을 타고 조조군의 영채로 가서 십만 개의 화살을 가져온다.

온 천지 짙은 안개 장강을 뒤덮으니	一天濃霧滿長江
거리도 알 수 없고 강과 육지도 막막하여라	遠近難分水渺茫
소낙비처럼 메뚜기 떼처럼 화살이 날아드니	驟雨飛蝗來戰艦
공명이 오늘은 주유를 굴복시키네	孔明今日伏周郎

주유는 제갈량의 귀신 같은 지략에 두 손을 들 수밖에 없었다. 제갈량에게 조조군에 대항하는 전략을 상의하였다. 서로가 화공(火攻)이 최상책임을 알고 기뻐하였다. 그러나 둘 사이의 대결은 끝난 것이 아니다. 조조와의 전쟁을 앞두고 잠시 숨고르기를 할 뿐인 것이다.

연달아 당한 조조는 분통이 터졌다. 오의 진영을 염탐하여 역전의 기회를 잡아야만 하였다. 이에 순유의 계책에 따라 채중과 채화로 하여금 거짓으로 항복하게 한다. 하지만 주유는 이들을 역으로 이용한다. 황개의 고육계(苦肉計)와 감택의 거짓 항복이 조조의 마음을 움직이고, 방통의 연환계가 조조의 마음을 들뜨게 하였다. 촉오동맹의 전략은 완벽했고 준비 또한 철저하였다. 이제 마지막으로 한 가지, 결정적인 동남풍이 필요하였다. 제갈량이 제단을 쌓고 바람을 불렀다. 과연 동남풍이 불 수 있을까. 모든 것이 철저히 준비된 동맹군이었지만 자못 걱정스러웠다.

이에 비해 준비 없는 조조는 자만에 빠져 있었다. 사소한 실수는 있었지만, 하나부터 열까지 일이 너무 순탄함을 의심하지 않았다. 전쟁에 있어서 자만

▍중국 3대 명루의 하나인 황학루

| 황학루에서 본 장강대교

은 곧 필패로 이어진다. 천하의 8할을 차지한 조조는 스스로의 위세에 자만해 있었기에 순탄함을 의심하지 않았다. 매사 의심이 많은 조조도 자만을 의심하지는 못했으니 패배는 불을 보듯 뻔한 일이었다.

　　호북성 형주에서 이른 아침을 먹고 적벽(赤壁)으로 향하였다. 적벽을 향하는 중간에 무한(武漢)에 들렀다. 무한은 장강대교가 지나는 곳에 유명한 황학루(黃鶴樓)가 있다. 황학루도 중요하지만 이곳 공원에는 삼국의 주요 인물상이 있는 삼국 공원이 있다. 아울러 오나라 최고의 참모인 노숙의 의관묘도 있기에, 이를 보고자 잠시 황학루 공원을 찾았다. 이슬비가 내리는 아침임에도 불구하고 한 무리의 중국인 관광객들이 북적인다. 삼국 공원은 위, 촉, 오 세 나라의 주인공들만 있는데, 촉은 삼형제이고 오는 손권과 주유가 같이 있지만 위나라는 조조뿐이다. 미운 조조이기에 혼자만 있는 것인가. 아니면 인재 대국 위나라는 참모가 너무 많아 생략한 것인가. 노숙 의관묘는 조금은 찾기 힘든 비탈길에 있는데, 풀들만 아침부터 내리는 비를 반기고 있다. 어느 무더운 여름날, 다시 찾은 황학루는 주변에 커다란 정원까지 만들어서 공원으로써의 풍취가 훨씬 좋아졌다. 그런데 삼국 공원의 영웅상들은 모두 사라지고 없다. 다른 곳으로 옮겨놓은 것인가. 아는 사람이 없다. 노숙묘만 홀로 지친 듯 고요하다.

▌삼국 공원에 있는 조조상

▌유관장 삼형제의 동상

▌손권과 주유의 동상

▌황학루 옆에 있는 노숙 의관묘

관우가 한때 지켰다는 철문관(鐵門關)도 찾아보기로 하였다. 장강변에 자리한 철문관은 지금은 차량들만 분주하다. 이곳 철문관 지역은 군사적 요충지로서 삼국 시대 오와 위의 각축장이었다. 하지만 지금처럼 철문관이 세워진 것은 당시 당나라 때의 일이다. 당시는 통일국가 시대여서 군사 요충지로서의 기능보다는 교역로의 역할이 컸다. 형주를 지키던 관우가 이곳에 왔을 수도 있겠지만, 북방 관리에 더 집중해야 할 때였다. 그러므로 이곳과 관우의 관련성은 후세에 지어낸 것이라는 생각이 든다. 하지만 이곳 사람들은 관우가 지켰다고 철썩 같이 믿고 있다. 그 이유는 무엇일까. 청나라 때, 터만 남은 이곳을 재정비하고 관제묘를 세웠는데 여기에서 비롯된 것은 아닐까. 지금은 관제묘도 흔적 없이 사라지고 우왕(禹王)의 사적(史蹟)이 자리 잡고 있다. 이곳을 지키는 안내인이 관제묘를 찾아왔다가 그냥 돌아서는 나를 보고는 장강을 가리키며 관우와 관련된 유적이라고 알려준다.

▌ 장강변에 위치한 철문관 모습

철문관 옆으로 흐르는 장강

"저기 장강에서 관우가 적토마를 목욕시켰습니다."

관우가 지나간 곳이라고 짐작만 가면 그 어떤 곳도 유적지로 만들 수 있으니, 중국인의 관우 숭배는 그야말로 온 천지를 뒤덮고도 남으리라.

적벽대전이 벌어졌던 장소를 찾아가는 길은 『삼국지연의』를 좋아하는 사람들에게는 참으로 들뜬 시간이 아닐 수 없다. 그만큼 적벽대전이 중요하기 때문이다. 삼국지를 넘어 중국 최대의 전쟁인 적벽대전이기에, 그 장소가 어디인가에 대한 논쟁이 뜨겁다.

논쟁은 몇 군데로 나뉘어 벌어졌지만, 이제는 모두가 포기(蒲圻)시에 있는 적벽이 적벽대전의 무대임을 의심하지 않는다. 포기시는 호북성 무한(武漢)에서 남서쪽으로140km 떨어진 지점에 있는데, 전쟁이 벌어진 적벽산은 이곳에서 다시 북서쪽으로 40km 떨어진 장강가에 있다.

삼국지와 관련된 많은 유적지 중에서도 적벽은 꼭 보고 싶었던 곳이었기에 출발부터가 설렘으로 가득하였다. 나관중은 총 120회의 『삼국지연의』 중에서 적벽대전 부분을 장장 8회에 걸쳐 썼다. 그만큼 적벽대전 이야기는 인구에 가장 많이 회자되는 『삼국지연의』의 하이라이트라 할 수 있다.

세 시간 정도를 달려 홍호(洪湖)에 도착하였다. 홍호에는 오림(烏林)이 있는데, 이곳은 조조군이 적벽대전을 앞두고 대군영을 세운 장소이다. 오림은 육지뿐 아니라 강가에 있는 대군도 북으로 통하는 길목이어서 전략적으로도 중요한 군사 요충지다. 아울러 조조군이 보급품의 조달을 위해서 군량을 비축하는 장소로도 사용한 곳이다.

오림의 중요성은 연의에서도 잘 나타난다. 적벽대전을 앞두고 주유가 장수들에게 내린 군령의 첫 번째가 감녕으로 하여금 조조군으로 위장하여 오림을 급습하라는 것이었다. 배풍대에서 주유의 계략을 벗어난 제갈량이 유비군의 근거지인 하구로 돌아오자마자 조운에게 가장 먼저 내린 명령도 이곳 오림을 장악하라는 것이었다.

▎적벽대전 당시 조조의 군영이었던 오림채　▎양어장이 많은 오림의 봄날　▎마을 어귀에 있는 오림채 표지석

옛날의 오림은 원시림이 가득하였는데 적벽대전으로 인해 잿더미로 변했다고 한다. 그 옛날 조조군이 화공에 전멸한 오림을 찾았다. 그야말로 한적한 시골마을이다. 옛날의 지명임을 알려주는 오림채(烏林寨)라는 푯말을 찾으려고 하는데 아무리 찾아도 보이지 않는다. 길은 좁고 온통 진창인데 유채만이 빼곡하다. 알고 보니 콩, 깨, 유채가 이곳의 특산물이라고 한다. 유채로 둘러싸인 마을 어귀에는 곳곳에 작은 연못이 많다. 양어장이다. 양어장 주변 논에는 오리와 거위, 닭들이 사이좋게 먹이를 찾고 그 옆에는 물소가 한가롭다. 마을 사람 여럿에게 물으니 이곳에서 태어나고 자랐다는 아저씨가 오림채의 위치를 알려준다. 그런데 겨우 찾은 오림채 푯말은 동네 구석 쓰레기장 옆에 있었다. 밭과 쓰레기장 사이 풀 속에 있으니 어찌 찾을 수 있겠는가.

▌ 조조 군영의 지휘부가 있었다는 조조만

사생결단의 역사도 허망함뿐인가. 무상한 역사의 애잔함만 푯말에 켜켜이 묻어 있다. 이곳에서 마을 안쪽으로 10분 정도 들어가니 마을 한가운데 '조조만(曹操灣)'이라 쓴 비석이 있다. 적벽대전 당시 조조 군영의 지휘부가 있었던 곳이라고 한다. 이 근처에 조공사도 있었다고 해서 주민들에게 물어보니 하나같이 모른다. 좀 나이든 이는 없어졌다고 한다.

'조조의 유적이라 파괴되었구나' 생각하며, 공터를 지나오는데 공터 옆

┃ 조조의 사당인 조공사

┃ 조공사 내부의 불상들

에 부서지고 낡은 건물이 하나 보인다. 찾아가 보니 조공사(曹公祠)다. 바로 옆에 두고도 모른다고 하니 저들의 심보는 무엇인가. 조공사는 조조를 위로하기 위해 만든 것일 터인데, 지금의 사람들은 아예 조조라는 이름조차도 부르기 싫은 것인가. 그러고 보니 조공사 안에는 관세음보살상과 관성제군상이 있다. 낡고 부서진 건물의 외양이 알려주듯이 조조의 사당은 이미 오래전의 이야기고, 이제는 마을 사람들의 도교적인 기복 신앙 장소로 바뀌어 버렸다. 그러니 어찌 조공사를 알 수 있겠는가.

오림 부두에 도착하니 붉은 색의 장강 너머로 멀리 적벽이 보인다. 적벽대전 최대의 격전장이었던 오림은 고요할 따름이다. 이곳을 지나는 장강 물결만이 당시 전사한 군사들의 넋을 위로하는 듯 찰랑거리며 흘러간다. 더운 날씨 탓인가 적벽으로 가는 배를 기다리는 사람들은 우리 일행뿐이다. 그늘에서 더위를 식히며 소동파가 지었다는 '적벽회고(赤壁懷古)'를 나직이 읊조려 본다.

▌조조의 수군이 머물렀던 장강변의 오림

❚ 적벽으로 가는 배를 타는 오림부두

동으로 흐르는 장강의 물결은	大江東去 浪淘盡
옛 영웅의 흔적을 씻어 내려가고	千古風流人物
사람들은 옛 보루의 서쪽을	故壘西邊 人道是
삼국 시대 주유의 적벽이었다고 말하네	三國周郎赤壁
부서진 바위는 구름을 뚫고	亂石崩雲
성난 파도는 강둑을 할퀴며	驚濤裂岸
천 길 눈보라를 일으키네	捲起千堆雪
강산은 그림 같건만	江山如畵
한 시절 호령하던 호걸들 그 얼마였던가	一時多少豪傑

주유, 조조의 천하통일을 가로막다

주유는 손책과 의리로 뭉친 친구였다. 또한 손책이 강동을 평정하는 데 커다란 기여를 하였다. 손책이 죽은 후, 주유는 솔선하여 동생인 손권을 지지하고, 장소와 함께 손권의 좌우 핵심이 되었다. 손권에게 주유는 유비에게 제갈량이 있는 것과 같았다.

이러한 주유가 오나라 최고의 참모인 노숙을 손권에게 추천하였다. 노숙은 손권에게 전쟁의 득실을 솔직하게 말한 후, 조조를 맞이한다면 어디로 가겠느냐고 반문하여 손권이 조조에게 대항하도록 하였다. 이는 정치적인 계산이었다.

그런데 장소로 대표되는 주화파의 정치적 논리가 만만치 않았다. 노숙은 손권에게 주유를 부르도록 하였다. 주유도 노숙과 생각이 같았기 때문이다. 강경파인 주유는 호쾌하고도 단호한 태도를 보인다.

> "장부가 세상을 살아감이 공명을 세우는 것이요
> 공명을 세우는 것은 평생의 일을 위안하기 위함이도다."

조조는 직무상 한나라의 재상이라고 하지만, 사실은 한의 도적이다. 장군인 손권은 웅대한 재주를 갖추고 부친과 형님의 업적을 잇고 있으니, 응당 해야 할 일은 천하를 두루 다니며 한나라를 위하여 모든 잔재를 일소하고 더러운 것을 씻어내는 것이라고 말한다. 주유의 이 말은 정치적 정당성을 확보하는 것으로서, 전쟁에 임하는 병사들의 사기 진작에도 매우 중요한 것이었다.

아울러 주유는 군사적인 계산을 정확히 하였다.

「강표전」에 따르면 주유는 먼저 조조가 80만 대군을 동원했다는 것은 긴장을 조성하기 위한 수치임을 말한다. 그리고 조조군의 병사는 북방에서 온 병사들이 15-6만 명이지만 이들은 매우 지쳐 있고, 새로 편입된 유표의 부하들이 7-8만 명이지만 의심하며 관망하는 상태라고 분석한다.

이처럼 피로에 지친 병사와 의심하며 관망하는 병사들은 그 수가 아무리 많아도 오합지졸일 따름이라고 분석하여 손권에게 군사적으로도 불리하지 않음을 건의한다. 이어서 조조군의 4대 폐단에 대해 분석한다. 조조군의 본거지가 불안하고 후환도 있는데 무턱대고 쳐들어온 것, 자신들의 장점인 기병을 버리고 단점인 함선을 사용한 것, 10월은 말에게 먹일 풀도 없고 겨울이 닥치면 병사들의 보급물자도 넉넉지 못한 것, 기후와 풍토가 맞지 않은 곳에 대군이 원정하니 반드시 질병이 발생할 것이라고 확신한다.

주유는 조조의 병사들을 정확히 통찰하고 있었던 것이다. 조조의 병사들이 이러한 반면에 손권의 병사들은 사기로 충천해 있었다. 군율은 엄격했으며, 더 이상 물러날 곳 없는 방어전이기에 각오 또한 대단하였다. 그리고 주유와 모든 장수들도 일사분란하게 단결되어 있었다. 손권은 이러한 군대를 이끌고 적벽대전을 승리로 이끈 것이다.

『삼국지연의』는 제갈량을 신출귀몰한 전략가로 만들어 놓았는데 이로 인해 피해를 입은 사람이 주유였다. 주전파의 대표인 주유를 화를 돋아 조조군에 대항하게 만들었을 뿐 아니라, 적벽대전 이후에 손권과 연관된 초선차전이야기가 동남풍을 부르는 이야기와 함께 제갈량의 지략으로 둔갑하여 주유를 농락하였다. 그러나 역사는 적벽대전 승리의 최고 주역은 주유임을 숨기지 않는다. 조조군의 위세에 눌려 주화파의 항복전략으로 기울었던 분위기를 바꿔 손유 동맹을 결성하고 직접 전쟁을 지휘하여 화공으로 조조군을 초토화시켰기 때문이다. 주유의 이러한 공적이 없었다면 천하는 일찍이 조조의 것이 되었을 것이고, 삼국지 이야기는 존재하지 않았을 것이다.

21. 노을인가, 핏빛인가

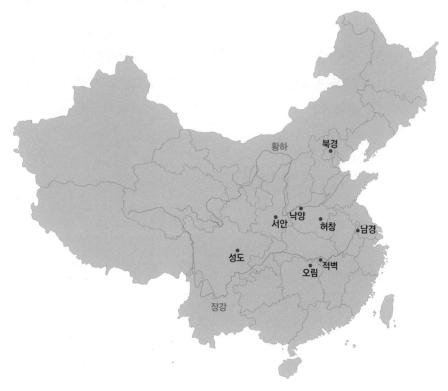

서기 208년 10월. 조조는 장강 연안을 따라 배치한 영채들을 시찰하고 군사들의 위세에 만족하였다. 승리는 이미 결정된 것인 듯 자신만만하였다. 조조는 방통의 연환계를 받아들여 연결한 전선에 연회석을 마련하고 문무 대신을 불러 잔치를 열었다. 교교한 달빛이 장강을 비추고, 장강은 마치 흰 비단을 깔아놓은 것 같았다. 남병산의 경치도 그림 같았다. 동쪽으로 시상(柴桑)의 경계 지점을 바라보고, 서쪽으로 하구(夏口)의 강을 바라보고, 남쪽으로 번산(樊山)을 바라보고, 북쪽으로 오림(烏林)을 바라보아도 어느 한 곳 막힌 곳 없이 사방이 탁 트였다. 폭풍 전야의 고요함이 조조를 눈멀게 하였는가. 조조는 장강의 아름

다움에 매료되었다. 뱃머리에 서서 창을 잡고 즉흥시 한 수를 지었다.

술 마시며 노래 부르자	對酒當歌
인생이 얼마이뇨	人生幾何
아침이슬과도 같은 것	譬如朝露
지나간 날이 너무 많구나	去日若多
개탄하고 탄식해도	慨當以慷
근심을 잊기 어렵구나	憂思難忘
무엇으로 시름을 덜거나	何以解憂
오직 술뿐이로다	惟有杜康
달은 밝고 별은 드문데	明月星稀
까막까치는 남쪽으로 날아가네	烏鵲南飛
나무 주위를 아무리 돌아도	繞樹三匝
앉을 만한 가지 하나 없구나	無枝可依

조조는 영웅이자 시인이다. 천하를 호령하는 조조이지만 그의 시는 어딘지 쓸쓸하다. 영웅으로서 감내해야 하는 고적감이 그를 인생의 달관자로 만든 것인지도 모른다. 그리하여 경천동지(驚天動地)의 날이 다가오고 있음을 까마득히 모르고 있었다.

"이것이 바로 도독 병의 근원이지요."
주유는 제갈량이 써준 자기 병의 근원을 보았다.
'모든 준비가 완벽한데 동풍이 불지 않는구나.'

주유는 제갈량의 귀신같은 지략에 또 한 번 놀랐다. 주유는 오를 위해서도 제갈량을 반드시 처치해야한다고 재차 다짐하였다. 그런 생각을 아는지 모르는지, 제갈량은 남병산에 칠성단을 쌓고 사흘 밤낮 동안 동남풍을 빌었다. 주유는 정보와 노숙 등의 장수들과 함께 전투 태세를 완료하고 노심초사 동남풍이 빌기만을 기다렸다.

삼경이 되었다. 주유가 막사를 나와 깃발을 보았다. 순간, 깃발이 서북쪽을 향해 힘차게 나부꼈다. 진짜 동남풍이 불기 시작한 것이다. 주유는 전군에 작전 명령을 하달하였다. 아울러 군사를 풀어 불문곡직(不問曲直)하고 제갈량의 수급을 베어오라고 지시하였다. 그러나 제갈량은 조운으로 하여금 미리 대기시킨 쾌속선을 타고 주유군의 추격을 따돌렸다. 주유가 '자신을 세상에 내고 어찌 제갈량을 또 보내셨느냐'고 토로하였듯이, 어찌 신묘한 제갈량을 대적할 수 있단 말인가. 분함에 피를 토할 수밖에 없었으리라.

제갈량은 정녕 남병산에 칠성단을 쌓고 동남풍을 불러온 것일까. 그것은 어불성설(不成說)이다. 첨단 시대인 지금도 그렇지만, 고대의 전략가들에게 있어서 풍수지리와 기상변화의 예측은 반드시 연구해야 할 과제였다. 융중에 은거하며 때를 기다린 제갈량이 삼고초려한 유비에게 융중 대책을 설파하며 52개 현의 지도를 펼쳤을 때, 그의 머릿속에는 이미 군사 요충지에 대한 이러한 연구가 나름대로 끝나 있었을 것이다. 특히 고대 전투에 있어서 제일 막강한 전략인 화공(火攻)은 바람이 중요한 바, 제갈량은 지리와 바람에 대한 공부를 철저히 했던 것이다. 그러한 제갈량이기에 자신 있게 남병산에 칠성단을 쌓고 바람을 부르는 시늉을 한 것이다. 그렇다면 칠성단을 쌓은 진짜 이유는 무엇인가. 그것은 제갈량이 오나라의 병사들 속에서 안전하게 조운을 만나 탈출하기 위한 수단이었던 것이다.

적벽대전의 시작은 항복을 가장한 황개의 돌격대가 앞장섰다. 모사 정욱이 화선(火船)으로 무장한 황개의 돌격대가 계략임을 깨달았을 때는 이미 늦었다. 불타는 쾌속선이 화살처럼 조조군의 영채로 들어와 박혔다. 불은 바람을 타고 거세게 타올랐다. 영채 속의 배들은 금방 불길에 휩싸였다. 배들은 쇠사슬로 연결된 터라 각자 빠져나올 수도 없었다. 불길은 바람을 타고 활활 날아올랐고, 하늘과 땅을 온통 시뻘겋게 물들였다.

조조의 천하통일 야심을 태우는 불길이 남쪽 강가의 바위 절벽을 붉게 비췄다. 저녁 노을은 이를 더욱 진하게 만들었고, 수많은 병사들의 가엾은 피는 절벽을 부딪치며 처절하게 아우성쳤다. 석두관(石頭關)이라는 본래의 이름이 사라지고 '적벽(赤壁)'이라고 불린 것도 이때부터다. 당나라 시대의 시인 두목(杜牧)이 이때의 광경을 회상하는 영사시(詠史詩)를 지었다.

부러진 창 모래톱에 묻혀 아직 삭지 않은 채　　折戟沈沙鐵未銷
주워서 닦으니 옛 왕조의 것이네　　自將磨洗認前朝
동풍이 주유 편이 아니었다면　　東風不與周郞便
깊은 봄날 동작대에 두 교씨 갇혔으리라　　銅雀春深鎖二橋

두목은 시인이지만 『손자(孫子)』에 주해를 단 전략가이기도 하다. 그러했기에 적벽대전 승리의 주역인 동풍을 노래한 것이다. 하지만 그러한 그도 실수를 범하였다. 시는 모름지기 시대의 진실을 노래해야 한다. 그것이 영사시인 경우는 더욱 그러하다. 아무리 시인의 생각과 감정을 이입한다 하여도 그것은 객관적 사실에 의거해야 한다. 그러나 두목은 역사와는 상관없는 내용을 마지막 행에 넣음으로써 시대의 첨병이자 공인인 시인의 사명을 등한시하였다. 왜 그런가.

두목의 시에 보이는 두 교씨는 교공(喬公)의 두 딸인 대교(大喬)와 소교(小喬)를 말하는 것으로, 대교는 오나라 손책의 부인이고 소교는 주유의 부인이다. 사실 조조와 두 교씨는 아무런 연관도 없다. 그런데 어떻게 연관이 되었는가. 먼저 제갈량이 손권과 동맹 관계를 확고히 하기 위해 주유를 격분시키는 과정에서 나타난다.

"일찍이 조조가 맹세하기를 '나의 소원은, 천하를 평정하여 제업을 이룩하는 것이고, 또 한 가지는 동작대에 강동의 이교를 데려다 놓고 노년을 즐겁게 보내는 것인데 이 두 가지를 이룬다면 정말 행복하겠다.'고 했답니다."

나관중은 두목의 시에서 착안하여 동작대부(銅雀臺賦)에 그 내용이 있다는 식으로 확장하였다. 조조는 적벽대전 이후, 원소의 본거지였던 업성에 동작대를 지었다. 둘째 아들 조식은 세 개의 커다란 대(臺)를 구름다리로 이을 것을 제안하며 동작대부를 지었다. 세 개의 대를 잇는 두 개의 다리를 뜻하는 '이교(二橋)'와 동오의 두 자매를 가리키는 '이교(二喬)'가 조조 악인론을 옹호하는 중국인들의 사상과 공교롭게 맞아떨어진 것이다. 이에 나관중은 당대를 풍미하는 민심을 반영하여 이처럼 각색한 것이다.

조조 악인 만들기는 이미 오래전부터 시작되었다. 그러하매 두목의 시 또한 역사적 사실과 상관없이 이러한 시대적 조류를 반영한 것이라고 할 수 있다. 설령 전쟁의 승리자가 전리품을 챙기듯 강동의 이교를 포로로 데려갈 수 있다손 치더라도, 조조의 남정(南征) 목적이 이교를 차지하기 위한 것이었다는 논리는 두목의 시에서부터 확고하게 굳어진 것이다.

본의 아니게 그렇게 되었다는 논리는 언제나 양면성을 띤다. 그것이 필요할 때면 불현듯 사실이 된다. 더욱 무서운 것은 일반적으로 그렇게 믿는다는 점이다. 처음에는 '사실이 아니다'라고 하지만, 뒤이어 그것은 '소설이니까 그렇게 보라'고 이야기한다. 얼마 후에는 '개연성이 크다'고 설득한다. 그리고 한참을 지나면 '이것은 역사적 사실이다'고 못박는다. 성질 급한 민족은 냄비처럼 뛰지만 얼마 가지 못하여 식어 버리고 결국은 느긋하게 맞장 뜨는 '만만디'의 속셈에 먹히고 만다. 중국의 동북공정 사업에 펄펄 진노하던 우리가 어느새 잠잠함을 넘어 남의 일인 듯 무관심하다. 재단의 연구 자금이 말라 버렸기 때문인가. 아니면 사대주의 역사관이 남아있기 때문인가. 그도 아니면 진정 장기전을 위한 대응을 모색 중인가. 역사는 사실을 말하고 싶지만 우리가 읽고 아는 역사는 사실이 아니다. 사실이던 역사는 사실이 아닌 것이 되었고, 사실이 아니던 역사가 사실이 되었다. 중국은 지금도 이러한 역사를 만들어내고 있고, 우리는 아직도 사대주의에 엎드려 정신을 못 차리고 있다. 국가가 지켜야할 대상은 영토와 국민만이 아니다. 우리의 역사를 올곧게 지켜낼 때 '역사를 가진 민족'으로서의 책무를 다하는 것이다.

■ 온천 개발이 한창인 오림채

■ 새롭게 변모한 조공사의 조조와 참모상들

    십여 년 만에 적벽대전의 현장을 다시 찾아간다. 전투의 중심지였던 적벽산을 가려면 오림에서 배를 타고 바다 같은 장강을 건너야 한다. 오림에 도착하니 오랜만에 온 것이 실감난다. 한적하던 시골은 온천 개발로 열기가 뜨겁다. 사방으로 도로가 생겨나고 관광지 조성을 위한 기반 시설들이 들어서고 있다. 다행인 것은 예전에 힘들게 찾아보았던 팻말들이 아직은 그대로 남아 있는 점이다. 하지만 쓰레기가 너저분한 것은 그때나 지금이나 매일반이다. 삼국지 기행 중 유일하게 보았던 조조의 사당인 조공사도 그 사이 세월의 풍파가 쌓이긴 했지만 용케도 남아 있다. 오히려 예전의 기복 신앙 관련 소상들은 모두 없어지고, 이름처럼 올곧게 조조와 참모들의 소상이 자리 잡았다. 여기서도 조조의 높아진 위상을 느낄 수 있다. 삼국지 유적 너머 온천 개발로 오림을 오가는 분주한 차량들을 보노라니, 다시 이곳을 찾아왔을 때의 풍경이 벌써 저만치에서 애잔한 마음을 타고 눈앞을 스쳐간다.

❙ 오림 부두에서 적벽으로 가는 배를 기다리는 차량들

❙ 적벽의 장강에서 잡은 생선들

▎ 오림에서 배를 타고 바라본 적벽

　배를 타고 적벽산을 향한다. 적벽진 마을의 가축들이 오늘도 찰랑이는 장강변에서 먹이를 찾고 있다. 장강은 진한 커피색 강물을 쏟아내고, 적벽산은 푸름을 자랑하듯 장강 위에 고고하다. 적벽산은 세 개의 봉우리로 이루어져 있다. 금란산, 남병산, 적벽산이 이것인데 이를 모두 합쳐서 '적벽산'이라 부른다. 적벽산 선착장에 도착하니 화려한 성곽이 눈을 가득 채운다. 없던 고성이 우뚝하고, 거대한 성문은 오색 깃발로 가득하다.

적벽고전장 입구

| 적벽고전장 입구의 상점들 | 적벽고전장 입구 |

비싼 입장료를 내고 거대한 성곽 입구를 들어서니 먹거리와 기념품점들이 즐비하다. 적벽산에 오르려면 반드시 이곳을 거쳐가도록 배치해놓았으니 중국인의 상술이 여기서도 빛을 발한다. '금강산도 식후경'이란 말은 어디에서나 통하는 말이다.

한 바퀴 골목길을 돌아 나오니 구릉 위로 적벽산이 보인다. 그 사이에는 여기저기 리조트가 들어서고 대형 공연장과 유원지가 차지하고 있다. 적벽이 완벽한 관광 단지가 된 것이다. 유원지 안에는 여기저기 삼국지와 관련된 조형물을 만들어 놓았다. 유관장의 도원결의, 노새를 타고 가는 황승언, 장판교 위의 장비, 적벽대전을 지휘하는 주유의 모습 등, 소설 삼국지의 주요 내용이 넓은 유원지를 메워놓았다. 십여 년 전만 해도 작은 유적지에 불과했던 적벽산이 이제는 『삼국지연의』를 모두 살펴볼 수 있는 관광지로 바뀌었으니, 상전벽해(桑田碧海)란 이를 두고 하는 말이다.

▮ 적벽산 정상에 있는 주유상

▮ 강동의 미녀인 대교와 소교

　　적벽산에 오르니 제일 먼저 적벽대전 승리의 주역인 주유의 상이 보인

다. 산등성이를 일궈서 만든 평지에 세워진 주유상은 커다란 화강암으로 만들

었는데, 갑옷과 투구로 치장한 주유의 모습이 웅장하게 조각되었다. 그러나 조
각상은 장강을 향하고 있지 않다. 무슨 특별한 이유라도 있는 것일까. 아니면
생각 없이 그냥 역사적인 자리에 세워놓은 것인가. 역사적 유적지에 만들어 놓
은 기념물이 그곳의 역사적 의미와 부합될 때 더욱 빛이 나는 것은 너무도 당연
한 일이다. 그러나 자세한 고증 없이 대충대충 이루어지는 복원을 볼 때면 가슴
이 아프다. 이 어찌 중국만의 일이겠는가.

▌주유가 화공을 지휘하였다는 익강정과 그곳에서 바라본 장강

주유상 앞에는 익강정(翼江亭)이라는 정자가 있는데, 주유가 '화소적벽(火燒赤壁)'을 지휘한 곳이라고 한다. 육각의 정자에 올라 북쪽 강변을 바라보니 도도한 물결의 장강이 한눈에 들어온다. 그야말로 최상의 전투 지휘소다. 석상 옆으로는 망강정(望江亭)이라는 또 하나의 정자가 있다. 황개가 이곳에서 조조의 수군 영채를 정찰하였다고 한다. 그가 여기에서 조조의 수군이 모두 연결된 것을 보고 거짓 투항과 화공을 제안했던 곳이리라.

▌ 적벽대전 승리의 주인공인 주유

▌ 제갈량이 동남풍을 불렀다는 배풍대

▌ 배풍대 안에 있는 제갈량 부조

남병산에는 제갈량을 모시는 무후궁(武侯宮)이 있다. 제갈량이 제단을 쌓고 동남풍을 빈 곳이다. '배풍대(拜風臺)'라고도 하는데 제갈량이 무향후(武鄕侯)라는 작위를 받았기에 같이 부르고 있다. 배풍대 남쪽의 적벽대전 문물 전시실에는 화살촉, 칼, 창 등 각종 전쟁 도구들이 전시되어 있다. 오랜만에 다시 왔건만, 자물쇠가 녹이 슨 것을 보니 폐쇄한 지 오래되었다.

▌ 적벽대전 진열관

중국 여행에서 불편한 점이 있다면 박물관이나 전시실이 특별한 이유 없이 폐관되는 경우다. 우리는 휴일이 정해져 있어서 그날을 피해가면 언제든지 관람할 수 있지만 중국은 그렇지 못하다. 어제 보았던 것을 오늘 다시 보러 가도 관람할 수 없는 경우가 있다. 관람할 수 없는 이유를 알 수 있다면 그나마 다행이다. 유물과 유적을 보기 위해 멀리서 공들여 날아왔건만, 매번 아무런 조치 없이 헛고생한다면 그야말로 망연자실할 수밖에 없다. 21세기는 신뢰의 시대다. 특히 외국인 방문객이 평가하는 신뢰도는 세계적으로도 높은 가치를 지닌다. 중국이 진정한 문화 대국이 되려면 이런 점을 보다 잘 살펴야 하리라.

방통이 기거한 봉추암

방통이 연환계를 생각해 냈다는 등나무

봉추암에 모셔진 방통상

　　방통이 기거했다는 봉추암(鳳雛庵)은 금란산 중턱에 있다. 검은색 기와
가 얹힌 흰색 건물이 천 년을 훌쩍 넘은 은행나무 아래 고풍스럽게 서 있다. 그
앞에는 등나무가 있는데, 방통은 이 등나무를 보고 연환계를 생각해 냈다고 한
다. 그런데 이 또한 후세에 지어낸 이야기이다. 삼국지 유적은 중국 곳곳에 산
재해 있으나, 모두 삼국지 시대의 유적은 아니다. 『삼국지연의』에 의해 후대에
만들어진 문학적 유적들이 많기 때문이다. 그럼에도 사람들은 칠실삼허(七實三
虛)의 이야기가 만든 삼실칠허(三實七虛)의 유적지를 찾는다. 그리고 대부분 사
실로 받아들이려고 한다. 사람들은 딱딱하고 지루한 역사보다는 재미있고 감동
적인 이야기를 좋아한다. 그것이 사실이냐 아니냐는 중요하지 않다. 스스로가
사실이라고 믿으면 그뿐이기 때문이다. 이러한 까닭에 『삼국지연의』는 재미있
고 감동을 주는 최고의 역사책이 되는 것이다.

┃ 적벽 회랑의 모습

　　적벽산 절벽에는 '적벽(赤壁)'이라는 커다란 글자가 있다. 이는 전쟁에서 대승을 거둔 주유가 축하연을 열어 모든 병사를 위로하고 승전을 기념하여 새긴 것이라고 한다. '적벽'이라는 글씨는 해서체이다. 해서체는 당나라 때의 서풍(書風)으로 삼국 시대에는 예서체를 많이 썼다. 그러므로 진짜 주유가 쓴 것인지는 미심쩍다. 오히려 그 위에 초서체로 새겨진 '란(鸞)'이 더욱 의미 있는 글자로 보인다. 이 글자는 '천자가 타는 수레'라는 의미가 있다. 조조의 야망을 꺾은 주유가 손권으로 하여금 천하를 다스릴 것을 희망하며 썼다면 그럴듯하지 않을까. 손권의 흐뭇함이 글자 속에 숨어 있는 듯하다. 장강의 물결이 출렁이는 적벽의 벼랑에는 역대의 문인과 묵객들이 지은 시문이 새겨져 있다. 하지만 대부분이 희미하여 알아볼 수 없다.

적벽은 오랜 시간이 흘렀음에도 찾아올 때마다 생생하게 맞아 준다. 장강 물의 높낮이만 다를 뿐, 적벽은 오늘도 새로운 역사를 갈구하고 있는 듯하다. 그리하여 적벽대전의 발자취를 더 살펴보고자 하는 나그네에게 이렇게 말한다.

오래전 이곳에서 큰 싸움이 있었다. 그러나 그것은 나의 역사가 아니다. 수많은 아우성이 나의 잔물결에 잠들었지만, 그것은 내가 원한 역사가 아니다. 나의 역사를 보라. 저기 붉은 나의 등 위에서 가마우지로 서너 마리 생선을 잡으며 환하게 웃는 사람들, 그들이 바로 나의 역사다. 일엽편주(一葉片舟)에 탁주산채(濁酒山菜)의 생활일지언정 여유로움과 평화로움이 있는 모습. 이것이 내가 소망하는 역사요, 이것이 내가 베푸는 최고의 사랑이다.

▌촉오 연합군의 수군 영채와 누선

강동 방어의 요충지인 육손호

　적벽에서 장강의 하류로 4km 떨어진 곳에 육손호(陸遜湖)가 있다. 이 호수는 장강 남쪽 내륙을 흐르는 육수(陸水)가 합류되는 장소다. 이곳은 강동을 지키는 요지여서 이곳을 잃으면 강동이 위태로워진다. 이를 잘 아는 손권과 주유가 전략적 요충지의 확보를 위해 신속히 적벽까지 나아가 방어를 한 것이다. 오나라의 장수인 육손(陸遜)은 적벽대전 당시 이곳을 지키고 있었다. 이곳에서 군량을 지원하며 적벽대전을 승리로 이끄는데 기여하였다. 육수라는 명칭도 육손의 공적을 기념하기 위하여 붙인 것이다. 만약 조조의 대군이 적벽을 먼저 차지하였다면 오나라는 적벽으로 나아가지 못하고 육손호에 방어망을 구축했을 것이고, 조조는 적벽에서 육수의 흐름을 타고 순조롭게 항진하여 오나라를 풍전등화에 처하게 했을 것이니, 이를 잘 막도록 지원한 육손의 업적은 호수의 이름만으로는 부족하다고 하겠다.

　육손호를 찾았다. 호수 입구에는 작지만 높다란 댐이 있는데, 장강에 있는 삼협댐과 비슷하다. 알고 보니 이곳에서 삼협댐 건설에 필요한 각종 실험을 진행하였다고 한다. 댐 위에 올라 육손호를 바라보니, 거대한 호수가 끝이 보이질 않는다. 지금은 육수수고(陸水水庫) 풍경구가 되어서 유원지로 변했으니 그 옛날 천하쟁패의 역사도 반짝이는 호수 위의 취중(醉中) 속 뱃놀이에서나 머물다 사라지리라.

적벽대전에서 패할 수밖에 없던 조조

적벽대전 이야기는 『삼국지연의』에서 제일 재미있고 감동적인 부분이다. 이와 함께 허구적인 내용이 가장 많은 곳이다. 제갈량의 설전군유와 지격주유, 감택의 사항서(詐降書), 방통의 연환계, 제갈량의 차동풍(借東風) 등은 전혀 근거가 없는 것들이다. 장간도서와 초선차전은 적벽대전 이후의 일이다. 또한 이 전쟁은 관우와 어떠한 연관도 없다. 이 모두가 나관중이 문학적으로 다채롭게 지어낸 것일 뿐이다.

조조는 전략적 요충지인 형주를 차지하기 위해 남하하였다. 그런데 유종의 항복으로 너무도 쉽게 형주에 무혈 입성하였다. 게다가 유비를 무찔러 곤경에 빠뜨렸다. 전투다운 전투 없이 형주를 차지했으니 조조는 또 다른 욕심이 생겼다. 장강을 따라 동쪽으로 내려가 손권마저 무찌르는 것이었다. 조조는 자신의 보병과 기병에 유종의 수군을 얻어 수십만의 군대를 구성하였다. 이는 곧 무소불위(無所不爲) 조조의 득의양양한 자신감이 되었다. 천혜의 지형을 가지고 3대를 웅거한 손권이라도 겁날 것이 없었다.

조조의 이러한 자만심과는 대조적으로 군사들의 사정은 좋지 않았다. 먼 곳에서 강행군한 군사들은 피곤하였고, 남쪽의 날씨와 환경에 익숙하지 못해서 치명적인 역병까지 걸렸다. 이러하니 초반부터 패하는 것은 당연하였다. 조조의 수군을 불태운 것은 누구일까. 「선주전」과 「주유전」에서는 손유 연합군이라고 하고, 「곽가전」과 「오주전」에서는 조조 자신이라고 한다. 「강표전」에 의하면 조조가 손권에게 편지를 보냈는데, 그 내용 중에 "적벽에서의 전투는 전염병이 창궐하여 어쩔 수 없이 배를 태우고 내 스스로 물러났건만 주유가 오히려 명예를 얻었다."고 하였다. 이러한 점들을 종합해 본다면, 전염병에 걸린 조조군이 초기 전투에서 패하고 강의 북쪽인 오림에 주둔하였다. 주유의 부장인 황개의 건의로 연합군이 화공으로 공격해오자 조조군은 당해낼 수 없었다. 조조의 군사가 아무리 많다고 해도 역병에 걸려 쓸모가 없었기 때문이다. 이에 조조가 나머지 배들을 불태우고 퇴각한 것으로 정리할 수 있다.

그렇다면 조조군에게 치명타를 입힌 역병은 어떤 것이었을까. 호남성 장사에서 발굴된 한나라 때의 무덤인 마왕퇴(馬王堆) 1호묘와 호북성 강릉현에서 발굴된 무덤의 남녀 시신을 해부한 결과, 모두에게서 주혈흡충(住血吸蟲)의 알이 검출되었다. 이는 물속에서 부화하고 중간 숙주인 소라나 우렁이 등에 기생하다가 물속으로 유출된다. 사람이 익히지 않은 음식물 섭취를 할 때 장으로 들어가고, 물속에서 생활할 때 보이지 않는 미세한 병원체들이 모공을 통해 인체로 들어가 장점막과 간장, 혈액 등을 파괴한다. 이 병에 감염되면 발열, 복통, 설사 등이 뒤따르고 중증인 경우에는 내장에 물이 괴고 복부 파열로 이어져 죽음에 이르게 된다. 이러한 병증은 오랜 세월 풍토병으로 인식되어 오다가, 1920년대가 되어서야 주혈 흡충병으로 밝혀졌다. 한나라 때의 시신을 통해 조조군에게 치명적인 손실을 입힌 전염병이 주혈 흡충병에 의한 급성 감염으로 밝혀지게 된 것이다.

조조가 적벽으로 전진을 명령할 즈음, 가후는 조조에게 형주를 수습하고 회유 정책으로 강동의 신하를 복종하게 하라고 권유하였다. 조조가 이 말을 듣고 강릉에서 군사들로 하여금 남방 환경에 적응하며 충분히 쉬게 한 후, 이듬해 봄에 오나라로 진군하였다면 상황은 달라졌을 것이다. 배송지는 「가후전」의 주석에서 조조의 패배를 다음과 같이 썼다.

'적벽에서의 패배는 조조의 운이 그런 것이다. 실제로 역병이 돌아 등등하던 기세가 한풀 꺾였고, 때마침 남쪽에서 바람이 불어와 불길을 북돋았다. 진실로 하늘이 그렇게 한 것이니, 어찌 사람을 탓하겠는가?'

하지만 패배의 근본 원인은 누가 뭐라고 해도 조조의 교만과 적에 대한 무시에 있었다. 조조는 너무도 들뜬 나머지 '지피지기(知彼知己)면 백전불태(百戰不殆)라는 초보적인 전술을 무시했기에 치욕을 당한 것이다. 지나친 욕심은 화를 부르고, 교만과 무시는 스스로를 망친다는 역사의 준엄한 가르침을 우리는 오늘도 명심해야 할 것이다.

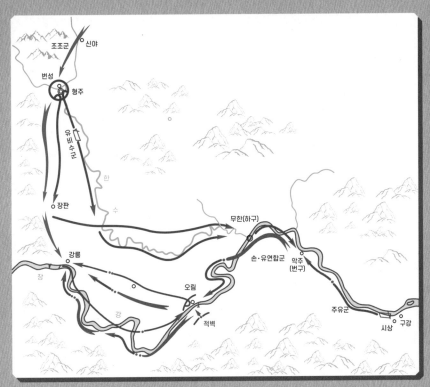

■ 적벽대전도

22. 세 번의 웃음으로 목숨을 구걸하다

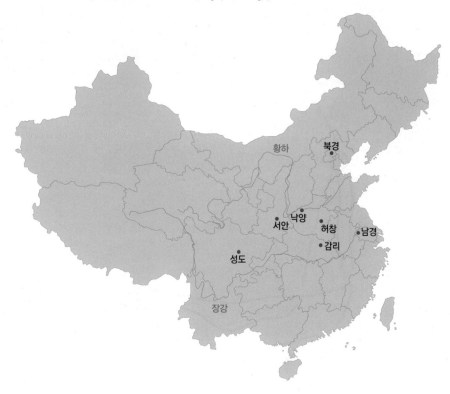

조조는 즉시 말을 몰고 앞으로 나가 관우에게 몸을 굽히고 말했다.

"관 장군, 조조가 싸움에서 패하고 위태롭게 이곳까지 피해왔지만 이제 갈 길이 없구려. 장군께서는 옛날 파릉교의 정을 돌이켜 주기 바라오."

"예전에 제가 승상의 호의를 받았지만, 그것은 안량과 문추를 베고 백마현의 포위를 풀 때 이미 갚았습니다. 오늘 공무를 집행함에 있어 어찌 사사로운 정의를 내세울 수 있겠습니까!"

"장군이 오관참장 할 때를 모르시오? 대장부는 무엇보다 신의가 제일이다 하였소. 더군다나 장군은 『춘추』를 꿰고 있지 않소이까?"

조조는 천하통일의 야망을 달성하기 위해서 적벽대전을 일으켰다. 하지만 촉오 동맹군의 화공 전술에 참혹하게 패배하였다. 승리의 자만심에 빠져 있던 조조는 달아나기에 바빴다. 그런 조조가 달아나면서도 주유와 제갈량의 지략이 모자람을 비웃는다. 그의 비웃음이 있을 때마다 제갈량의 군령을 받은 조운과 장비가 나타나 조조의 웃음을 일거에 깨뜨렸다. 조조는 강릉으로 후퇴하는 길인 화용도로 접어들며 또다시 주유와 제갈량의 지략을 비웃다가 관우와 부닥친 것이다. 군사는 지쳤고 수적으로도 불리하였다. 게다가 관우의 모습을 본 조조의 군사들은 혼비백산하여 싸울 기력조차 없었다. 절체절명의 위기에 모사 정욱이 나선다. 신의를 중시하는 관우에게 지난날의 은혜 베풂을 말하고 위기를 벗어날 것을 건의하였다. 적벽대전에서 정욱의 의견을 받아들이지 않아 싸움에 패한 조조가 이제 정신이 들었는가. 눈물을 흘리며 관우에게 사정한 것이다.

관우는 조조의 애걸에 마음이 흔들렸다. 그리하여 조조가 도망치게끔 군사의 대형을 벌려 주었다. 조조가 도망치는 순간, 관우는 제갈량에게 써 준 군령장의 내용이 생각났다. 충성스런 신하로서의 본분과 호걸로서의 신의를 지키는 것 사이에서의 갈등이 번개처럼 뇌리를 휘돌았다. 관우는 참을 수 없음에 고함을 지르고, 미처 도망가지 못한 조조의 군사들은 모두 울면서 엎드렸다. 그때 조조의 장수이자 관우의 친구인 장료가 온다. 관우의 측은지심은 긴 한숨으로 이어지고, 조조의 군사들은 모두 달아났다.

조조가 패하여 화용으로 도망치다	曹瞞兵敗走華容
좁은 길에서 관공과 떡하니 마주쳤네	正與關公狹路逢
다만 지난날의 은의가 더욱 중요해	只爲當初恩義重
포위를 풀고 교룡을 놓아주었네	放開金鎖走蛟龍

조조를 놓아준 관우는 군령장에 쓴 대로 유비와 제갈량에게 죽음을 청하였다. 제갈량이 군법대로 관우를 처형하려 하자, 유비가 막아서며 용서를 구한다. 제갈량은 마지못해 용서한다. 제갈량이 관우를 용서한 것은 사전에 유비와 협의한 것이다. 제갈량이 관우를 화용도에 매복시킬 때, 조조가 아직 죽을 때가 아님을 알았다. 그리하여 신의를 중시하는 관우가 조조에게 인정을 베풀수 있게 하기 위한 것임을 유비에게 말한 것이다. 유비는 제갈량의 계책에 감탄하고, 죽음에 처한 관우를 살려줄 것을 간청하면 제갈량이 못이기는 척 관우를 용서한 것이다. 그야말로 수어지교다운 멋들어진 연기에 관우가 꼼짝없이 걸려든 것이다.

원나라 때 만들어진 『삼국지평화』는 나관중이 『삼국지연의』를 만들 때 직접적인 영향을 미친 책이다. 이 책에도 조조가 관우에게 쫓겨 화용도를 탈출하는 이야기가 나온다. 이로 미루어 본다면 이 이야기는 이미 오래전부터 민간에 회자되었다는 것을 알 수 있다. 그러나 그 내용은 사뭇 다르다.

"20리를 나아가다 500명의 창도수(槍刀手)와 만났다. 관 장군이 앞길을 지키고 있었다. 조 승상이 좋게 부탁했다.

"운장, 조조를 좀 봐주시오. 수정후(壽亭侯)께서는 은혜를 베풀어 주시오."

관공이 말했다.

"군사의 명령이 엄하여 그렇게 할 수 없습니다."

조공이 관공의 진영을 피해 빠져나가려고 했다. 말을 하면서도 얼굴에 근심빛이 역력하던 관공이 이에 조공을 슬그머니 보내주었다. 그리고 몇 리가량 쫓아가다가 되돌아왔다. 군사가 말했다.

"조조를 보내준 것은 관 장군의 잘못이 아닙니다. 관 장군은 어진 사람이기에 옛날 조공의 은혜를 생각하여 보내준 것입니다.”

관공이 이 말을 듣고는 화가 치밀어 얼른 말에 올라 주공에게 고한 후, 다시 조조를 뒤쫓아 갔다.'

원나라 때만 해도 관우가 철저하게 의리와 신의만을 중시한 사나이는 아니었다. 어차피 없었던 이야기를 만드는 과정이니 처음부터 완벽할 수는 없다. 그러던 것이 나관중의 손을 거치면서 탁월하게 각색되었다. 누구보다도 충의로운 관우, 그러한 관우이기에 조조를 놓아줄 수밖에 없음을 예측하는 제갈량, 제갈량과 손뼉장단을 마주치는 유비. 나관중의 탁월한 필치가 다시 한 번 빛나는 대목이다.

관우가 화용도에서 조조를 놓아주었다는 이야기는 독자들에게 안타까움을 더하게 하는 한편, 이후 전개될 부분에 대해 더욱 몰입하게 만든다. 아울러 관우라는 충의의 화신을 만들어 열렬한 찬양을 하게끔 한다. 가정본(嘉靖本) 삼국지통속연의에는 관우를 칭송하는 또 다른 시가 있는데, 일명 사관(史官)의 시라고도 한다.

끝까지 정의로움 버리지 않고	撤膽長存義
죽을 때까지 은혜 갚음만 생각하였네	終身思報恩
위엄 어린 풍모는 일월과 같고	威風齊日月
영예로운 이름은 천하에 떨쳤네	名譽震乾坤

모종강도 관우의 행동에 찬사를 아끼지 않았다.

죽음을 무릅쓰고 지기에 보답하여	併將一死酬知己
대대로 우러러 볼 의로운 이름이 되었네	致令千秋仰義名

　　화용도 이야기는 유비의 의형제로서 이미 명성이 자자한 관우와 새로 영입한 신출내기 참모인 제갈량의 묘한 긴장 관계를 보여주는 것이다. 유비도 최고의 참모로서 신임하는 제갈량의 편을 들어줌으로써 제갈량이 관우를 기를 꺾고 확실한 군사 지휘권을 발동할 수 있도록 하였다. 역사적 사실은 아니지만 충분히 있었음직한 개연성이 나관중에 의해 긴장감 있게 표현되었다.

　　조조가 패주했던 화용도(華容道)는 호북성 감리현(監利縣) 변하향(卞河鄕) 조교촌(曹橋村)에서부터 모시진(毛市鎭)까지 약 10km의 좁은 길을 말한다. 감리현은 장강의 북쪽 강변에 있다. 남쪽 강변에는 호남성 화용현(華容縣)이라는 곳이 있지만, 이곳은 옛날의 화용도가 아니다. 한나라 때 이곳은 잔능현이었고, 삼국 시대에는 남안현으로 불렸기 때문이다. 감리현은 한고조 때부터 화용

▌ 감리현 조교촌 마을의 풍경

현이라 하였는데, 손권이 황제를 칭하고 나서 화용현의 일부를 감리현으로 분리하였다. 그 후에 화용현을 감리현에 병합시켜서 오늘에 이르고 있다.

조조가 세 번 웃은 곳은 어디일까. 그곳은 바로 양림산(陽林山)과 호로구(葫蘆口), 방조파(放曹坡) 이렇게 세 군데를 가리킨다. 양림산은 감리현의 경계에 있는데, 산세가 그리 험준해 보이지는 않는다. 이 산은 조조군이 장강에서 패배하고 육지로 탈출할 때, 동맹군의 지략을 비웃다가 조운의 매복 공격에 혼쭐이 난 곳이다.

조조는 나무가 우거지고 산천이 험준한 것을 바라보고 말 위에서 하늘을 우러르며 크게 웃었다.

"승상께서는 왜 그렇게 웃으십니까?"

"주유가 계략이 없고 제갈량이 슬기롭지 못하기 때문에 웃는 것이다. 만약 내게 군사를 배치하라면 어김없이 이곳에 복병을 매복시켰을 것이다. 그렇게 하였다면 우리는 꼼짝없이 당하고 말았을 것이다."

▌ 자룡강이라고도 불리는 양림산

▌ 퇴각하는 조조군이 무로 허기를 채웠다는 구조전

말이 채 끝나기도 전에 양 옆에서 북소리가 진동하며 불길이 하늘로 치솟았다. 조조는 어찌 놀랐던지 거의 말에서 떨어질 뻔하였다.

"나 조자룡이 군사의 명을 받아 기다린 지 이미 오래다!"

소설의 영향 탓인가. 이곳 사람들은 조운의 공적을 기려 양림산을 자룡강(子龍崗)이라고 부른다. 양림산에서 남서쪽으로 18km 지점에 사자산(獅子山)이 있다. 이 산속에 '호로구'라는 언덕이 있는데, 지형이 험하여 낮에도 마치 늦은 오후시간 같다. 그러나 이곳은 화용으로 통하는 요지이기에 조조는 이곳을 거쳐 갈 수밖에 없었다. 조조는 이곳에서 휴식을 취하며 두 번째로 웃다가, 장비의 공격을 받고 갑옷도 입지 못하고 도망쳤다. 호로구에서 북쪽으로 나아가는 길이 곧 옛날의 화용도이다. 돌 판을 깔아 만든 길은 좁고 울창한 녹음 사이로 구불구불 펼쳐 있다. 햇살도 쉬어가려는 듯 서늘하고 ,새들도 조는 듯 고요하다. 산책을 함에 있어서야 이보다 더 좋은 곳이 없겠지만 쫓기는 자에게 있어서는 산수풍광은 아무런 의미가 없을 터, 변함없는 자연 앞에 새옹지마의 인생만이 조변석개하고 있는 것이리라.

두 번씩이나 혼쭐이 난 조조군은 사기는 물론 기력과 체력까지도 바닥이 났다. 게다가 비까지 퍼부어대니 그처럼 처량한 인생이 또 어디에 있을 것인가. 굶주림에 추위까지 급습하니 산송장이나 다름이 없었으리라. 이러한 때 주변에 무우를 심어놓은 밭이 보였다. 조조는 무우로 허기를 채우는 군사들에게 너무 많이는 먹지 말라고 하였다. 무우를 심은 농민을 생각했기 때문이다. 후대에 그곳을 구조전(救曹田)이라고 불렀는데 지금은 온통 유채밭과 논으로 변하였다. 구조전에서 2km 정도를 가면 조조가 하늘에 탄식하고 늪지대를 건넜다는 곳에 이르는데, 그곳에 '화용고도(華容古道)'라는 표지석이 있다.

▌ 감리현의 박물관

　　점심 때가 훨씬 지난 터여서 허기도 채울 겸, 감리현 중심지로 들어갔다. 허름한 식당에서 요기를 하면서 가까운 곳에 박물관이 있다는 것을 알았다. 삼국 시대의 전쟁 유물이 전시되어 있을 거라고 생각하니 밥도 먹히지를 않는다. 일정에 없었던 박물관 견학 시간을 고려하여 잰걸음으로 박물관을 찾았다. 그러나 가는 날이 장날이라고 하였던가. 내부 수리중이어서 유물을 볼 수가 없었다. 굳게 잠긴 문을 애석하게 쳐다만 볼 뿐, 어찌할 수가 없다. 화용고도나 찾아 나설 수밖에.

　　마을 어귀에 들어서자 본격적인 화용고도 찾기가 시작되었다. 지도를 펼쳐놓고 주위의 이정표와 대조하면서 가늠을 해도 좀체 보이지를 않는다. 제일 좋은 방법은 물어보는 것이다. 그런데 지명이나 이름이 내가 알고 있는 것과 현지에서 부르는 것이 다를 때에는 그 또한 난감한 일이 아닐 수 없다. 샛길은 여러 갈래고 그중 한 곳으로 가야 하는데 누구를 붙잡고 물어도 아는 사람이 없다. 그렇다고 샛길마다 다 들어가서 일일이 찾아볼 수도 없는 노릇이다. 그래서 생각해 낸 것이 변하향사무소로 전화를 해서 물어보는 것이었다. 그런데 이 또한 어찌된 일인가. 전화 통화가 안 된다. 알아보니 전화 요금이 체납되어 전화가 끊긴 것이다. 공공 기관이 전화 요금을 안 냈다는 것이 믿기지가 않는다. 중국은 참으로 재미있는 나라다.

　　이곳 주민들에게 조조가 적벽대전에서 패하고 도망간 길인 화용도를 묻는 것은 참으로 어리석었다. 이곳이 조조와 관련된 장소임에도 주민 대다수는 조조에게는 관심이 없다. 대신 유비 삼형제의 영웅담과 제갈량의 신출귀몰한 지략은 사실 여부를 떠나 너무도 잘 알고 있다. 그리하여 자신들이 살고 있는 곳이 누구와 관련된 곳인가는 크게 중요하지 않아 보인다. 그들이 좋아하는 사람들과 그들이 즐겨 말하는 이야기만 길가에 생생하게 넘쳐난다. 분명 조조의 유적을 찾아왔건만, 유비와 제갈량의 이야기만 듣고 돌아가야 한단 말인가. 마을 큰길을 몇 번을 왕래하였을까.

　　동네 사람들이 이방인이 타고 온 차를 이상한 눈으로 볼 때쯤, 조조비를 찾느냐고 물으시는 할아버지의 말에 귀가 번쩍 뜨인다. 조조비가 있을 수도 있겠다 싶어 길을 물었다. 이미 화용도는 아무도 모르는 터에, 촌로가 말하는 곳이라도 찾아보고 가야만 보람이 있을 것 같았다.

　　마치 우리나라 1960년대의 황톳길을 가는 듯, 물이 고인 곳마다 움푹 패여 있다. 좌우에는 논들이 펼쳐져 있고 그 사이로 양어장과 유채밭이 펼쳐진다. 얼마를 달려가니 좁다란 삼거리 길 옆으로 검은색 푯말이 하나 보인다. 콘크리트로 만든 푯말에는 '삼국유적화용고도(三國遺跡華容古道)'라고 쓰여 있는 게 아닌가. '아! 이제야 찾았구나.' 나도 모르게 탄성이 절로 나온다.

┃ 호로구 입구

화용고도 및 표지석

조조가 강릉으로 도망가기 위해서는 화용도가 지름길이었다. 그러나 당시의 화용도는 결코 평탄한 길이 아니었다. 삼국지 무제기의 주해서인 『산양공재기(山陽公載記)』를 보면, 다음과 같은 내용이 나온다.

조조는 남은 군사를 이끌고 화용도로 후퇴하는데, 진창이어서 길이 없는데다 날씨마저 거센 바람이 불었다. 지친 병사들에게 풀을 가져와 진흙탕을 메우게 하고서야 말을 타고 갈 수 있었다. 병사들 중에는 기운을 잃고 인마에 밟혀 진흙탕에 빠져 죽은 자도 많았다.

조조가 많은 병사를 죽여 가며 지났다는 늪지대는 지금은 널따란 논으로 변하였다. 그곳에는 닭들이 한가로운 나들이를 겸한 먹이 사냥이 한창이다. 화용고도를 걸으니 마치 카펫을 밟는 것처럼 푹신푹신하다. 장마비라도 내리면 예전의 늪지대로 변할 것만 같다. 지금도 길이 물렁물렁한데, 조조가 도망할 때는 그야말로 늪지대를 건넜을 것이니, 죽기 살기로 허겁지겁 도망치지 않고서는 감히 건널 생각조차 할 수 없는 곳이었을 것이다.

　　화용고도가 끝나는 지점인 모시진 근처에는 수목이 우거진 언덕이 있
다. 이곳을 가리켜 '방조파'라고 하는데, 조조가 세 번째로 웃다가 관우의 매복
에 걸려 목숨을 구걸하여 달아난 곳이다. 지명 이름에서조차도 신의의 화신인
관우를 위하려는 중국인의 생각을 읽을 수 있다. 지금의 방조파는 한가로운 소
들이 풀을 뜯는 곳이 되었다. 어디에도 관우가 조조를 놓아준 곳이라는 푯말조
차 보이지 않는다. 중국인이 그토록 숭배하는 관우와 관련된 곳인데, 왜 이곳에

▌조조가 화용도에서 관우를 피해 달아난 길과 방조파(放曹坡)　▌조조군이 퇴각한 수로

는 그 흔적이 없을까. 악인 조조 놈을 놓아준 곳이기 때문일까. 역사가 아닌 소
설이기 때문일까. 아니면 화용고도 표지석 하나로 이 모든 이야기는 충분한 것
인가.

　　여느 한적한 시골 언덕과도 같은 방조파를 잠시 거니노라니, 약간 떨어
진 곳에 있던 농부가 나를 유심히 쳐다본다. 마치 '아니, 웬 낯선 사람이 길가에
차를 세워놓고 카메라를 들고 우리 동네에서 서성이는 거지?' 하는 눈치다. 그
에게 조조나 관우 이야기를 들려 준들 무슨 소용 있으랴. 눈엣가시처럼 보이는
이방인이 얼른 사라져주는 것만 못한 것이다.

　　조조는 연속되는 위기에서도 잘난 체하며 적을 비웃었다. 그때마다 여
지없이 혼쭐이 났다. 어찌 전쟁에서 패하고 도주하는 자가 이러한 여유로운 행
동을 할 수 있을까. 나관중이 만든 조조의 이러한 역설적인 행동으로 인해 적벽
대전은 총 8장에 걸쳐 장황하게 펼쳐지는데, 이는 그가 적벽대전에서 엄청난 손
실을 당한 조조를 한 번 더 간악하게 패배시키고자 만든 장치였다. 그와 함께
제갈량을 신출귀몰한 지략가로 띄우기 위한 것이었다.

조조는 적벽대전에서 패하기는 했지만, 권력 기반이 위태로울 정도로 병력을 잃은 것은 아니었다. 적벽대전 이후에도 위나라의 병력은 촉과 오의 병력을 합친 것보다 많았기 때문이다. 화용도를 빠져나와 탈출에 성공한 조조는 진정으로 한 사람을 찾으면서 애를 태웠다.

"나는 정녕 곽봉효(郭奉孝:郭嘉)가 그립다. 봉효가 지금도 살아 있었다면 정녕코 내게 이렇게 큰 패배를 주지는 않았을 텐데. 슬프구나, 봉효여! 가슴이 아프구나, 봉효여! 진정 애석하구나, 봉효여!"

천하를 삼킬 듯하던 조조의 섣부른 야망도 이제 정신을 차린 것인가. 조조는 이때부터 보다 신중하게 생각하고 처신한다. 아픔만큼 성숙해지는 것이 인간이기 때문이리라.

화용고도를 보고 감리현에서 악양으로 가기 위해서 백라(白螺) 부두로 향하였다. 강폭은 넓지 않아 바로 지척인데, 건너는 것은 함흥차사가 아닐 수 없다. 차량 행렬은 길게 이어졌는데, 정작 도선을 할 배는 오리무중이다. 일정은 촉박한 터에 무작정 기다릴 수가 없어, 구매한 표를 환불하려고 하였다. 그러자 환불은커녕 매표소를 닫고 나가버린다. 배를 타고 건너가던가, 아니면 도선료를 포기하라는 것이다. 그야말로 황당무계한 일이 아닐 수 없다. 어느덧 해가 저무니 돌아가기도 어렵다. 결국 전깃불 밝히고 강을 건너 저녁 먹을 시간도 없이 부랴부랴 악양의 호텔로 향해야만 하였다.

▎ 장강을 건너 악양으로 가는 백라 부두

관우가 화용도에서
조조를 놓아준 일의 진실

　　관우가 화용도에서 조조를 의로써 풀어 주었다는 '관운장 의석조조(關雲長義釋曹操)'는 나관중이 만든 이야기이다. 『삼국지』의 「위서」 중에서 '무제기'의 배송지 주석에 따르면, 조조는 적벽대전에서 패배한 후 화용도를 통하여 강릉으로 되돌아왔다. 그는 늪지대와 비바람을 만나 군사들을 많이 잃고서야 무사히 빠져나올 수 있었다. 이에 조조는 "유비는 나와 동등한 무리이지만, 계책을 세우는 것은 나보다 한 수 아래요, 그가 만약 일찍이 불을 놓았더라면 우리는 전멸했을 것"이라고 하였다. 뒤늦게 쫓아온 유비가 불을 놓았지만, 이미 조조는 빠져나간 후였다. 조조의 말대로 유비가 한 수 아래였던 것이다. 아울러 복병을 만나 공격을 당한 적도 없다. 그야말로 패배 이후 안전한 탈출을 한 셈이다.

　　촉한 정통론에 입각한 『삼국지연의』는 이러한 역사적 사실을 각색한다. 신출귀몰하는 전략가인 제갈량이 등장하여 세 번의 공격으로 조조를 쳐부순다. 그리고 관우를 화용도에 배치하여 조조에게 신세진 빚을 갚게 함으로써 관우를 한껏 띄워 준다. 나관중이 줄곧 지켜온 제갈량과 관우의 초인적 활약상은 여기에서 가장 극적인 효과를 얻는다.

　　사실 관우는 조조의 부하가 되어서도 엄청난 혜택을 받았다. 하지만 관우는 조조를 배신하고 유비에게로 도망쳤다.

나관중의 입장에서는 이러한 관우의 모습을 그대로 나타낼 수는 없는 일이다. 그래서 항복 때부터 탈출 때까지 '신의'를 전면에 내세움으로써 관우의 영웅화 작업을 계속할 수 있었던 것이다. 관우의 충의로운 영웅 만들기는 제갈량과 함께 『삼국지연의』의 2대 과제인데, 이는 역사적 사실과 상관없이 진행되고 모종강도 여기에 적극 관여한다. 관우가 화용도에서 조조를 죽이지 않은 것에 대해서 모종강은 다음과 같이 평하였다.

"(헌제가 조조와 사냥을 했던 허창에서) 관우가 조조를 죽이려고 한 것은 '충(忠)'이고, 화용도에서 죽이지 않은 것은 '의(義)'다. 순역(順逆)을 가려내지 못한다면 충이라 할 수 없고, 은원(恩怨)을 구분할 수 없으면 '의'라고 할 수 없다. 관우의 충성은 하늘에 닿고 의리는 해를 가리니, 진정 천고에 다시없는 사람이다. 설령 화용도에서 관우가 공의(公義)를 앞세워 사사로운 정의를 덮고 조조를 죽였다고 해서 누가 반대하겠는가. 하지만 관우에게 있어서는 '다른 이가 죽이면 의(義)가 되지만, 내 스스로가 죽이면 그것은 불의(不義)가 된다.'라고 생각하였기에 차라리 죽더라도 차마 그렇게 하지 못한 것이다."

역사적으로 허전의 사냥터 사건이나 화용에서의 사건 모두 관우와는 아무 상관이 없는 것이다. 전혀 사실이 아닌 이야기를 마치 역사적 사실인 것처럼 평가를 하며 관우를 추켜올리는 것이 소설을 가장한 『삼국지연의』의 진정한 속내다. 여기에 대다수의 독자들은 사실로 받아들이고 사실로 이야기한다.

청나라 때의 문인인 원매(袁枚)는 『수원시화(隨園詩話)』라는 책에서 "최염릉 진사의 시를 짓는 재주는 아주 뛰어나다. 하지만 '관공이 화용도에서 조조를 놓아주다'를 나무란 '오고(五古)' 시는 매우 애석하다. 이는 소설에나 있음직한 말로, 어찌 시어로 사용할 수 있단 말인가!"라고 하면서 허구적 사실을 역사적 사실로 착각한 것을 개탄하였다.

　　이렇듯 식자층에서조차도 어느 부분이 사실이고 어느 부분이 소설인지 구분하기가 어려운데, 하물며 서민층은 오죽하겠는가. 우매한 민중을 다스리기 위한 정치적 이데올로기의 한 방편으로 시작된 이러한 속내는 점점 더 불거지고, 시대가 지날수록 더욱 견고하게 포장되어 새로운 역사의 경계에 올려진 것이다. 지난 1,800년을 그렇게 해왔듯이, 앞으로도 더 큰 역사의 경계를 오가며 강변할 것이다. 중국이 글로벌 경제 대국을 꿈꾸며 옛 실크로드의 영광을 되찾기 위해 동분서주하는 오늘날이 바로 그때다. 따라서 우리는 소설 삼국지를 읽으면서도 소설로 치부하며 허투루 읽을 수가 없는 것이다.

　　한편 조조는 어떠한가. 유비와 제갈량보다 한 수 빨리 계략을 구사하며 탈출하였지만 나관중은 조조로 하여금 세 번의 공격을 받아 커다란 타격을 받은 것처럼 꾸몄다. 조조에게 있어서 역사적 사실은 아무런 의미가 없다. 오로지 '최고의 악인'이라는 이미지 표현에 모든 것을 집중할 뿐이다. 이를 위해 '역사'라는 재료를 '문학'이라는 양념에 넣고 비벼 탁월하게 목적을 달성시킨 것이다.

　　역사는 전설을 몰고 다니고, 전설은 때때로 역사를 추월한다. 그리고 신화와 조우한다. 신화는 역사를 부풀리고 인간은 그 역사를 스스로 맹신한다. 그래서 오늘도 '위대한' 역사 만들기에 골몰한다. 역사가 항상 다시 쓰여야 하는 이유가 여기에 있는 것이다.

23. 땅이 비좁으니 형주를 빌려주시오

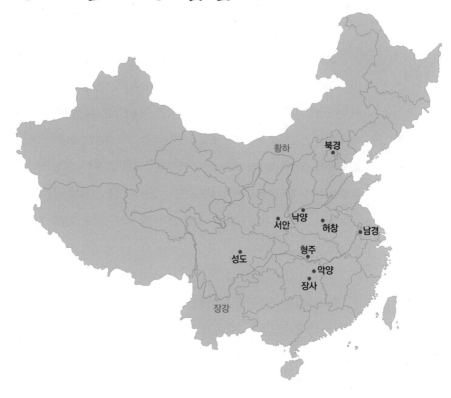

"유비가 군대를 유강에 배치하고 있다는 것은 곧 남군을 빼앗으려는 속셈이오. 우리가 많은 군마와 군량을 들여가며 이제야 남군을 차지하게 되었는데, 저들은 아주 못된 마음을 품고 거저먹겠다는 것이오. 이 주유가 살아 있는 한 절대 그렇게는 못 하게 할 것이니 두고보시오."

주유는 적벽대전 승리의 여세를 몰아 조인이 지키고 있는 남군을 공략하였다. 그런데 유비군이 남군으로 슬금슬금 다가오는 것이 아닌가. 위기를 느낀 주유가 유비를 만나 담판을 지었다.

"잘 알다시피 우리는 오랫동안 형주를 차지하려고 애썼소. 그 결과 남군이 우리 것이 되게 되었는데 공께서 가로채시렵니까?"

"무슨 말씀이시오. 도독이 남군을 점령한다기에 도와드리려고 온 것이오. 다만 도독이 실패한다면 내가 차지할 작정이오."

"하하, 그러십시오. 내가 성을 차지하지 못하면 그땐 공이 가져도 좋소."

유비는 주유와의 면담에서 제갈량이 알려준 대로 말은 했지만, 다시금 생각해보니 섭섭하였다. 자신의 야망은 천하를 차지하는 것이련만, 이를 펼칠 기반조차 마련하지 못하고 동가식서가숙(東家食西家宿)한 지가 얼마인가. 그 사이 설움도 많이 받았고 목숨마저 위태로운 때가 한두 번이 아니었다. 이제 적벽에서 조조를 무찌르고 형주를 터전으로 삼아 본격적인 시동을 걸 때가 왔는데, 융중 대책을 설파한 제갈량의 마음이 그새 바뀌었다는 말인가.

"하하하하. 애초에 제가 주공께 형주를 빼앗으라고 권해도 듣지 않으시더니 오늘은 어째서 갖고 싶어 하십니까?"

"전에는 유표의 땅이었기 때문에 내 차마 빼앗지 못한 것이고, 지금은 조조의 땅이 되었으니 당연히 뺏어야요."

"주공께서는 크게 걱정하지 마십시오. 먼저 주유에게 나가 싸우도록 한 다음 조만간 주공을 남군성 높은 자리에 앉혀 드리겠습니다."

1년이 넘게 걸린 이 싸움은 주유의 승리로 끝나가고 있었다. 바로 그때 제갈량은 조운을 파견해 먼저 성을 차지해 버렸다. 또 조조의 병부(兵符)를 가지고 남군이 위급하니 급히 구하러 오라는 계책으로 조인과 하후돈이 점령하고 있던 형주와 양양마저 힘 안들이고 차지하였다. 이 소식을 들은 주유는 화가 머리끝까지 치밀었다. 급기야 지난번 전투에서 다친 상처가 터져 쓰러지고 말았다. 노숙이 유비와 제갈량을 만나 가로챈 형주 9군을 줄 것을 요구하였다. 그러자 제갈량은 '물건은 반드시 주인에게 돌려주어야 한다.'는 논리를 폈다.

"고명하신 분께서 어찌 그런 말씀을 하십니까? 시쳇말로 '물건은 반드시 주인에게 돌려주어야 한다'고 하였습니다. 형주 9군은 동오의 땅이 아니라 원래 유경승의 기업이고, 우리 주인은 그의 아우입니다. 경승이 비록 죽었지만 그 아들이 아직 살아 있으니, 아저씨가 조카를 도와 형주를 빼앗은 것인데 그것이 잘못되었다는 것입니까?"

형주 9군은 원래 유표의 것이고 유비는 그의 아우이니, 그가 죽었다고 해도 그의 아들이 살아 있으므로 숙부가 조카를 도와 형주를 차지한 것은 잘못이 아니라는 것이다. 조카인 유기가 죽으면 그때 다시 논의하자고 설득하자, 노숙은 빈손으로 돌아가야만 하였다.

제갈량의 지모와 계책에 주유와 노숙이 꼼짝없이 당한 것이다. 천하의 제갈량이 꾀한 일이니 어찌 실패가 있을쏜가. 제갈량의 지략에 훨씬 못 미치는 주유와 노숙을 통해 제갈량을 신격화하고 있다. 하지만 이것 역시 『삼국지연의』에나 있는 이야기다. 『삼국지』의 「오주전」을 보면 사실은 전혀 다르다.

주유와 조인이 마주보고 대치한 지 1년이 넘자, 죽은 자와 부상자가 많이 생겼다. 이에 조인이 성을 버리고 도망갔다. 손권이 주유를 남군태수로 임명하였다.

남군은 주유가 점령한 것이지 제갈량이 조운을 시켜 차지한 것이 아니다. 그럼에도 불구하고『삼국지연의』는 제갈량과 관련된 모든 이야기에서 그를 찬미하고 신격화하는 것을 아무런 거리낌 없이 하고 있다. 역사를 바탕으로 하는 소설이 '소설'이라는 미명 아래 역사 왜곡을 서슴지 않는 것이다. 중국 근대 사상가이자 문학가인 루쉰은 이러한『삼국지연의』의 행태를 꼬집어 "제갈량의 지혜를 지나치게 부각시키려다가 오히려 요괴에 가까워지고 말았다."라고 비판하였다.

한수(漢水)를 에둘러 품고 선 양양성에서 유비와 관우의 영욕이 담긴 번성을 조망하고 형주성을 향해 달렸다. 한수를 따라 끝없이 늘어선 초록 평야가 눈앞에 펼쳐진다. 한눈에 보아도 비옥한 땅임을 알 수 있다. 전란의 시대에도 유표가 형주를 지키며 학문과 교육에 힘을 쏟을 수 있었던 것은 이러한 기름진 옥토가 있었기에 가능한 것이었다. 예로부터 형주를 일러 '부유함이 천하의 으뜸이고, 명성은 구주를 능가한다.'고 하였던 것이 실감이 난다.

형주까지 곧게 뻗은 대로가 갑자기 차량들로 막혔다. 알고 보니 공장에서 퇴출당한 사람들이 도로의 사거리를 점거하고 복직 요구 시위를 하고 있다. 생산성 향상만을 믿고 급격하게 도입한 자본주의의 폐해가 중국 사회에도 서서히 나타나고 있는 것이리라. 사거리를 점거했으니 차량은 꿈쩍도 못하고, 사방으로 늘어선 차량의 행렬은 끝이 보이지를 않는다. 트럭 운전사들은 아예 차 밑으로 돗자리를 펴고 누웠다. '언젠가는 풀리겠지.' 하는 생각에 밀린 잠을 잔다. 만만디의 저력인가, 아니면 중국 사회주의 체제에 익숙한 그들만의 모습인가. 갈 길 바쁜 이방인만이 초조해할 따름이다. 경찰서장쯤 되는 공안원도 어찌할 바를 모른다. 시위자들은 자기들의 주장이 해결되지 않으면 국가 주석이 와도 통행할 수 없단다.

촉박한 마음에 시위 주동자에게 사정을 구하였다. 한동안 강경한 그도 나의 급한 사정을 이해한 듯 공안원으로 하여금 우리 자동차만 샛길로 통행을 할 수 있도록 해준다. 산길 같은 논길을 구비 돌아 형주로 향하였다. 여행을 하다 보면 색다른 경험을 많이 한다지만 참으로 고단한 여정이 되었다. 시간이 좀 지체되긴 하였지만, 그래도 일정을 맞출 수 있어서 정말 다행이다. 형주성을 보러 가는 길이 이처럼 쉽지 않으니, 이 또한 예로부터 병가필쟁지지(兵家必爭之地)로 이름이 높아서인가보다. 그러니 삼국 시대 영웅들의 형주 쟁탈전은 오죽했으랴.

견고하고 웅장한 성벽에 형강(荊江)을 해자로 삼은 형주성의 모습은 그 옛날 철옹성의 위용을 그대로 보여주는 듯하다. 형주성은 삼국 시대의 많은 유적지 가운데 그 형태를 가장 완벽하게 보존하고 있는 곳이기도 하다. 성을 찬찬히 돌아보니 성벽은 시대별로 보수되어 온 흔적이 역력하다. 성의 축조 방식은 시기마다 다르다. 관우가 형주를 지키던 때는 흙으로 성벽을 쌓았다. 오랜 시대

▎형강을 해자로 삼고 있는 형주성의 모습

가 지나면서 요충지 형주를 차지한 자들이 성을 지키기 위하여 성벽을 보수하여 왔는데, 명나라 때 지금처럼 벽돌로 성벽을 쌓았고, 청나라 초기에 다시 중건한 것이다. 성 안에는 이를 알아볼 수 있게 안내해 놓았는데 시대별로 이 성의 세파를 더욱 잘 느낄 수 있다. 어느 시대에도 형주성이 중요하였음을, 서로 다른 벽돌이 절절하게 보여주고 있는 것이다.

▌형주성의 내부 모습

▌ 형주성의 공안문

　　형주성에서 중요한 문은 동문이다. 동문은 수로가 통하는 문으로 공안문 (公安門)이라고도 하는데, 예전에 유비가 이곳으로 상륙하여 성으로 들어갔다고 한다. 성문은 모두 옹성(甕城)을 갖추고 있다. 옹성이란 성벽 밖으로 튀어나와 있는 방어용의 작은 성을 말한다. 형주성은 모두 6개의 성문이 있는데 모두 옹성을 갖추고 있다. 적들이 용케 해자를 건너왔다고 하여도 또 하나의 거대한 장벽인 옹성을 통과해야만 하는 것이다. 성벽은 커다란 석재를 기초로 하여 흑벽돌을 쌓았는데, 벽돌의 틈마다 석탄과 찹쌀로 만든 접착제를 넣어 마치 쇠처럼 단단하다고 한다.

▌형주성의 빈양루

▌빈양루 안의 유비 삼형제와 제갈량, 조운

성문 누각인 빈양루(賓陽樓)에 오르니 형주성의 모습이 훤히 보인다. 일정한 높이의 성벽이 높고 낮은 지형을 오르내리며 둘러쌓았는데, 마치 기다란 럭비공 모양이다. 성 안을 내려다보니 현대에 지어진 가옥들로 빼곡하다. 예전에는 제갈량을 기리는 무후사(武侯祠)와 손권의 오왕묘(吳王廟)가 있었다고 하는데, 지금은 흔적조차 찾을 길 없다.

오직 형주성과 성벽을 둘러보는 것으로 만족해야 한다. 그래서 돌아서는 발길들을 잡으려고 했던가. 빈양루 안에는 촉의 주인공들 상을 만들어 놓았다. 유비와 제갈량, 관우와 장비 그리고 조의 조각상이다. 형주는 삼국의 군주인 조조, 유비, 손권이 모두 차지한 곳이다. 아울러 관우, 조인, 주유도 형주를 지킨 장수들이다. 영웅호걸들이 모두 형주를 놓고 치열하게 각축을 벌였고, 세 영웅 중에서 최종 승자는 손권이었다. 그런데 빈양루에 와서 보니 최종 승자는 유비다. 이는 중국인들이 그만큼 유비를 좋아한다는 반증인 것이다.

형주성을 거닐면서 제갈량의 '차형주(借荊州)' 전략을 생각해본다. 유비와 손권은 동맹을 맺고 적벽에서 조조를 크게 무찔렀다. 이어 조인이 지키던 형주와 양양을 놓고 누가 차지하는 가하는 문제가 남았다. 이는 자칫하면 동맹도 무용지물이 될 수 있을 뿐만 아니라 적이 될 수도 있는 매우 예민한 사안이다. 주유는 당연히 오나라의 차지가 되어야만 한다고 하였다. 많은 군사를 동원하여 조조와의 적벽대전에서 승리하였으며, 조조에게 쫓기던 유비의 목숨까지 구한 것이기 때문이다.

유비도 형주를 차지할 명분은 충분하였다. 자신이 손권과 동맹을 했기 때문에 적벽에서 승리할 수 있었으며, 따라서 형주는 자신이 차지하여야 한다고 할 수 있는 것이다. 더구나 제갈량을 영입한 유비에게는 이제까지의 유랑 생활을 접고 근거지를 마련해야 하는 절호의 기회가 왔는데 이때를 놓쳐서는 안 되었기 때문이다.

이처럼 형주를 놓고 촉과 오 간에 분쟁이 벌어질 상황에서 제갈량은 '형주를 빌린다'는 계책을 내놓은 것이다. 즉, 형주가 손권의 것임을 인정하면서도 근거지를 마련할 때까지 빌려 달라는 논리를 편다. 제갈량의 이러한 계책은 촉과 오 간의 동맹을 깨지 않으면서 형주를 차지하기 위한 방편이었던 것이다. 이러한 계략에 따라 유비도 형주를 돌려주지 않은 것이다. 언제나 한번 눌러앉으면 여간해서는 물러나지 않는 법이다. 청나라 때의 시인 탕우증(湯右曾)도 형주성에 올라 이러한 유비의 모습을 한 편의 시로 남겼다.

지형이 험하고 초강이 넓어	地形天險楚江寬
예로부터 형주는 빌리는 것이 어려웠다네	慾借荊州自古難
많은 이들 장수라 칭했지만 헛웃음만 나올 뿐	盧笑百人稱武吏
어찌 관우가 형주를 지킬 때와 같았겠는가	曷同列郡領材官

■ 형주성 옆에 세워진 거대한 관우상

　십여 년 만에 다시 찾은 형주성에는 거대한 관우상이 들어섰다. 동으로
만든 관우상은 높이가 무려 57m로 19층 아파트와 맞먹는다. 동상의 무게만도
무려 1,200t에 달한다고 한다. 게다가 동상을 받치는 대좌는 관우와 관련된 전
시관으로 만들었는데 그것만도 10m의 높이다. 그야말로 한눈에 보아도 입이
딱 벌어진다. 건축비는 280억여 원이 들었다고 한다.

　그런데 어마어마한 예산과 크기로 만든 관우상이 그다지 좋아 보이질
않는다. 형주성은 유구한 역사를 자랑하는 유적이다. 관우도 형주와 목숨을 함
께하였으니, 둘의 관계는 떼려야 뗄 수 없는 것이다. 그래서 관우상을 만들었을
터인데, 그 크기가 형주성과 어울리지 않는다. 오히려 지나치게 거대하게 만든

관우상으로 인해 형주성 주변의 풍광마저 망쳐놓았다.

중국인은 대륙적 심성이 있어선지 아니면 과시욕이 높아선지 무엇이든 거대하게 만든다. 이 관우상도 원래 88m로 제작하여 기네스북에도 등재시키려고 하였다가 중요 유적인 형주성이 있어서 그나마 낮춘 것인데, 58m는 관우의 나이를 의미한다.

중국인은 8자를 좋아한다. 그 이유는 '돈을 벌다'라는 말인 '파차이(發財)'의 '파(發)'와 숫자 8의 발음(빠)이 비슷하여 8이 많은 것일수록 돈을 많이 벌 수 있다는 믿음이 있어서이다. 아무리 관우를 숭배한다고 하지만, 이러한 비용과 크기로 지어야만 하는 것인지 의문이다. 형주성을 둘러보는 내내 눈에 들어오는 관우상이 오히려 삼국 시대의 형주를 느끼는 데 방해만 된다.

그런데 이러한 관우상이 2021년에 철거되었다. 중국인들 사이에서도 관우상이 지나치게 크고, 고풍스런 도시인 형주의 미관을 해친다는 비판이 일었던 것이다. 게다가 건축물 허가 과정에서 위반 사실이 밝혀져 이전하게 된 것이다. 관우상의 철거와 이전 비용으로 270억 원이 추가된다고 하니, 형주의 명물로 돈을 벌려고 만들었던 관우상이 오히려 돈만 먹는 관우상이 되고 말았다.

관우상의 철거는 중국 내에서도 톱뉴스거리다. 관우상이 철거되자 언론매체는 앞다투어 이 소식을 보도하였다. 특히 관우의 머리가 철거될 때가 정점을 이루었는데, 이는 관우가 손권에게 붙잡혀 참수되는 광경과 같은 느낌을 주기 때문이다.

역사적으로 관우가 형주를 잃은 것은 교만과 방심 때문이었다. 형주의 관우상 철거의 원인도 공무원들의 교만과 방심의 결과였다. 고대의 국가적 손실이 영토 상실이었다면, 현재는 경제력의 상실이다. 그러므로 나랏일을 하는 자는 누구나 대의(大意)를 잊지 않고 매사 신중하고 공정하게 처리하여야만 하는 것이다.

　형주를 차지한 유비는 황제에게 표를 올려 유기를 형주자사로 임명하여 지키게 하고, 자신은 곧장 장강 이남의 무릉(武陵), 장사(長沙), 영릉(零陵), 계양(桂陽) 4군을 차지하였다. 영릉을 차지하고 나자 조운이 계양을 점령하겠다고 나섰다. 계양을 다스리던 태수 조범(趙範)은 항복하고 조운과 형제가 되었다. 동생 조범이 과부인 형수 번씨(樊氏)를 조운에게 시집보내고자 하였다.

　"형수께서 누누이 말씀하시길, 세 가지 조건이 맞아야만 시집을 가신다고 하셨습니다. 첫째는 문무가 뛰어나 천하에 명성이 높아야 하고, 둘째로는 당당한 모습에 출중한 인품이며, 마지막으로는 조씨 성을 가져야만 한다는 것이었습니다. 천하에 그런 사람이 어디 있겠는가 생각했는데, 존형(尊兄)께서 모든 조건을 갖추고 계셨습니다. 형수의 모습이 싫지 않으시다면 혼례를 준비하도록 하겠습니다."

　"이미 너와 형제 관계를 맺었거니와, 너의 형수가 곧 나의 형수다. 그러하니 인륜에 어긋나는 일은 할 수가 없잖느냐?"

　제갈량이 물었다.

　"이 또한 보기 좋은 일인데 공은 왜 마다하셨소?"

　"조범과 이미 형제가 되었는데 이제 만약 그의 형수를 아내로 맞이한다면 다른 사람들에게 욕을 먹을 것이고, 그 부인은 재혼한 것이니 절개를 잃는 것입니다. 무엇보다 조범은 이제 막 항복한 자이기에 속마음을 모르는 것이 싫었습니다. 또한 주공께서도 강한(江漢)을 평정하신 지 얼마 안 되어 침석(枕席)도 불편하신데, 저 홀로 어찌 한 여인의 일로 주공의 큰일을 소홀히 하겠습니까. 천하에 여자는 많지만 명예는 함부로 잃을 수 없는 것입니다."

조운과 조범의 형수 번씨 이야기는 『조운별전』의 기록인, "우리는 같은 성이니 경의 형은 곧 내 형과도 같다. 조범은 다만 억지로 항복한 것뿐이니 그의 속내를 알 수가 없다."라는 한 줄을 근거로 한 것이다. 조운의 판단대로 조범은 후에 도망쳤다. 경국지색도 마다한 조운의 생각이 옳았던 것이다.

조운이 계양을 점령하자 지기 싫어하는 장비가 무릉을 점령하였다. 이에 질세라 관우도 장사를 점령하러 나섰다. 장사태수는 한현(韓玄)인데 부하 장수로 만부부당지용(萬夫不當之勇)으로 꼽히는 황충(黃忠)이 있었다. 호걸은 서로를 알아본다고 하던가. 관우와 황충은 싸울수록 서로를 존중하게 된다. 그리하여 서로의 무공을 알아보며 승부를 내지 못한다.

"네가 어찌 나를 속이려고 하느냐? 그저께는 전력을 기울여 싸우지 않았으니 사사로움이 있는 것이 틀림없고, 어제는 말이 실수했으나 그가 너를 안 죽였으니 이 또한 관련 있는 것이 확실하며, 오늘은 두 번씩이나 빈 활만 날리고 세 번째 화살은 일부로 그 놈 투구 꼭지를 맞혔으니 어찌 서로가 내통하고 있음을 숨기려는 것이냐?"

태수 한현이 황충을 의심하여 죽이려 하자, 위연(魏延)이 나서 황충을 구하고 한현을 처단하여 관우에게 바쳤다. 황충은 자신을 죽이려 한 태수였지만, 유비에게 청하여 한현을 장사지내 주었다. 이에 사람들이 황충을 칭송하였다.

장군의 기개는 하늘의 별처럼 높은데	將軍氣概與天三
백발이 다 되도록 장사 땅에서 곤비하였네	白髮猶然困漢南
죽음도 달게 받고 원망하지 않더니	至死甘心無怨望
항복할 때는 부끄러워 머리 숙이네	臨降低首尙懷慚

번뜩이는 칼은 신 같은 무용 뽐내고	寶刀燦雪彰神勇
바람 가르는 철기는 격전장을 떠오르게 하네	鐵騎臨風憶戰酣
천고에 높은 이름 응당 사라지지 않고	千古高名應不泯
외로운 저 달 따라 상강을 비추리라	長隨孤月照湘潭

우리가 익히 알고 있는 아름다운 전투인 관우와 황충의 진검승부는 『삼국지연의』에만 있는 이야기다. 황충이 장사태수 한현의 통제하에 있기는 하였지만, 유현(攸縣)이라는 작은 고을에 있었다. 그리고 강남 4개 군이 모두 유비에게 항복하였기 때문에 싸움은 없었다. 역사서에도 '황충은 마침내 귀순하여 선주를 따라 촉으로 들어갔다'고 하였다. 유비는 강남 4군을 얻어서 물론 기뻤을 것이지만, 무엇보다 관우에 버금가는 황충을 얻은 것이 더욱 더 기뻤을 것이리라.

황충의 일이 그렇듯이 위연 역시 투항한 인물이 아니다. 『삼국지』의 「위연전」에 보면, '사병(部曲)의 신분으로 선주를 수행하여 촉으로 들어갔는데 수많은 전공을 세웠다.'라고 하였다. 위연은 유비가 발탁하여 키운 심복 부하이지 귀순한 장수가 아닌 것이다. 위연은 유비를 목숨으로 지켜낸 용맹한 군인이다. 그런데 연의에서는 제갈량이 '뒤통수에 반골이 있어 훗날 반드시 모반할 것이다'라며 위연을 죽이려고 하였다. 사실이 아님에도 이렇게 한 것은 작가의 복선이 깔려 있는 것이다. 제갈량이 죽고 나서 위연은 모반죄로 체포되어 양의(揚儀)에게 참살당하였다. 작가는 이를 제갈량의 선견지명으로 처리하고 싶었던 것이다. 수많은 제갈량 신격화의 하나인 것이다. 유비에게 위연은 아주 듬직한 심복이었지만, 장비나 제갈량에게는 미움의 대상이었다. 그러하니 '제갈량 신격화'에 혈안이 된 연의에서야 어련하겠는가. 위연에 대한 이야기는 다음 기회로 미루자.

▌ 악양루의 공원 모습

▌ 중국 3대 명루의 하나인 악양루

▌ 노숙이 수군 훈련을 지휘한 점장대

장사를 가기 전에 먼저 악양(岳陽)을 둘러 보았다. 악양 역시 오래전부터 보고 싶었던 곳이 다. 악양은 호남성 북쪽에 있는 항구 도시로 동정 호(洞庭湖)와 접하고 있으며 장강으로 연결된다. 악 양에 오면 뭐니 뭐니 해도 '중국 3대 명루'의 하나인 악양루(岳陽樓)를 그냥 지나쳐서는 안 된다. 이곳의 악양루는 원래부터 악양루가 아니었다. 이곳에 누 각을 처음 세운 이는 오나라의 명장 노숙이다. 당 시 손권은 유비와 형주를 다투고 있었다. 이때 노 숙은 동정호의 파구(巴丘)에 주둔하며 수군을 훈련 시켰는데, 파구성을 세우면서 열군루(閱軍樓)라는 망루를 지어 수군 훈련을 지휘하였다.

어떤 건물이든지 간에 세워진 장소가 중요한 것일까. 이때부터 망루는 없어지지 않고 새롭게 거듭났다. '악양루'로 새롭게 탄생된 것은 당나라 때인 716년, 악주태수 장열(張說)에 의해서다. 그때부터 악양루는 모든 이들에게서 사랑받는 명소가 되었다. 송나라 때 대대적인 보수를 하면서 범중엄을 초청하여 유명한 '악양루기(岳陽樓記)'가 완성되었다. 현재의 건물은 청나라 때 다시 중건한 것으로 20m 높이에 3층 목조 건물이다.

악양루를 오른다. 이층에 오르니 목각으로 만든 범중엄의 '악양루기'가 찬연하게 빛난다. 그중에서도 가슴을 울리는 명구가 보인다.

천하의 근심을 앞서 근심하고, 천하의 즐거움을 뒤에 즐긴다.
先天下之憂而憂 後天下之樂而樂

3층에 오르니 바다 같이 드넓은 동정호가 한눈에 내려다보이고, 모래를 실은 배들이 바삐 오간다. 추녀 끝이 날아갈 듯 하늘로 올라간 정자 너머로 하늘과 맞닿아 있는 것 같은 동정호를 바라보고 있노라니, 이곳을 찾은 수많은 문

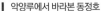
악양루에서 바라본 동정호

인재사(文人才士)들이 글을 남긴 까닭을 알겠다. 또한 그토록 오고 싶던 악양루에 오르니 두보의 시 「등악양루(登岳陽樓)」가 저절로 생각난다.

오래전에 들었던 동정호의 물결	昔聞洞庭水
오늘에야 악양루에 오르게 되었네	今上岳陽樓
오와 초는 동쪽 남쪽 갈라 서 있고	吳楚東南瞬
하늘과 땅이 밤낮으로 물위에 떠 있네	乾伸日夜浮
친한 친구에게조차 소식 한 줄 없고	親朋無一字
늙어 가매 오로지 외로운 배 한 척	老去有孤舟
전쟁은 관산 북쪽에서 그치지 않으니	戎馬關山北
난간에 기대어 눈물만 흘리네	憑軒涕泗流

▌ 주유의 부인이자 강동의 미인으로 손꼽혔던 소교묘의 입구

악양루에서 동정호를 조망하고 소교묘(小橋墓)를 찾았다. 소교는 주유의 아내다. 언니인 대교와 함께 경국지색으로 꼽혔던 그녀지만, 둘 다 한 많은 삶을 보내야만 하였다. 미인박명(美人薄命)이란 말이 틀리지 않는다. 소교묘는 악양루 공원 구석에 있었다. 그래서인지 시끌벅적한 악양루보다 인적이 드물다. 누군가가 소교를 그렸음 직한 채색화가 입구에 가지런히 놓여 있다.

이를 지나가니 소교를 닮은 듯 크지 않은 무덤이 다소곳하다. 바람도 찾지 않는가. 봉분 위에는 더위에 지친 풀만 무성하다. 조조가 적벽대전을 일으킨 원인이 미인을 얻기 위함이었고, 그 미인이 다름 아닌 대교와 소교였다는 『삼국지연의』의 이야기도 조조 악인론에 근거한 것이다. 전쟁에서 이기면 승리한 자의 생각대로 전리품을 취하는 것은 지극히 당연한 일인데, 전쟁의 목적이 어찌 '강동 이교'만을 얻기 위함이겠는가. 천하통일이 우선이요, 천하제왕을 넘어 신적 존재로 군림하는 것이 또 우선인 것을.

노숙묘(魯肅墓)도 있어서 발길을 향하였다. 노숙묘는 악양루 공원 밖에 있는데, 공원에서 약 500m쯤 가니 허름한 민가들이 들어선 마을이 보인다. 좁은 골목길을 들어가니 '노숙묘'라고 쓴 표지판이 보이는 건물이 있는데, 문은 잠겨 있다. 두드려도 인기척이 없다. 한참을 기다려도 사람이라곤 보이지를 않는다. 시간은 지체되고 있었지만 그냥 돌아설 수는 없었다. 연의에서야 제갈량에 못 미치는 노숙이지만, 사실은 그 또한 제갈량에 버금가는 오나라의 참모이기 때문이다. 손권으로 하여금 유비와 연합하여 적벽에서 조조에게 대항하게 한 것도 노숙의 정책적 판단과 진언이었지 제갈량 때문이 아니었다.

한 무리의 아이들이 골목길을 달려온다. 중학생쯤 되어 보이는 아이들을 불러 세워서 노숙묘를 들어갈 수 있는 방법을 물었다. 노는 것을 방해해서 그런지 반응이 시큰둥하다. 『삼국지연의』의 적벽대전에 등장하는 영웅들 중의 한 명이라 설명하였다. 제갈량과 주유는 알고 있는데 노숙은 모른다. 학생들에게 노숙에 대해 설명해주자, 초롱초롱한 눈빛을 가진 아이 한 명이 다가오더니 그렇게 유명한 인물의 묘냐고 반문한다.

"그래, 너의 동네에 이런 훌륭한 분의 유적이 있다는 것을 자랑스럽게 여기도록 해라. 아저씨는 이곳을 보려고 한국에서 왔단다."

그러자 고개를 끄덕이며 환한 웃음을 짓더니 어디론가 뛰어간다. 날은 덥고 더 이상 기다릴 시간도 없다. 건너편 언덕에 올라 대충 바라보고 사진 몇 장을 찍었다. 아쉬운 마음으로 언덕을 내려오는데, 아까 그 아이가 한 손으로는 할머니 손을 잡고 한 손으로는 나에게 기다리라고 손짓하며 달려온다. 내 이야기를 듣고 노숙묘를 관리하는 할머니를 모셔온 것이다. 갑자기 그 학생이 너무도 예쁘고 고마웠다. 그 학생도 노는 것을 중단하고 나를 따라왔다. 학생은 이곳을 하찮은 것으로 여겼다가, 그렇지 않다는 것을 알고 매우 기뻐하는 눈치다.

"너도 노숙처럼 훌륭한 위인이 되어라."
"네!"

경쾌한 대답과 발걸음으로 화답한다. 노숙으로 인해 즐거운 시간이었다.

악양에서 장사(長沙)까지는 고속도로를 탔다. 자본주의 경제 정책의 도입에 따른 급속한 경제 성장은 중국 어디를 가나 볼 수 있는데, 예전에는 텅 비어 있어 그야말로 고속 질주가 가능했던 고속도로가 이제는 밀려나는 차량 행럴로 지체되기 일쑤다. 화물차들은 쏟아지는 물류에 한몫 단단히 챙기려는 듯 모두 개조되었고 그 때문에 도로는 온통 과적차량이다. 게다가 운전도 난폭하다. 승용차들은 이것을 피해 운전해야 하니 대부분이 2차선인 도로에서 여간 신경 쓰이는 것이 아니다. 한참을 달리노라니 드디어 우려하던 일이 발생하였다. 맞은편 차선에서 원목을 실어 나르던 차량이 대형교통사고를 냈다. 원목을 과적한 채 질주하다 보니 원목을 묶은 줄이 끊어지면서 20여 대의 트럭이 뒤엉켰는데, 그야말로 아수라장이다. 성장 우선 정책의 추구는 경제 발전을 앞당기기는 하겠지만, 이로 인해 많은 부분에서 재앙이 따르기 마련이다. 질주하는 고속도로에서의 대형 사고는 바로 오늘의 중국 경제 성장과 그 이면을 상징적으로 보여주는 것은 아닐까.

■ 관우와 황충이 대결할 때 태수 한현이 지켜보았다는 천심각

장사(長沙)에 도착하니 점심때가 되었다. 천심각(天心閣)을 둘러보아야 하겠기에 천심공원 앞 식당을 찾았다. 식당은 마침 결혼피로연으로 북적북적하다. 구석자리를 잡고 음식을 주문하였다. 배고픔에 맛있게 먹고 있는데 흥겨운 노랫소리가 들린다. 방금 결혼식을 마친 신랑 신부가 노래를 하고 있다. 우리도 그 노래를 들으며 축하객이 되었다.

천심각은 장사성의 남동쪽 모퉁이에 있는 성루인데, 관우와 황충이 서로 자웅을 겨룰 때 한현이 관전을 했던 곳이라고 한다. 관우와 황충의 싸움은 없었을지라도 태수인 한현이 있던 성인 것은 틀림이 없다. 천심각에서 보니 고지대에 지은 탓에 시가지 전체가 한눈에 들어온다. 그러하니 예전부터 군사상의 중요한 요지임에 더 말할 필요가 없으리라.

중국은 대부분 어디를 가나 그렇듯이 이곳도 사람들로 붐빈다. 더위를 식히기 위해 더욱 많은 사람들이 나온 듯하다. 천심각을 둘러보는데, 안내문에 한국어가 보인다. 우리말을 보니 참으로 반갑다. 한국인들이 장가계 관광을 많이 오는데, 장사로 오는 것이 가장 빠르다. 이런 까닭에 쏟아지는 한국인 관광객을 위해서 장사 공항뿐 아니라 장사 시내 주요 관광지마다 한국어 안내문이 있는 것이다.

장사성의 북문 쪽에는 황충의 옛집이 있다고 하여 찾아보았으나 허사였다. 개발과 파괴로 인해 흔적조차 찾아볼 수 없다. 천심각도 1938년에 대화재로 소실되었는데, 1980년대 초에 원래대로 복원한 것이다. 아쉬운 마음을 뒤로하고 한현의 무덤을 찾았다.

한현의 무덤은 시내 장군중학교(長群中學校) 내에 있다. 몇 번을 물어서 학교에 도착하였다. 주차할 곳이 마땅치 않아 조금 떨어진 곳에 주차하고 학교로 향하였다. 시내이기도 하였지만 일요일이어서 학교 앞 골목길은 많은 사람들로 붐볐다. 정문에 도착하니 경비원인 듯한 사람이 졸고 있다. 다른 사람들처럼 그냥 들어가려다가 그래도 인사는 해야겠기에 말을 걸었다.

"실례합니다. 한국에서 삼국지 답사를 왔는데, 이곳에 한현묘가 있다고 하여 구경하러 왔습니다."

곤한 잠을 깨워서 짜증이 났던가. 뚱뚱한 체격에 거만하게 앉은 경비원은 단호한 표정으로 "뿌시(不)!"를 외친다. 교실로 들어가는 것도 아니고, 운동장에 있는 것을 보려고 하는데 볼 수가 없다니 갑자기 어리둥절하였다. 다시 한 번 공손히 부탁하였다. 그러나 대답은 마찬가지, "뿌시, 뿌시!"였다. 학교라서 아무나 들어갈 수가 없단다. 오늘은 일요일이고 모두가 이렇게 들어가는데 안 되는 이유가 뭐냐고 재차 물었다. 그러자 말 대신 손사래만 친다.

결국 한현묘는 포기하는 수밖에 없었다. 중국에 와서 중국식 사고방식을 행하지 않았던 것이 오히려 낭패가 되고 만 것이다. 한 나라의 문화를 아는 것은 그 나라를 이해하는 첩경이 되는 것이니, 문화가 모든 것을 좌우하는 시대가 이미 우리 앞에 펼쳐진 것이다. 여태껏 삼국지 답사에서 찾지 못하여 보지 못한 것은 있었건만, 찾고도 보지 못한 것은 이곳뿐이다. 쓸쓸한 마음을 달래며 다음 목적지로 발걸음을 돌렸다.

경국지색이니 미인박명이라

손책(孫策)이 주유(周瑜)에게 태연하게 장난을 걸며 말하였다.

"교공의 두 딸이 비록 미인이라 하지만, 우리 두 사람을 서로 남편으로 삼은
것에 그녀들도 또한 신날 것이오."

스물다섯 살 동갑나기 손책과 주유는 스무 살 전후의 이교를 각각 아내로 맞이
하였다. 삼국 시대 최고의 경국지색이었다는 이교. 이교가 태어난 곳은 여강군(廬江
郡) 환현(皖縣)으로 지금의 안휘성 잠산(潛山)이다. 이름은 알 수 없어 후대 사람들이
언니는 대교, 동생은 소교라고 불렀다. 강동을 품고 천하에 위세를 떨치는 청년 손
책은 대교와, 학문과 무예는 물론 인품까지 좋은 청년 주유는 소교와 만났으니 세간
에서야 천생연분이었다고 할 수 있을 것이다. 그렇다면 두 쌍의 청춘 남녀는 얼마나
행복했을까. 먼저 손책과 대교부터 살펴보자.

모든 영웅호걸이 그러했듯이 손책은 바빴다. 특히 그는 창업의 기틀을 닦는 정
벌 전쟁으로 동분서주해야만 하였다. 자리에 앉아 편안하게 쉴 틈조차 없었으니 두
부부가 사랑을 나눌 시간은 더욱 드물었다. 설령 전쟁터에 대교를 동반한다 할지라
도 둘의 사랑은 일 년을 넘지 않았다. 결혼한 지 일 년이 지난 어느 날, 손책은 오군
태수 허공(許貢)의 문객(門客)에게 기습을 받고 죽었기 때문이다. 그야말로 신혼의 단

꿈도 제대로 꾸어 보지 못했으니 어찌 행복하다고 할 수 있겠는가. 대교는 스무 살 청상과부로 평생을 살아야 했으니, 그녀의 한 많은 삶은 오죽했으랴. 다행히 일점혈육으로 젖먹이 아들 손소(孫紹)가 있었으니, 설운 밤 베갯잇을 적시는 눈물을 그나마 줄일 수 있었을까. 아녀자로 간난의 세월을 이겨내면서 미어지는 가슴으로 손소를 감싸안았으리라.

주유와 소교의 부부금슬은 어땠을까. 손책과 대교가 일 년 단꿈이었다면 둘의 사랑은 11년간이었으니 좀 나았다고 할 수 있다. 그러나 이는 두 쌍을 비교해서 그렇다는 이야기지, 사실은 별반 다를 바 없다. 주유 또한 영웅이었기에 전쟁터를 누볐다. 명성은 천하를 떨쳤지만, 사랑은 오래갈 수 없었다. 익주 공략을 준비하던 주유가 36세로 병사하였기 때문이다. 아내 소교의 나이 겨우 서른 살 정도였으니 그녀 또한 어둔 밤 베갯잇 적시기는 언니와 매한가지였다.

주유와 소교 사이에는 2남1녀가 있다. 딸은 손권의 태자인 손등(孫登)의 부인이 되었다. 그러나 손등이 왕위를 계승받지 못하고 33세로 죽는 바람에 그녀 또한 황후가 되지 못하였다. 남편 손등이 죽자 왕위 쟁탈전이 벌어졌다. 그녀 또한 이러한 와중에서 어머니와 함께 눈물의 세월을 보냈을 것이다.

장남 주순(周循)은 공주에게 장가를 들었다. 부친인 주유의 풍모를 이어 받아 고상하고 우아하며, 소탈하고 대범하여 기도위(騎都尉)에 오르나 역시 요절하고 만다. 수명까지도 아버지를 빼닮았던 것이다.

차남 주윤(周胤)은 오나라 종실의 딸과 혼인하여 도향후(都鄕侯)에 봉해졌다. 그런데 술주정이 심하고 성격 또한 방자하여 여러 차례 죄를 지었다. 급기야는 작위마저 잃고 귀양까지 갈 정도였으니, 어머니 소교의 마음은 어떠했을까. 집안마다 돌연변이가 탄생된다고 하는데, 주윤의 성격은 이런 것을 증명하는 것이다. 주윤의 죄질이 심한 것은 아마도 술에서 기인하는 것일 터, 예나 지금이나 주정꾼은 아무리 뛰어나다 한들 대접받기 어렵다. 술에 휘달리며 중심을 주체하지 못하기 때문일 터이다.

손권은 주윤의 죄를 여러 번 사면시켜 주었다. 그래서 주윤의 행동이 바뀌었을까. 그것은 아니었다. 그럼에도 손권이 주윤을 사면시켜 준 것은 형님은 물론 자신을 도와 오나라를 일으킨 주유에 대한 사랑 때문이었다. 그리고 과부로 늙어 가는 형수 대교와, 같은 처지에 있는 소교의 적적하고 슬픈 가슴을 조금이나마 달래주려는 마음에서였다.

경국지색(傾國之色)인 두 여인의 삶은 불행하였다. 미인박명(美人薄命)이라는 말 그대로다. 하지만 박명(薄命)한 것이 어디 두 여인뿐이랴. 봉건 사회의 난리통을 살아가는 여인들이 겪어야 했던 숨 가쁜 삶의 단면을 우리는 '강동 이교'를 통해 엿볼 뿐인 것이다.

24. 유비, 딸 같은 부인을 얻다

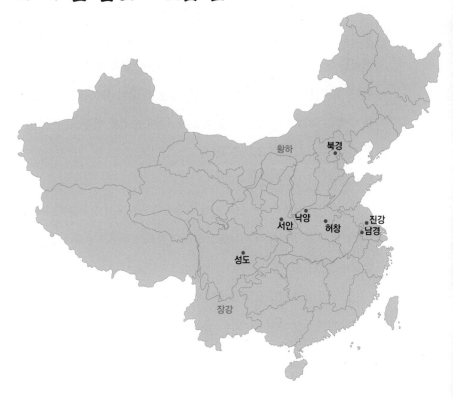

서기 209년. 손권은 적벽대전 이후 여세를 몰아 합비에서 조조군과 전투를 벌이고 있었다. 하지만 승부는 지지부진하였다. 이때 손권의 초조한 마음을 읽은 조조의 부하장수 장료(張遼)가 싸움을 걸었다. 노기충천한 손권이 군사들을 이끌고 장료를 무찌르고자 하였으나 장수 송겸(宋謙)만 잃었다. 분을 풀지 못한 손권은 태사자의 계책을 추진하지만 이 또한 장료에게 역이용당하고 태사자마저 죽음에 이른다. '난세에 대장부로 태어났으니 마땅히 삼척검(三尺劍)을 가지고 뛰어난 공을 세워야 한다'던 태사자는 41세로 짧은 생을 마감하였다.

유비는 강남의 4개 군을 평정하고 형주로 돌아와서 지금의 공안(公安)에 군마를 정돈하였다. 강남으로부터 조세를 거두어들여 군량(軍糧)도 풍족하고, 인재들도 많이 모였다. 유비는 이를 바탕으로 군사를 사방의 요충에 파견하여 방비를 철저히 하였다. 이제 삼국 정립을 위한 본격적인 시동을 걸 때가 온 것이다. 하지만 호사다마(好事多魔)라 하였던가. 강남 사군을 차지할 수 있는 빌미를 주었던 유기(劉琦)가 병으로 죽었다. 이제 손권의 반환 요구는 불을 보듯 뻔한 일, 드디어 노숙이 조문을 왔다.

"일전에 황숙께서는 공자께서 돌아가시는 즉시 형주를 반환하겠다고 약조하셨는데, 이제 공자께서 세상을 뜨셨으니 반드시 돌려주실 줄 믿습니다. 언제 돌려받을 수 있겠는지요."

"내 잠시 형주를 차용하여 터전으로 삼은 뒤, 우리 주군께서 다른 성을 차지하게 되면 즉시 돌려드리겠소. 중원은 금방 도모하기 힘들겠지만, 서천의 유장은 어리석고 나약하니 곧바로 차지하실 것이오. 서천을 얻을 때면 그 즉시 돌려드리겠습니다."

유비는 형주를 돌려주지 않았다. 아니, 돌려줄 마음이 없었다. 그리하여 지금도 '유비가 형주를 빌리다(荊州借用)'라는 말은 빌려간 것을 돌려주지 않음을 의미한다. 유비가 제갈량의 묘책으로 형주를 손권에게 돌려주지 않고 차지하였다는 내용은 연의에서만 있는 일이다. 따라서 역사적 사실은 연의의 내용과는 사뭇 다르다. 적벽대전 이후, 유비와 손권은 형주를 분할하였다. 주유는 남군태수가 되었고, 유비는 형주목이 되어 장강 남쪽 연안의 공안에 있었다. 유비는 손권과의 연합 전선 유지와 자신의 세력을 구축하기 위하여 장강을 건너 손권을 만났다. 「강표전」에 따르면, 유비는 토지가 적어 백성을 편안히 하기에는 부족하다는 이유를 들어 손권에게 형주의 몇 개 군을 빌린다. 이는 제갈량의 계책으로 겉으로는 손권을 달래놓아 연합전선을 구축하고, 안으로는 형주를 오랫동안 점거하며 서천을 도모하려고 하는 것이다. 제갈량은 이해관계가 날카롭게 대립하는 형주를 '빌린다'는 정치 외교적 수완을 발휘하여 순조롭게 차지하였으니 가히 뛰어난 전략가라 할 수 있다.

형주는 군사 요충지이다. 조조가 형주를 차지하면 장강 넘어 남북 통일을 달성할 수 있는 근거지가 된다. 손권의 입장에서 보면 장강 이남의 통일과 든든한 국가를 다지기 위해서는 형주와 양양을 차지해야 한다. 유비는 어떤가. 유비에게도 형주는 서천으로 뻗어갈 수 있는 근거지를 차지하는 것이니, 누구나 포기할 수 없는 요충지인 것이다. 그러한 요충지를 조조가 먼저 차지하였다. 그러하니 남북 통일을 위한 적벽대전은 필수불가결한 것이었다. 『손자병법』의 「구지(九地)」편에 보면, "제후의 땅으로서 삼면이 이웃 나라와 접하여 있는 지점을 누구나 선점하면 천하의 백성을 모으게 되고, 이러한 곳을 '구지(衢地)'라고 한다. 구지는 사방으로 통한다."라고 하였다. 형주가 곧 이 구지에 해당한다. 손자는 또한 이러한 구지에서는 여러 나라와 적극적인 외교를 맺어야 한다고 하였다. 이를 잘 아는 제갈량이었기에 '형주차용'이란 전략을 사용하여 유비로 하여금 손권과 동맹 관계를 유지하며 형주를 차지하도록 한 것이다.

적벽대전 이후 형주의 반을 차지한 유비는 이제 제갈량이 초려에서 제안한 융중 대책을 실수 없이 추진하고자 하였다. 이에 유비는 형주를 온전하게 차지하기 위해 손권에게 압력을 가하는 한편, 익주를 차지하기 위한 준비를 철저히 하였다. 손권은 유비의 형주 차지가 탐탁치는 않았지만 그렇다고 유비를 공격할 수도 없었다. 북쪽에 있는 조조가 언제 다시 공격해 올지 모르기 때문이었다. 유비와 동맹을 맺어 아군을 삼고 조조에 대항하는 것이 필요하였다. 유비도 제갈량이 누차 강조한 손권과의 동맹 관계 유지를 잊지 않고 있었다. 하지만 주유는 달랐다. 유비를 미인계로 묶어 함정에 빠지게 한 다음 협공하자는 제안을 냈다.

"유비는 야심이 많은 호걸입니다. 또한 수하에 관우, 장비와 같은 용맹한 장수들이 따르고 있습니다. 그러니 그는 결코 언제까지나 몸을 낮춰 남의 밑에 있을 사람이 아닙니다. 신의 계책으로는 오로지 유비를 동오에 불러들여 성대한 대궐을 지은 다음, 미녀들과 진귀한 물건들을 주어 그의 마음을 기쁨에 빠지도록 하는 것입니다. 그러면 그는 관우, 장비 등과도 서로 멀어질 것이고, 그때 이 주유가 주군과 함께 그들을 협공한다면 가히 그들을 물리칠 수 있을 것입니다. 이제 함부로 영토를 나누어 줌으로 인해 그들이 터전을 잡는 데 이로움을 주신다면, 이들 세 사람은 힘을 모아 전쟁에 나설 것입니다. 이는 곧 교룡이 비와 구름을 만난 것이니, 한낱 연못 속의 이무기로만 있지 않을 것입니다."

연의의 내용과는 다르게 손권은 조조에 대항하는 동맹의 절실함을 잘 알고 있었기에 이 제안을 받아들이지 않았다. 나아가 우호 관계를 공고히 하기 위하여 누이동생을 유비와 혼인시켰다. 이른바 정략결혼인 셈이다. 이 결혼은 유비가 있는 공안(公安)으로 손 부인이 시집을 간 것이지만, 나관중은 주유의 미인계와 유비가 오나라로 와서 혼례를 치른다는 내용으로 각색하여 한바탕 지혜 대결을 벌이는 것으로 창작해냈다. 즉 '오국태(吳國太)'와 '교국로(橋國老)'라는 인물을 만들어 손권과 주유의 미인계 음모를 깨뜨리고, 유비에게는 거짓으로 꾸민 혼사가 실제로 이루어지도록 함으로써 유비와 제갈량이 지혜를 한껏 뽐내도록 하였다. 손권의 필요에 의해 추진된 정략결혼은 나관중의 손을 거치면서 오히려 손권이 유비의 함정에 걸려 꼼짝없이 당하는 꼴이 되고 말았다. 존유(尊劉) 사상과 촉한 정통론에 입각한 전개가 아닐 수 없다.

정략결혼은 사랑이 싹트기 힘들다. 더군다나 유비의 나이가 49세였고, 손 부인의 나이는 20세 이내였으니 화목하고 원만한 가정은 애초부터 불가능하였다. 특히 손 부인은 성품이 강하고 사나워 오라버니들의 풍모를 그대로 지니고 있었다. 또한 시녀 100여 명으로 하여금 무기를 들고 자신의 주변을 지키도록 하였다. 유비조차도 내실을 들어갈 때마다 늘 마음속으로 두려움을 가지고 있었다. 제갈량 또한 유비의 세 가지 걱정거리를 이야기하였는데, 첫째가 북쪽의 조조, 둘째가 동쪽의 손권, 그리고 마지막으로 가까이 두고 있는 손 부인이라고 하였을 정도. 왕업 달성에 매진하는 야심가와 강하고 사나운 성품의 여인이 만났으니, '정략적인' 결혼도 얼마가지 못할 것임은 자명한 이치였다.

❚ 진강 북고산의 전경

북고산으로 오르는 고도

강소성의 성도인 남경(南京)에서 자동차로 1시간을 달리면 북고산(北固山)이 있는 진강(鎭江)에 도착한다. 진강은 장강과 경항 대운하(京抗大運河)가 교차되는 지역으로, 예로부터 수상 교통의 중심지이다. 또한 3,000년 전부터 문명을 꽃피운 유서 깊은 고도(古都)이기에 '강중명주(江中明珠)'라 불린다. 손권은 이곳에 철옹성을 쌓고 남경의 입구라는 의미에서 '경구(京口)'라고 불렀다. 진강이라고 부른 것은 북송 시대부터다. 진강 시내의 장강 강변에는 금산, 북고산, 초산이 있다. 이러한 산들이 강과 어우러져 있어서 진강은 예로부터 '산속에 성이 있고, 성안에 성이 있다'고 하였다.

　　진강에 도착하여 제일 먼저 찾은 곳은 '하늘 아래 제일의 강산'이라는 북고산이다. 진강시의 동북쪽에 있는 북고산은 높이가 48m로 산이라고 할 수 없다. 하지만 장강변에서 바라보면 천혜의 절벽에 세 개의 봉우리가 우뚝하여 산처럼 보였기 때문에 그렇게 불린 것 같다. 손권이 쌓았다는 철옹성은 흔적조차 남아 있지 않지만, 성으로 오르는 돌길은 이천 년의 이끼를 머금고 있었다. 특히 북고산 위에는 삼국지와 관련된 유적이 많이 있다. 그러나 대부분은 나관중의 이야기에 따른 것이기에 문학적인 유적으로 보아야 한다.

▌유비가 손 부인을 맞이한 고감로선사

▌ 고감로선사의 연못 ▌ 손권과 유비가 앉아 조조에 관한 대책을 논의하였다는 흔석

　　높은 담으로 둘러싸인 고감로선사(古甘露禪寺)에 들어서니, 조그만 못이
있는 안뜰 주위로 건물이 단아하다. 이곳은 손권이 여동생을 유비와 혼인시켜
손유 동맹을 보다 확고히 한 곳이다. 감로사 뒤편에는 양 모양의 흰 돌조각이
장강을 향해 웅크린 모습으로 앉아있다. 배에는 '흔석(痕石)'이라는 두 글자가 있
다. 이 돌은 손권과 유비가 함께 앉아 조조에 관한 대책을 논의했다는 곳이다.

　　조금 나아가니 날아갈 듯 청아한 2층 누각이 화려하다. 다경루(多景樓)
이다. 이곳은 오나라 국태가 손권의 여동생 신랑감인 유비의 인품을 시험한 곳
이라고 한다. 오국태는 유비를 보고 단번에 매료되어 기뻐하였다. 용봉(龍鳳)의
모습이 있고 태양의 풍채가 있는 데다, 천하에 어진 덕까지 펴고 있기 때문이었
다. 오국태가 매료된 유비의 모습은 중국인들이 중시하는 풍도(風度)의 전범(典
範)이었으니, 이는 나관중의 끝없는 유비 사랑의 또 다른 표현이기도 하다.

▎ 오국태가 유비의 인품을 시험하였다는 다경루

▎ 북송의 서예가 미불이 남긴 필치

▎ 손권과 유비가 함께 말타기를 겨룬 류마간

다경루는 신부가 화장을 하고 혼례복을 입은 곳이기도 하여 '상서루(相婿樓)'라고도 불린다. 다경루는 황학루, 악양루와 함께 '장강 하류의 3대 누각'으로 불리는데, 이곳에서 바라보는 장강의 경치가 가히 일품이다. 북송 때의 유명한 화가이자 서예가인 미불(米芾)은 이곳 다경루에 '천하강산제일루(天下江山第一樓)'라는 편액을 남겼다. 지금은 관광객을 대상으로 기념품을 파는 매장으로 바뀌었다.

감로사를 돌아 뒤쪽으로 나서면 '류마간(蹓馬澗)'이 있다. 유비가 손권의 누이동생과 결혼식을 한 후, 손권과 함께 장강을 보게 되었다. 강 위의 배들이 마치 평지의 말처럼 매끄럽게 나아가는 모습을 보고 유비가 남선북마(南船北馬), 즉 "남쪽 사람들은 배를 잘 몰고, 북쪽 사람들은 말을 잘 탄다."라고 감탄하자, 남쪽 사람은 말을 못 탈 것이라고 오해한 손권이 "남쪽 사람들이라고 말을 못 타는 줄 아십니까?" 하며 말을 타고 달리기 시작하였다. 이에 유비도 말을 달려 손권을 뒤쫓았다. 두 사람이 말 타는 기술을 겨루었던 숲을 '류마간'이라 불렀는데, 지금 조금 남아있는 오솔길이 그때 그 장소라고 한다.

유비와 손권이 칼로 잘랐다는 돌

유비와 손권의 시검석상

북고산 시검석이 있는 봉황지

북고산을 한 바퀴 돌아 삼국지 유적을 살펴보고 입구로 다시 나왔다. 입구에는 '봉황지(鳳凰池)'라는 조그마한 연못이 있는데, 그 옆으로는 유비와 손권이 칼을 들고 있는 석상이 있다. 그 앞에는 둘이서 갈랐다는 '시검석(試劍石)'이 있다. 중국을 여행하다 보면 곳곳에 시검석이 있고, 그 유래 또한 다양하다. 이곳의 시검석은 물론 유비와 손권의 이야기이다. 유비가 손권의 계략을 멋지게 역이용하여 오국태로 하여금 유비를 사위로 삼도록 하고 나서의 일이다. 일은 잘 성사가 되었어도 상황은 여전히 유비에게 불안하였다. 그래서 유비는 돌덩이를 보고 칼을 뽑아 주문을 외웠다.

"만약 이 유비가 형주로 돌아가 왕업을 이루게 된다면, 한칼에 이 돌이 갈라지게 하고, 만약 이곳에서 죽게 된다면 돌이 쪼개지지 말라."

바위가 두 동강이 났다. 유비는 흡족해하였다. 손권이 유비의 모습을 보고 그 이유를 물었다.

"내 나이 벌써 쉰살에 가까운데도 역적들을 쓸어내지 못해 항상 스스로가 원망스러웠소. 이제 국태께서 나를 사위로 맞아주시니, 정녕 일생에 좋은 기회가 온 것이오. 그래서 방금 하늘에다 점을 쳐 보았소. 조조를 물리치고 한나라를 다시 일으킬 수 있다면 돌이 두 조각으로 갈라지라고 했더니 진짜 그렇게 되었습니다."

천하의 영웅들은 모두가 겉은 인정 많고 후덕한 것 같지만 속으로는 흑심을 품고 있는 후흑의 대가들인데, 손권이 유비의 말을 그대로 믿었을까. 손권 또한 칼을 뽑아 들고 외쳤다.

"나도 하늘에다 점을 쳐 봅시다. 조조 놈을 무찌를 수 있게 된다면 이 돌이 잘라지라고 말이요."

손권 또한 속셈은 딴 곳에 있었다.

"만약 형주를 다시 차지하고 오나라를 번성시킨다면 이 돌이 반쪽으로 잘라져라."

손권 또한 단칼에 바위를 갈랐다.

적벽대전 이후 유비와 손권이 형주를 둘로 나누어 다스렸다. 이는 각자 돌을 둘로 나눈 것과 일치한다. 천명론(天命論)을 좋아하는 중국인들의 발상이 잘 보이는 부분이다.

아울러 이야기 만들기 좋아하는 그들이니 이러한 고적(古跡)에 대해서 시 한 수가 없을 수 없다.

보검이 내려치자 돌은 빠개어지고	寶劍落時山石斷
무쇠 소리 울리는 곳에선 불꽃이 튀네	金環響處火光生
촉오 조정의 왕기는 모두 천운인 것이니	兩朝旺氣皆天數
이로부터 천하는 삼국으로 나뉘었네	從此乾坤鼎足成

유비와 손권이 천하통일의 야망을 품고 이를 칼로 시험한 시검석은 원래 땅 속에 있었던 것인데, 연못을 만들면서 발견되었기에 옆에 설치하였다고 한다. 하지만 이 또한 후세의 호사가들이 만들어 놓은 것이다.

북고산에는 오나라의 명장인 태
사자의 묘가 있다. 그런데 아무리 찾아도
보이질 않는다. 날은 어두워지고 마음은
급해졌다. 물어물어 찾아낸 곳은 산비탈
을 담장으로 둘러친 곳이었다. 태사자묘
는 오랫동안 찾지 못하고 있다가 청나라
때인 1870년에 진강의 성벽을 수리하면
서 발견되었다고 한다. 태사자묘 뒤에는
노숙의 묘도 있었는데 이는 물론 이곳 사
람들이 노숙을 존경하여 만든 의관묘이
다. 노숙의 의관묘는 무한의 황학루에도
있다.

▌ 태사자묘

　　태사자는 유요(劉繇)의 수하로 있었는데, 손책과 호각지세의 승부를 겨
룬 용장이다. 유요가 손책에게 패한 후, 손책이 손수 태사자의 포승을 풀고 진
심으로 대하자 이에 감동한 태사자가 흩어진 유요의 병사들을 모아서 돌아온
다. 이때부터 태사자는 오나라의 명장으로서 끝까지 충성을 다하였다. 태사자
는 위풍이 당당하고 궁술에 뛰어났다.

　　서기 206년, 41세로 세상을 떠났는데 임종을 앞둔 태사자는 "남자로서
이 세상에 태어나 7척의 칼을 차고 있는 것이라면, 천자의 계단이라도 올라섰어
야만 하였을 것을 뜻도 이루지 못하고 죽는 것인가."라고 한탄하였다. 태사자는
연의처럼 장료와의 싸움에서 죽은 것이 아니다. 유표의 조카인 유반(劉磐)이 장
강 남쪽의 여러 현에서 노략질을 하자 이를 물리치고, 그 공을 인정받아 이 지역
을 다스리다가 죽은 것이다.

오직 충과 효를 지향하는 자	矢志全忠孝
동래 땅의 태사자로다	東萊太史慈
이름은 멀리 변방까지 드날리고	姓名昭遠塞
궁마술은 웅사들도 벌벌 떨게 하였다네	弓馬震雄師

　　북고산의 삼국지 유적은 역사적이기보다는 문학적인 것이 많다. 중국
인들은 북고산을 손권과 유비 두 집안의 혼인과 관계 지어 그들의 아름다운 전
설을 관광 상품화하였다. 이는 삼국지에 관한 한 나관중의 영향이 사회적으로
널리 인정되고 있다는 뜻이기도 하다.

정략(政略)에 희생된 여인, 손 부인

손견은 본처인 오 부인말고도 여러 명의 소실을 두었다. 오 부인은 손책과 손권 등 아들 넷을 낳고 딸을 하나 낳았는데, 옛날 역사서가 그렇듯이 딸에 대한 구체적인 내용은 없다. 하지만 그 딸이 정략결혼에 의해 유비에게 출가한 손 부인일 가능성이 크다. 『삼국지』의 「촉서」 중에서 '법정전'을 보자.

'손권은 그의 여동생을 유비에게 시집보냈다. 여동생은 재기(才氣)가 있을 뿐더러 강인하고 용감해서 두루 오빠들의 풍모를 갖추고 있었다. 또한 백여 명의 시비가 모두 칼을 차고 모셨으므로, 유비는 내실에 들어갈 때면 언제나 마음이 두려웠다.'

이 기록으로 미루어 볼 때 오라버니들의 기질을 닮은 손 부인은 오 부인의 딸일 것이다. 『삼국지연의』에서는 손 부인의 이름을 '인(仁)'이라고 하였지만, 이는 손견의 서자(庶子)인 손랑의 다른 이름이지 손 부인의 이름은 아니다. 원나라의 잡극에서는 '손안(孫安) 소저(小姐)'라고 불렀고, 근대에 들어와서는 '손상향(孫尙香)'이라는 이름을 지어 주었다. 하지만 이 또한 손 부인의 이름은 아니다.

손 부인은 자신의 의도와는 상관없이 오라비의 패업 달성을 위해 시집간 것이기에 애당초부터 유비와 가까이 지내고 싶지 않았을 것이다. 시녀들로 하여금 칼을 차고 호위하도록 한 것도 손권의 든든한 배경이 있었던 까닭이기도 하겠지만, 무엇보다도 본인이 선택한 결혼이 아니었기 때문이었다. 이는 유비가 익주를 점령한 뒤 손 부인이 오나라로 돌아간 것만 보아도 알 수 있다. 유비 또한 익주를 차지한 후 곧바로 과부로 지내던 유장의 형수인 오씨를 아내로 삼았다.

손 부인이 오나라로 간 것은 유비에게 있어서도 아주 잘된 일이었다. 유비도 손권과의 동맹을 위해 손 부인을 맞이하였을 뿐이지 별로 관심이 없었기 때문이다. 아니 두렵기까지 하였다. 이처럼 거북살스럽고 다분히 위협적인 상황에서 부부 관계가 원만할 수 없었고, 손 부인의 귀향은 오히려 가슴 졸이며 이러지도 저러지도 못하는 유비의 숨통을 틔워 주는 반가운 일이 아닐 수 없었다.

『삼국지연의』의 전신인 송대(宋代)의 『삼국지평화』나 원대(元代)의 연극 '두 군사가 강을 사이에 두고 지혜를 겨루다(兩軍師隔江鬪智)'에서 손 부인은 처음에는 유비를 해치려고 하였지만, 유비에 대한 애정이 생겨 오히려 추격해오는 오나라의 군사를 물리친다는 이야기가 있다. 나관중은 이러한 기본적인 내용에 유비가 데릴사위가 되는 이야기를 붙여서 더욱 흥미진진한 이야기를 전개하였는데, 사랑과 결단성을 지닌 여장부 손 부인의 형상을 만들었다.

손 부인의 말로(末路)는 어떠하였을까. 촉한 정통론의 대표 주자인 습착치(習鑿齒)의 『한진춘추(漢晉春秋)』에 보면, '유비가 백제성에서 붕어하자 손 부인은 돌아가지 못하고 장강을 보며 슬프게 울었다.'는 내용이 있다. 『삼국지평화』에서는 아두를 데리고 오나라로 가려고 할 때 장비가 이를 막고 꾸짖는데, 이에 수치심을 느낀 손 부인이 강물에 몸을 던졌다고 하였다.

나관중은 손 부인을 차마 그리할 수 없었던지 죽이지 못하였다. 그런데 모종강은 이것들을 참고하여 손 부인의 마지막을 다음과 같이 정리하였다.

"오에 있던 손 부인은 유비가 효정전투에서 패하자 스스로 목숨을 끊었다는 소문을 듣고는 강변으로 가서 멀리 서쪽을 바라보면서 흐느끼다가 강물에 몸을 던졌다."

사랑이 없는 결혼 생활을 포기하고 돌아온 여인이 무엇 때문에 강물에 투신한다는 말인가. 이는 삼국지뿐 아니라 남존여비의 당대 사회상을 반영한 것이다. 그리하여 손 부인을 열녀로 만들고 후세 사람들의 호응을 얻게 하였다. 지금도 북고산 정상에는 손 부인이 강물에 투신한 곳이라며 '제강정(祭江亭)'을 세워놓았다.

또한 명대(明代)의 대학자인 서위(徐渭)도 그녀를 위해 대련을 지었다.

님 그리며 눈물 흘리매 오나라의 강물은 차기만 하고　思親淚落吳江冷
백제성으로 넋이 돌아가려 해도 촉도는 험하기만 하네　望帝魂歸蜀道難

손 부인은 죽음조차도 자신과는 상관없는 것이었으니, 이는 손 부인을 두 번 죽이는 일이다. 하지만 이는 중세 봉건 사회의 모든 여성이 겪었던 것으로, 비단 손 부인만의 일은 아니었다. 자신의 의지와 판단은 철저히 무시되는 사회의 슬픈 자화상이 아닐 수 없다. 유비와 손 부인의 혼인은 역사상 수없이 행해진 정략결혼 가운데 하나였고, 손 부인은 그러한 정략결혼의 철저한 희생자였던 것이다.

Foreign Copyright:
Joonwon Lee
Address: 3F, 127, Yanghwa-ro, Mapo-gu, Seoul, Republic of Korea
            3rd Floor
Telephone: 82-2-3142-4151, 82-10-4624-6629
E-mail: jwlee@cyber.co.kr

삼국지 기행 1

2009. 10. 30. 1판 1쇄 발행
2010. 10. 20. 1판 3쇄 발행
2023. 5. 24. 개정증보 1판 1쇄 발행

지은이 | 허우범
펴낸이 | 이종춘
펴낸곳 | **BM** (주)도서출판 **성안당**

주소 | 04032 서울시 마포구 양화로 127 첨단빌딩 3층(출판기획 R&D 센터)
     | 10881 경기도 파주시 문발로 112 파주 출판 문화도시(제작 및 물류)
전화 | 02) 3142-0036
     | 031) 950-6300
팩스 | 031) 955-0510
등록 | 1973. 2. 1. 제406-2005-000046호
출판사 홈페이지 | **www.cyber.co.kr**
ISBN | 978-89-315-5991-0 (04910)
정가 | **25,000원**

이 책을 만든 사람들
기획 | 최옥현
진행 | 오영미
교정 · 교열 | 신현정
본문 · 표지 디자인 | 강희연
홍보 | 김계향, 유미나, 이준영, 정단비, 김주승
국제부 | 이선민, 조혜란
마케팅 | 구본철, 차정욱, 오영일, 나진호, 강호묵
마케팅 지원 | 장상범
제작 | 김유석

■ **도서 A/S 안내**

성안당에서 발행하는 모든 도서는 저자와 출판사, 그리고 독자가 함께 만들어 나갑니다.
좋은 책을 펴내기 위해 많은 노력을 기울이고 있습니다. 혹시라도 내용상의 오류나 오탈자 등이 발견되면 **"좋은 책은 나라의 보배"**로서 우리 모두가 함께 만들어 간다는 마음으로 연락주시기 바랍니다. 수정 보완하여 더 나은 책이 되도록 최선을 다하겠습니다.
성안당은 늘 독자 여러분들의 소중한 의견을 기다리고 있습니다. 좋은 의견을 보내주시는 분께는 성안당 쇼핑몰의 포인트(3,000포인트)를 적립해 드립니다.

잘못 만들어진 책이나 부록 등이 파손된 경우에는 교환해 드립니다.